Henri Troyat wurde 1911 in Moskau geboren. 1920 emigrierte seine Familie nach Paris, wo Troyat studierte und in den Verwaltungsdienst ging. Seit 1941 ist er freier Schriftsteller und seit 1959 Mitglied der Académie Française. Bekannt wurde Troyat im deutschsprachigen Raum vor allem durch seine Biographien von Puschkin, Dostojewski und Tolstoi.

Von Henri Troyat ist bisher
als Knaur-Taschenbuch erschienen:

»Die große Katharina« (Band 2309)

Deutsche Erstausgabe

Titel der Originalausgabe »Ivan le Terrible«

Umschlaggestaltung Adolf Bachmann
Umschlagfoto Bildarchiv Preußischer Kulturbesitz
Satz IBV Satz und Datentechnik GmbH, Berlin
Druck und Bindung Clausen & Bosse, Leck
Printed in Germany 5 4 3 2 1
ISBN 3-426-02337-7

Henri Troyat:
Iwan der Schreckliche

Mit zahlreichen Abbildungen

Aus dem Französischen von Peter Prange und Ulrich Mihr

Knaur

ISBN 3-426-02337-7 1080

Inhaltsverzeichnis

Erstes Kapitel

Die Eltern

Zwanzig Jahre verheiratet und keinerlei Hoffnung auf ein Kind. Das ist für ein Herrscherpaar eine schwerere Prüfung als für den gewöhnlich Sterblichen. Zumindest ist dies im Jahre 1526 die Ansicht des Großherzogs von Moskau, Wassilijs III. Voller Sorge um seine Nachkommenschaft fragt er sich trotz der liebevollen Wertschätzung, die er für seine Gemahlin, die schöne Salomonia Jurijewna, hegte, ob er nicht die Frau wechseln sollte, bevor er mit dem Alter – er ist siebenundvierzig Jahre alt – die Zeugungskraft ganz verliert. Salomonia teilt die Enttäuschung ihres Mannes und vervielfacht die Zahl der Wallfahrten, der Zauberbeschwörungen und der Einreibungen ihrer intimsten Körperteile mit einer Mischung aus Öl und Honig, angeblich ein sicheres Mittel, um zu empfangen. – Das Ergebnis ist gleich Null. In seiner Verzweiflung kann Wassilij kein Nest auf dem Zweig eines Baumes sehen, ohne daß ihm Tränen in die Augen treten. An seine Gefolgschaft der Bojaren[1] gewandt, seufzt er: »Die Vögel sind glücklicher als ich. Sie haben wenigstens Junge!... Wer soll nur mein Erbe und der Erbe des russischen Reiches werden? Meine Brüder sind dessen nicht würdig. Sie sind ja nicht einmal imstande, ihr Erbteil zu verwalten!«[2] Auf diese Worte hin halten die Bojaren den Zeitpunkt für gekommen, einen kühnen Gedanken vorzubringen: »Majestät«, sagt einer von ihnen, »man fällt den Feigenbaum, der nicht trägt, um einen anderen in den Garten zu setzen!« Genau das hat Wassilij hö-

---

[1] Name der ehemaligen Adligen in Rußland. Ihre Versammlung, die *Duma*, hatte zeitweise Anteil an den Staatsgeschäften.

[2] Wassilij hat zu dieser Zeit zwei lebende Brüder: Jurij (bei manchen Autoren unter dem Vornamen Georgij, geboren 1480) und Andrej (geboren 1490).

ren wollen. Vielleicht ist Salomonias Unfruchtbarkeit auch nur ein Vorwand, um das Bett des Herrschers für ein frischeres Geschöpf aufzuschlagen. Ohne die geringsten Gewissensbisse empfiehlt er seiner Gemahlin, sich in ein Kloster zurückzuziehen. Sie ist empört und beteuert, daß sie eine solche Strafe nach einem ganzen Leben hingebungsvoller Liebe nicht verdient habe. Angesichts ihres Widerstands ergreift Wassilij härtere Maßnahmen: Sie wird aus dem Palast entführt und in das Kloster von Susdal gesperrt, wo man ihr die Haare abschneidet. Bei der Schleiernahme wehrt sie sich mit solcher Macht, daß ein Offizier des Großherzogs sie mit seinem Stock schlagen muß, um sie zur Raison zu bringen. »Gott sieht mich, er wird mich an meinem Verfolger rächen«, stößt sie zwischen zwei Schluchzern hervor. Der alte Fürst Simeon Kurbskij und die Mönche Maxim der Grieche und Wasjan Patrikejew wagen es, für die Unglückliche einzutreten und werden umgehend in die Verbannung geschickt. Doch der Großteil der Bojaren, allen voran der Metropolit Daniel, billigt die Entscheidung.
Nachdem er von seiner Gemahlin befreit ist, bewegt Wassilij nur ein Gedanke: eine neue zu nehmen. Gewiß, nach den Regeln der orthodoxen Kirche hat der Mann, der seine Frau verstoßen hat, nicht das Recht, sich zu ihren Lebzeiten wieder zu vermählen. Aber die Gesetze, die das Leben der einfachen Menschen bestimmen, verlöschen wie von selbst vor den gekrönten Häuptern. Dies behauptet zumindest der Metropolit Daniel. Um ganz sicher zu gehen, will er dennoch Rat bei dem griechischen Patriarchen von Jerusalem einholen. Aber der, ein eigensinniger, gewissensstrenger Mann, denkt nicht daran, seine Zustimmung zu geben, und donnert: »Wassilij, wenn du eine zweite Ehe eingehst, wird dir ein böser Sohn geboren, Schrecken und Tränen werden herrschen in deinem Reich, Ströme von Blut werden fließen, die Köpfe der Mächtigen werden rollen, und deine Städte werden in Flammen aufgehen.« Der Metropolit Daniel ist nicht im geringsten beeindruckt von dieser Prophezeiung und erklärt voller Hochmut: »Nun gut, dann werden wir ohne seinen Segen auskommen!« Seine Bestimmtheit bestärkt Wassilij. Überzeugt, daß er vom himmlischen Zorn nichts mehr zu befürchten hat, betreibt er die Hochzeitsvor-

bereitungen. Aber in Wirklichkeit hat er seine Wahl längst getroffen.
Während dem Brauch zufolge der Herrscher von Moskau alle heiratsfähigen Mädchen des Landes zu sich in den Palast rufen müßte, um bei der Zeremonie des *Smotriny* (der Blick) diejenige zu bestimmen, die künftig mit ihm das Lager teilen soll, beschließt er, auf diesen Schönheitswettbewerb zu verzichten, und verkündet kurz und bündig, daß er Helena Glinskij zur Gemahlin nehmen will, deren Vater ein litauischer Flüchtling ist. Die Bojaren sind bestürzt: Die Braut stammt aus einer katholischen Familie. Hätte man eine so hohe Ehre nicht besser einer Tochter ihres Volkes und ihrer Religion vorbehalten sollen? Wassilij hat kein Ohr für ihre Klagen. Helena ist schön, intelligent und leidenschaftlich. Sie ist auf »deutsche« Weise erzogen und sticht mit ihrer Kultiviertheit und Freizügigkeit wohltuend von den russischen Jungfrauen ab, die der Unwissenheit, der Prüderie und den bescheidenen häuslichen Tugenden verhaftet sind. Der Herrscher ist so verliebt in sie, daß er, um jugendlicher zu erscheinen, nicht zögert, sich den Bart abnehmen zu lassen, was in den Augen seiner frommen Zeitgenossen einem Sakrileg nahekommt.
Die Hochzeitsfeierlichkeiten dauern drei Tage. Vor der kirchlichen Zeremonie zeigen sich die Brautleute an einem mit einem Tuch gedeckten Tisch, auf dem eine Schale mit Salz und Brot steht. Ihre Sessel sind mit achtzig schwarzen Marderfellen gepolstert; diese Pelze sollen böse Geister fernhalten. Auch die Hochzeitskerzen sind mit Marderfellen umwunden, und ein Würdenträger fächert den Brautleuten mit einem Bündel Marderfellen Kühlung zu. Die Frau eines anderen Würdenträgers glättet ihnen das Haar mit einem zierlichen, in Met getränkten Kamm. Man setzt Helena eine Haube und einen weißen Schleier auf. Man bewirft, als Zeichen der Fruchtbarkeit, das Paar mit Hopfenblüten. Dann macht man sich mit Kerzen, Laternen, Ikonen und Kuchen auf den Weg zur Mariä-Himmelfahrt-Kathedrale. Dort schreiten die Brautleute über einen Teppich von Damast und Zobelfellen. Der Metropolit reicht ihnen ein Glas mit italienischem Wein. Nachdem er getrunken hat, zertritt der Monarch das Glas auf dem Boden. Nach dem

Segen nehmen die Neuvermählten, die auf karmesinroten Kissen sitzen, die Glückwünsche der Geistlichkeit und des Hofes entgegen, während der Chor singt: »Lang mögen sie leben!« In dem Schlafgemach, in das sie sich sodann begeben, befinden sich überall Ikonen, mit Met gefüllte Krüge, in Kornfäßchen gesteckte Kerzen, Berge von Marder- und Zobelfellen, und auf dem Hochzeitsbett liegen siebenundzwanzig Ährengarben. Die Frau des Wachhauptmanns bestreut die Neuvermählten nochmals mit Hopfenblüten, und die Trauzeugen reichen ihnen zur Stärkung ein Brathähnchen. Die ganze Nacht über wacht der Stallmeister des Fürsten zu Pferde und mit gezücktem Schwert unter den Fenstern des Schlafgemachs. Am nächsten Morgen begeben sich die zwei Vermählten getrennt ins Dampfbad, und nachdem sie ins Zimmer zurückgekehrt sind, essen sie in ihrem Bett Grützebrei. Da nun die Ehe als vollzogen gilt – ein blutbeflecktes Laken gibt davon Zeugnis –, gratulieren die Bojaren ihrem Herrn, und die Festlichkeiten beginnen von neuem.

Doch trotz aller Hopfenblüten, die im Verlauf der verschiedenen Zeremonien gestreut worden sind, erweist sich Helena als ebenso unfruchtbar wie Salomonia. Wie bei ihr gelingt es weder mit Gebeten noch mit Reliquien, Zauberei, italienischen oder deutschen Salben, den Bann, der auf diesem Schoß lastet, zu brechen. Im Volk wird bereits gemunkelt, daß Gott als Zeichen seiner Mißbilligung von Wassilijs zweiter Heirat beschlossen habe, ihnen ein Kind zu verweigern. Die unschuldige Salomonia hingegen sei in dem Kloster, in das sie gesteckt worden ist, heimlich mit einem Knaben niedergekommen. Zum Glück läßt sich der himmlische Zorn endlich durch die Gebete eines Mönches namens Pafnutij Borowskij besänftigen. Helena ist schwanger. Wassilij frohlockt. Hinter seinem Rücken allerdings behaupten böse Zungen, daß die Ehre dieses Erfolgs nicht auf den zurückgehe, der sich ihrer offiziell erfreut, sondern auf einen Verwandten der Großfürstin, den Fürsten Obolenskij-Telepnew.

Wie dem auch sei, Wassilij hält sich für den Vater, will der Vater sein, überhäuft Pafnutij mit Geschenken, erklärt ihn zum Wundertäter und läßt ihn heiligsprechen. Ein anderer Mönch mit Namen

Dimitrij prophezeit Helena, daß sie die »Mutter eines Titus von gewaltigen Gaben« sein wird.
Am 25. August 1530 bringt sie einen kräftigen, schreienden Knaben zur Welt: Iwan. Im Augenblick der Geburt erbebt der Himmel im Donnergrollen, der Blitz schlägt in den Kreml ein, und die Wahrsager des Hofes schließen daraus, daß sich ein großer Herrscher ankündigt. Zehn Tage später wird Iwan im Dreifaltigkeits-Kloster[1] getauft, und sein dankbarer Vater legt mit Tränen in den Augen den kleinen gewickelten Körper auf das Grabmal des heiligen Sergius, um für den Neugeborenen den Schutz des Gottesmannes zu erbitten. In seinem Glücksrausch verteilt er Gold mit vollen Händen an die Kirchen, öffnet die Gefängnisse, gewährt einigen hohen Adligen, die kurz zuvor bei ihm in Ungnade gefallen sind, Vergebung, und empfängt unermüdlich Abordnungen seiner Untertanen, von den armseligsten bis hin zu den glanzvollsten. Als schließlich der Khan von Kasan von der Geburt Iwans erfährt, erklärt er den russischen Bojaren, die ihm einen Besuch abstatten: »Euch ist ein Herrscher geboren, und er hat schon zwei Zähne. Mit dem einen wird er uns, die Tataren, zerfleischen, mit dem anderen aber euch!«
Zwei Jahre später kommt Helena, die sich zweifellos der Gunst des Allerhöchsten erfreut, mit einem zweiten Knaben nieder, Jurij. Die Thronfolge ist gesichert. Wassilij ist überzeugt, seine Aufgabe als Herrscher auf dem Schlachtfeld wie im Bett gleichermaßen erfüllt zu haben. Voller Dankbarkeit begibt er sich am 25. September 1533 mit seiner Frau und seinen Kindern in das Dreifaltigkeits-Kloster, empfängt den Segen des Priors, fastet und betet mit den Pilgern, die aus allen Winkeln Moskowiens herbeigeströmt sind. Dann bricht er zur Jagd auf, umgeben von seinen Hunden, den Bogenschützen zu Fuß sowie den mit Forken bewaffneten Reitern. Mitten im Wald, unweit der Ortschaft Wolokolamsk, verspürt er beim Reiten einen Schmerz in der linken Hüfte: ein violettes, eiterndes Geschwür. Trotz des Leidens beschließt er am nächsten

[1] Etwa sechzig Kilometer nördlich von Moskau.

Tag, an einer Treibjagd teilzunehmen. Ein Schwindelanfall packt ihn. Auf einer Tragbahre bringt man ihn in das Dörfchen Kolp. Helena ist sehr beunruhigt und läßt ihren Onkel Michail Glinskij und zwei deutsche Ärzte, Theophil von Lübeck und Nikolas Luef, kommen. Diese beginnen mit der Anwendung »russischer Mittel«: Breiumschläge mit Mehl, Honig und gekochten Zwiebeln. Doch vergebens. Der Eiter quillt becherweise hervor. Als er von seinen Bojaren zurück nach Wolokolamsk getragen wird, glaubt sich Wassilij verloren. Jedesmal, wenn die Umschläge erneuert werden, nimmt der ekelhafte Ausfluß zu. In ihrer Ratlosigkeit ordnen die Ärzte ein Abführmittel aus Leinsamen an, das jedoch lediglich eine Schwächung des Kranken bewirkt. Daraufhin befiehlt er, daß man ihn nach Moskau bringt, denn er will in seiner Hauptstadt sterben. Erste Station ist das St.-Joseph-Kloster, wo man für den Kranken in der Kirche ein Bett aufstellt. Der Diakon spricht die Gebete für seine Heilung unter dem Schluchzen Helenas und ihrer Kinder, der Jäger, Bojaren und Geistlichen sowie des auf Knien liegenden Volkes. Sodann machen sie sich wieder auf nach Moskau. Es schneit. Der Schlitten, auf dem Wassilij ruht, wird auf dem Weg durchgerüttelt. Da er heimlich in die Stadt einkehren möchte, um der mißgünstigen Neugier der ausländischen Gesandten zu entgehen, schlägt man eine Brücke über die Moskwa, wobei das noch dünne Eis bricht. Kaum gleitet der Schlitten auf den leichten Steg, gibt er unter der Last des Gespanns nach. Der Pferde sinken ins Wasser, doch die Bojaren kappen die Zugleinen, halten den Schlitten zurück und ziehen ihn ans Ufer. Endlich, bei Tagesanbruch des 25. Novembers 1533, befindet Wassilij sich wieder in den Gemächern des Kreml, aber er ist so erschöpft, daß er Gott kaum dafür danken kann, ihn in den sicheren Hafen geleitet zu haben. Es schneit ohne Unterlaß auf die Kirchen, den Palast und die Hütten herab. Starr vor Kälte und von den wirbelnden Flocken geblendet, halten die Wachposten gespenstische Gestalten an, die zur Ehrentreppe eilen. Die Würdenträger des Hofs wissen bereits, daß ihr Herrscher im Sterben liegt. Sie alle kommen auf seinen Befehl herbei: die Fürsten Iwan und Wassilij Schuiskij, Michail Sacharin, Woronzew, Kurbskij, Glinskij, der Kammerherr Schigona und weniger bedeutende Bojaren... Sie drängen sich in der Halle und warten schweigend in dem fahlen Licht, das durch die Glimmerscheiben[1] fällt. Schließlich öffnet ein Diener die Türflügel des Zimmers. Kerzen brennen vor dem Bett, auf dem der Sterbende ruht. Um ihn herum murmeln Mönche ihre Gebete. Wassilij sammelt seine Kräfte und diktiert im Beisein der Bojaren seinen Letzten Willen. Zu seinem Nachfolger auf dem Thron bestimmt er seinen Sohn Iwan, der nicht einmal das dritte Lebensjahr erreicht hat, und stellt ihn bis zum Alter von fünfzehn Jahren unter die Vormundschaft seiner Mutter Helena und der Bojaren. Diese Verfügungen finden nicht die Zustimmung der Höflinge, denen die Vorstellung mißfällt, zum Herrscher ein Kleinkind und zur Regentin eine Ausländerin mit einer vielköpfigen und habgierigen Familie im Troß zu haben. Doch beugen sie ehrerbietig das Haupt vor dem Willen des Sterbenden. Dieser errät ihre Unzufriedenheit und sagt zu Michail Glinskij: »Auch wenn du von Geburt ein Fremder bist, so bist du doch unter uns ein Russe geworden. Darum vertraue ich dir mein Weib und meinen Sohn an.«

Da seine Wunde immer stärker eitert und dabei einen fauligen Geruch verströmt, bittet er die Ärzte Luef und Theophil, ihn mit Wodka zu reinigen. Während dieser Verrichtung fragt er sie: »Sagt mir offen, ob es in eurer Macht steht, mich zu heilen.« Luef verhehlt ihm nicht, daß er alle Hoffnung aufgegeben hat. »Nun dann, meine Freunde«, seufzt Wassilij, »ihr habt es vernommen, ich muß euch verlassen.« Der Metropolit ist zusammen mit dem Priester Alexejew da, der die Letzte Ölung bringt. Mit einer übermenschlichen Anstrengung richtet Wassilij sich auf, um Brot und Wein zu empfangen. Nachdem er sich wieder hingelegt hat, läßt er seine Frau und seine Kinder zu sich kommen und segnet sie mit dem Kreuz. Dann wendet er sich an die Bojaren und erklärt ihnen: »Dienet meinem Sohn, wie ihr mir selbst gedient habt. Tut alles, was in eurer Macht steht, damit er einst das Land regiert... Stellt euch

---

[1] Dünn geschliffener Glimmer, Alabaster, Marmor o. a. dienten als eine Art Milchglasscheiben.

nicht gegen Michail Glinskij, denn er ist mit meinem Weib durch die Bande des Blutes verwandt.« Bei diesen Worten verdoppelt sich Helenas Schluchzen. Sie stößt markdurchdringende Schreie aus und schlägt auf den Knien liegend den Kopf gegen den Boden. Ihre Kleider sind zerrissen, ihre Haare zerrauft. Man führt sie mit Gewalt fort. Sobald sie sich zurückgezogen hat, bittet Wassilij den Metropoliten Daniel, ihn zum Mönch zu weihen. Um seines Seelenheils willen möchte er, so sagt er, daß man ihn nicht als einen allmächtigen Monarchen, sondern als den einfachsten der Gläubigen beisetzt. Sein Bruder Andrej und Woronzew erheben die Stimmen, um sich diesem Wunsch zu widersetzen, den sie für unvereinbar mit der Würde des Großherzogs von Moskau erachten. Mit halbgelähmter Zunge beharrt Wassilij auf seinem Verlangen. Er küßt den Saum seines Lakens, bekreuzigt sich mit unsicherer Hand und fleht die Madonna von Wladimir an. Der Metropolit läßt sich eine schwarze Kapuze bringen und ruft: »Nein, niemand wird mir diese Seele rauben! Eine Silberschale mag vielleicht wertvoll sein, doch vergoldet gewinnt sie an Wert!« Das Beten hebt wieder an. Wassilij bekommt die Tonsur. Er wird Mönch unter dem Namen Warlaam. Man legt ihm das Evangelium auf die Brust. Er atmet kaum. Plötzlich ruft Schigona: »Es ist geschehen, der Monarch ist tot!« Wenig später behauptet er, daß sich das Gesicht des Fürsten beim letzten Seufzer verklärt habe und die stinkenden Ausdünstungen, die der Wunde entströmten, sich in einen lieblichen Wohlgeruch verwandelt hätten. Der Metropolit Daniel wäscht den Körper des Toten, trocknet ihn mit Leintüchern und kleidet ihn in die Ordenstracht. Als Helena die Nachricht erfährt, bricht sie ohnmächtig zusammen und erlangt, so heißt es, erst zwei Stunden später wieder das Bewußtsein.

Es ist schon Mitternacht an diesem 4. Dezember 1533, doch niemand schläft in Moskau. Trotz des Schneefalls wartet das Volk und wacht in den Straßen. Als die große Kremlglocke zum Totengeläut anschlägt, bricht die Menge in Seufzen aus und wirft sich nieder. Sie beweint einen großen Fürsten, der es im Verlauf seiner neunundzwanzigjährigen Regierungszeit verstanden hat, die Bojaren zu unterwerfen, die Krimtataren zu bekämpfen und seine Provinzen und Städte, von denen er Pskow geerbt hat, um Rjasan und die in Litauen eroberten Gebiete zu vermehren. Am nächsten Tag spricht in der Erzengel-Michael-Kathedrale der Metropolit Daniel in seinem Nachruf auf den Verstorbenen von »einem geschickten Sachwalter, wahren Führer, Abbild der göttlichen Güte, einer Säule der Geduld und Entschlossenheit, einem Vater von Volk und Adel«.

Nachdem Helena ihren fünfzigjährigen Gatten mit Strömen von Tränen beweint hat, wendet sie sich munter ihrer neuen Betätigung als Herrscherin zu. Sie wird von einem Regentschaftsrat umgeben, der sich zusammensetzt aus den Brüdern des Verstorbenen, Jurij und Andrej, sowie zwanzig der vornehmsten Bojaren, darunter Belskij, Schuiskij, Obolenskij, Woronzew, Morosow... Diese Versammlung wird beherrscht von Michail Glinskij, dem Onkel der Regentin, und von dem Oberstallmeister Iwan Obolenskij-Telepnew – jung, schön und beschränkt –, den Helena zum Liebhaber nimmt. Auf deren Anraten hin sendet sie Sonderbotschafter an Kaiser Karl V. und seinen Bruder Ferdinand, den König von Ungarn und Böhmen, knüpft wieder freundschaftliche Beziehungen zu Schweden, dem Fürstentum Moldau, Livland, dem Khan von Astrachan und einigen nogaischen Fürsten, setzt den Kampf gegen die Krimtataren fort, dringt in Litauen ein und verstärkt die Festungsanlagen von Moskau. Im Jahre 1536 empfängt der kleine Iwan, im Alter von kaum sechs Jahren, litauische Gesandte, fragt, als er vom Thron aufsteht, mit seinem kleinen Stimmchen: »Erfreut sich Unser Bruder, König Sigismund, guter Gesundheit?« und reicht ihnen die Hand zum Kuß. Jedermann in seiner Umgebung lobt die Würde seines Auftretens und die Klarheit seiner Rede. Kein Zweifel, dieses Kerlchen, dieser Dreikäsehoch, hat das Zeug zum Herrscher. Doch dem väterlichen Testament zufolge wird er noch lange warten müssen, bis er an die Macht gelangt. Und welche Verschwörungen stehen bis dahin noch bevor!

Bereits am Tag nach Wassilijs Tod bricht der Kampf aus zwischen den Bojaren, die auf die Wiederherstellung ihrer Privilegien bedacht sind, und der Regentin, die das Land mit härterer Hand zu regieren gedenkt als der verstorbene Großfürst. Weil sie befürchtet, die zwei Brüder ihres Mannes, Jurij und Andrej, könnten ihrem

Schwur zum Trotz nun die Hand nach der Krone ausstrecken, läßt sie den einen wie den anderen unter dem Vorwand der Gehorsamsverweigerung festnehmen. Der erste wird ins Gefängnis geworfen und stirbt den Hungertod. Der zweite wird, nachdem er eine Revolte anzuzetteln versucht hat, gefangengenommen, eingekerkert und gefoltert. Seine Anhänger werden geprügelt und gefoltert. Dreißig von ihnen werden an Galgen aufgehängt, die einer hinter dem anderen am Rand des Weges von Moskau nach Nowgorod aufgerichtet wurden. Andrejs Frau und sein Sohn werden in ein unterirdisches Verlies gesteckt. Schließlich wird sogar Michail Glinskij, Helenas leiblicher Onkel, dafür, daß er gewagt hat, ihr wegen der Liaison mit Iwan Obolenskij-Telepnew Vorhaltungen zu machen, seiner Stellung enthoben und in einen Kerker geworfen. Andere Fürsten werden erdrosselt oder unter den fadenscheinigsten Vorwänden in die Verbannung geschickt. Eine solche Gewaltherrschaft empört die Bojaren. »Obolenskij-Telepnew ist allmächtig am Hofe«, sagt einer von ihnen. »Andere, von älterem Adel als er, sind nur noch dem Namen nach Bojaren. Und keinerlei Dienst findet Anerkennung, es sei denn, man erweist dem Günstling eine Liebenswürdigkeit.« Mit jedem Tag wächst im Kreml die Zahl derer, die einen Machtwechsel anstreben. Plötzlich, am 3. April 1538, stirbt Helena unter fürchterlichen Schmerzen. Für die Gesandten besteht kein Zweifel, daß sie vergiftet worden ist. Im Palast herrscht hinter der zur Schau getragenen Zerknirschung einmütige Erleichterung. In diesem großen politischen Trubel kümmert sich niemand um den kleinen Iwan, der soeben im Alter von acht Jahren seine Mutter verloren hat.

Zweites Kapitel

Die Kindheit

Iwan hat Vater und Mutter verloren und kann sich in seiner Verwirrung nicht einmal an seine Onkel, Andrej und Jurij, halten, die beide im Gefängnis umgekommen sind. Gewiß, die hochmütige Großfürstin Helena hat sich in ihrem Machthunger nie sonderlich um ihre Söhne gekümmert. Deshalb hinterläßt der Fortgang dieser fernen Mutter keine große Leere in deren Dasein. Dennoch spürt Iwan die fehlende Wärme, und er überträgt seine ganze Zärtlichkeit auf die geliebte Amme Agrafena, die Schwester des Günstlings Obolenskij-Telepnew. Dieser erkennt, daß mit dem Tod der Regentin seine Stellung schwer bedroht ist. Die Stunde der Vergeltung hat für die Bojaren geschlagen. Der erste, der sein Haupt wieder erhebt, ist der Fürst Wassilij Schuiskij. Da er wie der verstorbene Großherzog und dessen Nachfolger Iwan von dem berühmten Alexander Newskij abstammt, rühmt er sich, dem älteren Zweig einer Familie anzugehören, von der das Herrscherhaus nur die jüngere Linie vertritt. Er strebt nicht nach einem Platz in der Nähe des Thrones, sondern nach dem Thron selbst. Seine erste Sorge besteht darin, den ehemaligen Günstling Obolenskij-Telepnew aus dem Weg zu räumen. Schuiskij läßt ihn daher in ein Verlies werfen, wo er, vom Hunger aufgezehrt und erdrückt von der Last seiner Ketten, zugrunde geht. Gleich darauf gibt er den Befehl, die Schwester des Verurteilten, die Amme Agrafena, zu ergreifen und in ein fernes Kloster zu verschicken. Als man die Unglückliche gerade festgenommen hat, klammert Iwan sich an ihren Rock, weint, stampft mit den Füßen und fleht die Wachen an, Mitleid mit dieser Frau zu haben, die sich nichts hat zuschulden kommen lassen. Vergebens. Man stößt ihn beiseite und führt seine einzige Freundin fort; er wird sie niemals wiedersehen.

Allein mit seinem Bruder fragt sich Iwan, ob er nicht morgen genauso festgenommen wird. Doch seltsamerweise betrachten ihn die Bojaren, die damit beschäftigt sind, sich gegenseitig zu zerfleischen, als eine vernachlässigbare Größe. Vielleicht meinen sie, es sei immer noch genügend Zeit, sich seiner zu entledigen, wenn sie erst ihre persönlichen Rivalitäten ausgefochten hätten. Die erste Entscheidung des Bojarenrats ist die Begnadigung der politischen Gefangenen und Verbannten, der Opfer der Launen der Regentin. Unter den Rückkehrern befinden sich Iwan Schuiskij, der Bruder des Fürsten Wassilij Schuiskij, und Iwan Belskij, der von dem litauischen Fürstengeschlecht Gedemin abstammt und gleichfalls darauf sinnt, nach der Macht zu greifen. Darum ist Iwan Belskij weit davon entfernt, sich bei Wassilij Schuiskij für seine Freilassung zu bedanken. Vielmehr beeilt er sich, ihn zu bekämpfen. Die zwei Widersacher haben entschlossene Anhänger, und einer wie der andere sucht Einfluß auf die Vormundschaft der Waisen zu nehmen. In dieser Atmosphäre von Spionage, Giftmischerei und Gewalt bekommt Iwan vom Menschen das Bild eines Raubtiers, voller Gier, seine Beute zu jagen und sich an ihrem Leid zu weiden. Alles, was er sieht, alles, was er hört in diesem Palast, lehrt ihn Grausamkeit und Hinterlist. Wehe den Schwachen! Der Zweck heiligt die Mittel. Gott ist auf der Seite von Gift, Folter und Schwert. Schon in sehr jungen Jahren findet er Gefallen an grausamen und blutigen Spielen. Er beobachtet, wie Erwachsene ihresgleichen foltern, und beginnt, sie imitierend, Tiere zu quälen. Das ist mehr als nur Zeitvertreib, das ist eine Lehre. Er rupft den Vögeln, die er fängt, die Federn aus, sticht ihnen die Augen aus und schlitzt ihnen mit einem Messer den Bauch auf, wobei er mit Vergnügen die einzelnen Phasen ihres Todeskampfes verfolgt. Oben auf dem Festungswall läßt er junge Hunde über seinem Kopf kreisen und schleudert sie in den Hof hinab, um ihnen die Glieder zu zerschmettern. Ihr klägliches Winseln befriedigt in ihm eine dunkle Begierde nach Rache, als wären sie die verhaßten Bojaren, die er in den Tod schickt. Den Bojaren kann er die Wirren nicht verzeihen, in die sie das Land durch ihre Streitigkeiten und die Mißachtung, die sie ihrem jungen Herrscher bezeugen, gestürzt haben. Gewiß, an Tagen öffentlicher Feierlichkeiten kleidet man

ihn in prunkvolle Gewänder, man umgibt ihn mit kaiserlicher Pracht, man geleitet ihn in geheuchelter Ehrerbietung, doch im Alltag behandeln ihn dieselben Männer mit der gleichen Geringschätzung wie den Sohn einer Dienstmagd. Ohne das Barett, den Mantel und den mit Edelsteinen besetzten Umhang wird er auf sein Zimmer geschickt und mit harten Worten von eben jenen Männern abgewiesen, die sich wenige Augenblicke zuvor noch vor ihm verneigten. Über diese Zeit wird er fünfundzwanzig Jahre später an den Fürsten Kurbskij[1] schreiben: »Als unsere Mutter, die fromme Zarin Helena, von dem irdischen in das Reich Gottes einging, blieben wir, mein Bruder Jurij und ich, im wahrsten Sinne des Wortes verwaist zurück... Unsere Untertanen sahen ihre Träume erfüllt: Nun fanden sie ein Reich ohne Herrn. Sie ließen sich durch uns – ihre Herrscher – keineswegs beirren und stürzten sich auf die Eroberung von Reichtümern und Ehren, wobei sie einer über den anderen herfielen... Uns aber, meinen Bruder Jurij und mich, behandelten sie wie Fremde und Bettler. Welche Entbehrung an Kleidung und Nahrung haben wir gelitten! Man ließ uns keinerlei Freiheit. Man hat uns in keiner Weise erzogen, wie es sich für Kinder gehört. Ich möchte dazu ein Beispiel in Erinnerung rufen: Wir treiben ein kindliches Spiel, während es sich der Fürst Iwan Schuiskij auf einer Liege bequem macht, die Ellbogen gegen das Bett unseres Vaters gestützt, die Füße auf einem Stuhl. Uns schenkt er keinerlei Aufmerksamkeit, weder als Verwandter noch als Potentat noch als Diener seiner Herren. Wer mochte solchen Hochmut ertragen?... Oft brachte man mir nicht einmal das Essen zur rechten Zeit. Was aber soll ich von dem väterlichen Schatz sagen, der mir rechtmäßig zustand? Die Bojarensöhne haben ihn entwendet und eingeschmolzen, um ihn in goldenes und silbernes Geschirr zu verwandeln. Und sie gravierten die Namen ihrer Eltern hinein, als wären es Erbstücke!«
Doch es sind nicht nur der Verdruß und die Demütigung, die Iwans Rachegelüste gegen die Bojaren nähren! Dazu kommt eine stän-

[1] Das erste Sendschreiben an den Fürsten Kurbskij.

dige Angst. Das Kind lebt in der Furcht, umgebracht zu werden. Wo immer es hinschaut, lauern ihm Feinde auf. Verbirgt dieser Vorhang nicht einen gedungenen Mörder mit dem Dolch in der Hand? Ist das Wasser in dieser Karaffe vielleicht vergiftet? Tag für Tag wohnt er Streit, Zank und Mord bei. Manchmal spürt er den Tod ganz nahe, doch er wird wie durch ein Wunder von den Barbaren vergessen, die sich sein Reich gegenseitig streitig machen. Eines Nachts verfolgt die Soldateska den neuen Metropoliten Joasaf bis in das Zimmer des Kindes, wohin der Prälat sich geflüchtet hat. Von Steinwürfen verletzt, mit Speichel besudelt und in zerrissenem Gewand fleht er seinen jungen Fürsten um Schutz an, der aufgerichtet in seinem Bett um sein eigenes Leben zittert und kein Wort herausbringt. Der Metropolit Joasaf wird von den Wachen verschleppt und in Bjelozersk in ein Kloster gesperrt. Sein Verbrechen? Ein Anhänger Iwan Belskijs zu sein. Tatsächlich haben seit kurzem wieder die Schuiskijs die Zügel in die Hand genommen. Ihre Schergen, dreihundert an der Zahl, fallen in den Kreml ein, entführen Iwan Belskij aus seinem Haus und werfen ihn ins Gefängnis. Sein intimer Vertrauter Mischurin wird an die Kinder der Bojaren ausgeliefert, die ihn bei lebendigem Leibe häuten. Blutüberströmt wird er dann zum Block gestoßen, wo ihn ein Henker enthauptet. Währenddessen stirbt Wassilij Schuiskij und übergibt die Macht seinem Bruder Iwan. Dieser ist schwächer und genehmigt die Rückkehr Iwan Belskijs, der sofort einen Aufstand anzettelt. Von neuem festgenommen, verschleppt und eingekerkert, ist er in seinem Verlies dem Tode geweiht. Unterdessen stirbt Iwan Schuiskij, allerdings an einer Krankheit. Sein Vetter, Andrej Schuiskij, nimmt seinen Platz an der Spitze der Bojaren ein. In der Zwischenzeit hat Iwan sich mit Fjodr Woronzew angefreundet. Das ist für Andrej Schuiskij Grund genug, um die Vernichtung des Günstlings zu beschließen. Im Verlauf einer stürmischen Auseinandersetzung schlagen im Beisein Iwans und des Metropoliten Makarij Andrej Schuiskij und seine Genossen, rasend vor Wut, Fjodr Woronzew ins Gesicht und zerren ihn in den Palasthof. Nachdem sie ihn halbtot geschlagen haben, befehlen sie den Wachen, ihn ins Gefängnis zu werfen. Entsetzt versuchen Iwan und

Makarij, für den Unglücklichen einzutreten. Doch die Bojaren wollen nichts hören, und einer von ihnen, Golowin, zerreißt zum Zeichen der Verachtung das Gewand des Prälaten. Wieder einmal schluckt Iwan Schrecken und Abscheu hinunter, schweigt mit blitzenden Augen und bleichem Gesicht. Er ist dreizehn Jahre alt.
Kurze Zeit später, nach dem Weihnachtsfest, ruft er die Bojaren zu einem Gastmahl zusammen. Sein langsam angestauter Haß auf sie verleiht ihm den Mut, zu einem großen Schlag auszuholen. Nach Monaten der Ungewißheit hat er schließlich den Eindruck gewonnen, daß ihn seine fürstliche Geburt unmittelbar unter den Schutz des Himmels stellt. Sein Arm ist zwar noch schwach, doch er ist die Verlängerung von Gottes Arm. Er richtet sich vor seinen bärtigen und nach Wein riechenden Gästen auf und spricht sie mit fester Stimme an. Er wirft ihnen vor, seine außergewöhnliche Jugend mißbraucht, sich zur Plünderung hinreißen lassen und willkürlich Todesurteile vollstreckt zu haben. Unter ihnen, sagt er, befänden sich zahlreiche Schuldige, doch wolle er sich damit begnügen, im Sinne eines Exempels den größten Verbrecher unter ihnen, den Fürsten Andrej Schuiskij, hinrichten zu lassen. Nachdem er gesprochen hat, packt ihn ein tödlicher Schrecken angesichts seiner eigenen Kühnheit. Werden die Wachen ihm gehorchen? Werden die Bojaren nicht die Gelegenheit nutzen, ihn zu ergreifen und in Stücke zu reißen? Er hat alles auf eine Karte gesetzt. Mit angsterfülltem Herzen wartet er ab. Doch das Wunder geschieht. Rund um den Tisch herrscht eine derartige Verblüffung über diesen Kraftakt, daß keiner der Anwesenden aufbegehrt. Mit einem Mal haben sie einen Herrn. Einen Herrn, der kaum den Kinderschuhen entwachsen ist. Die Wachen ergreifen Andrej Schuiskij und liefern ihn den Häschern aus, die ihn auf offener Straße und bei lebendigem Leibe von den Jagdhunden zerfleischen lassen.
Dennoch bleibt dieser Willensakt Iwans ohne direkte Folgen. Er ist einfach noch nicht alt genug, um selbständig zu regieren. Die wieder erstarkten Glinskijs nutzen den Sturz der Schuiskijs, töten oder verbannen einige Gegner und schneiden dem Bojaren Buturlin unter der Anklage, beleidigende Reden geführt zu haben, die Zunge heraus. Sie werden bald von den Belskijs davongejagt, die sich ih-

rerseits wieder den Schuiskijs beugen müssen, welche schließlich von einem letzten Aufstand der Glinskijs überrascht und besiegt werden. Es ist ein Teufelskreis, in dem immer dieselben Familien sich im selben Machtstreben gegenseitig ablösen. Wenn einer der Anführer fällt, nimmt sein Bruder, sein Onkel, sein Sohn, sein Neffe oder sein Vetter seinen Platz ein. Man kann nicht alle Köpfe auf einmal abschlagen. Iwan wird später gestehen: »Unsere Bojaren herrschten über das Land, wie es ihnen paßte, weil niemand ihrer Macht entgegentrat... Ich wuchs heran... Von den Leuten, die mich umgaben, übernahm ich die dunklen Praktiken und lernte, ihre Listen anzuwenden.«

Mit vierzehn Jahren ist Iwans große Leidenschaft die Jagd auf Bär, Wolf und Silberfuchs. Gemeinsam mit den Söhnen der Bojaren durchstreift er die Wälder, stellt dem Wild Fallen oder jagt mit dem Falken auf der Faust Wildschwäne. Vom Reiten erhitzt, fällt die ausgelassene Schar in die Dörfer ein, verprügelt die Bauern, wirft die Mädchen aufs Stroh, trinkt und ißt, bis die Bäuche platzen. Wenn Iwan an diesen wilden Unternehmungen teilnimmt, bewahrt er im Gegensatz zu seinen Kumpanen auch während der Ausschweifungen noch einen kühlen Kopf. Er schaut ihnen zu, wie sie die Muschiks und Krämer übel zurichten, genießt den Anblick entblößter Frauen und atmet mit Wonne den Geruch von Wein, Schweiß und Blut, doch er verliert selbst auf dem Höhepunkt der Orgie niemals das Bewußtsein seiner überragenden Würde. Wenn er sich betrinkt oder wenn er hurt, so betrinkt Gott sich oder hurt durch ihn. Während sein Bruder Jurij, ein Halbidiot, sich nur für Spiel und Essen interessiert, vertieft er sich nach solchen Streifzügen abends in Bücher. Beim Kerzenschein träumt er über den Seiten der Bibel, der Heiligenlegenden, der Kommentare und Ermahnungen des Johannes Chrysostomos und der Nestorchronik. Die Prophezeiungen der Apokalypse verschmelzen in seinem Geiste mit den alten slawischen Legenden. Der Metropolit Makarij hilft ihm, sich mit Theologie und Geschichte vertraut zu machen. Durch ihn findet Iwan gleichzeitig Zugang zu der Vergangenheit Moskowiens wie zu den Mysterien des Glaubens. Er fühlt, wie er zugleich Wurzeln schlägt und über sich hinauswächst. Unersättlich erweitert er seine Kenntnisse und fragt die Kanzleisekretäre, die ausländischen Gesandten und die Handwerker aus, die im Palast arbeiten. Während er hier und da etwas aufschnappt, sammelt er sein Wissen auf gut Glück an, je nachdem, wen er gerade trifft. Seine kunterbunten Kenntnisse verwirren sich in seinem Kopf, denn als Autodidakt versteht er weder, sein Wissen zu beherrschen, noch es vernünftig anzuwenden. Das Lesen ermuntert ihn zum Schreiben; er verspürt eine wahre Leidenschaft für den Umgang mit der russischen Sprache. Prunkvolle Sätze tanzen in seinem Hirn. Nur zu seinem eigenen Vergnügen bringt er sie zu Papier. Später wird er die ganze Welt daraus Nutzen ziehen lassen. Auch liebt er die Redekunst. Wenn er das Wort ergreift, scheint er zu singen. Er berauscht sich an seiner eigenen Stimme. Ganze Satzfolgen in der Sprache der Bibel strömen aus seinem Mund. Seine Rede ist umständlich, emphatisch und überschwenglich, wie es dem Zeitgeschmack entspricht.

Um sein Land, das er noch nicht regieren kann, besser kennenzulernen, durchfährt er es in allen Richtungen. So kommt er nach Wladimir, Moschaisk, Rjew, Twer, Nowgorod, Rostow, Jaroslawl. Natürlich geht er im Verlauf dieser Reisen auf die Jagd, doch er widmet sich auch mit Eifer der Frömmigkeit. Kein Kloster an seinem Weg, das er nicht besucht, kein bedeutender Priester, den er nicht um den Segen bittet. Nachdem er mit seinen Kameraden gepraßt hat, kann er während eines Gottesdienstes fünf Stunden ohne Unterbrechung im Stehen zubringen, wobei sein Geist von einem milden Glück ergriffen ist. Von den Fußfällen vor den Ikonen zeugt eine Hornhaut auf seiner blassen Stirn.

Doch das von den Bojaren ausgepreßte Volk bemüht sich vergebens, die Aufmerksamkeit seines jungen Herrschers auf sich zu lenken. Iwan weigert sich, die Not der Provinzen, die er durchquert, zu sehen. Ihn kümmert es wenig, daß diese Reisen die Städte, die ihn beherbergen, teuer zu stehen kommen. Bei jeder Station verlangt er Festlichkeiten und Geschenke. Wenn einige Wagemutige sich getrauen, ihm eine Petition zu unterbreiten, wird sie in seiner Umgebung abgefangen. Die Verfasser können noch von Glück sagen, wenn sie nicht umgehend bestraft werden! Die einzige Hoffnung der kleinen Leute besteht darin zu beobachten, wie die Jahre den Charakter dieses unerfahrenen Jünglings zur Reife bringen und ihn über die Pflichten eines Monarchen gegenüber seinen Untertanen aufklären.

Selbst die äußeren Ereignisse beunruhigen ihn nicht in seinem Taumel von Hochmut, Gewalt, Heuchelei und Frömmigkeit. Die Bojaren, die im Kreml in Bruderkriege verstrickt sind, vermögen nicht, den Überfällen der Tataren von Kasan und der Krim Widerstand zu leisten. So berichtet ein Chronist der Zeit von diesen Beutezügen auf russischem Gebiet: »Die unglücklichen Einwohner waren in ihrer Schutzlosigkeit gezwungen, sich in den Wäldern oder tiefen Höhlen zu verstecken, und die Gegenden, die einst mit Dörfern besiedelt waren, wurden nun vom Gestrüpp überwuchert. Inmitten der in Schutt und Asche gelegten Klöster hausten die Ungläubigen, schliefen in den Kirchen, tranken aus den Meßkelchen und rissen die Verzierungen von den Heiligenbildern, um sich daraus Ohrringe oder Halsketten zu machen, mit denen sie ihre Weiber schmückten. Sie füllten heiße Asche und glühende Kohlen in die Stiefel der Gläubigen und zwangen sie, trotz der Schmerzen vor ihnen zu tanzen. Sie vergewaltigten die jungen Nonnen und kratzten denen, die sie nicht in die Gefangenschaft verschleppten, die Augen aus und schnitten ihnen Nase und Ohren, Hände und Füße ab. Aber von all diesen Dingen war doch am schrecklichsten, daß viele Christen zu ihrem Glauben übertraten... Was ich hier schreibe, habe ich niemals sagen hören, doch habe ich es mit eigenen Augen gesehen und werde die Erinnerung daran niemals vergessen.«[1]

Nur mit großer Mühe gelingt es den Russen, dem Aufruf ihres Herrschers zu folgen und die Tataren über die Oka und dann über die Wolga zurückzudrängen. Die Gefahr scheint vorläufig gebannt. Iwan, inzwischen sechzehn Jahre alt, stößt zum Heer, das sich bei Kolomna verschanzt hat. Doch der Feind zeigt sich schon seit langem nicht mehr. Nachdem das Lager sich in einen Hof ver-

---

[1] Zitiert nach Karamsin: *Geschichte des russischen Reiches.*

wandelt hat, wird es zu einem Schauplatz der Intrigen. Eines Tages sieht Iwan, als er sich in der Umgebung auf der Jagd befindet, etwa fünfzig Arkebusiere[1] kommen, die eine Petition[2] überbringen. Sie beklagen sich über die Schikane, der sie ausgesetzt sind. Iwan weigert sich, sie anzuhören, und läßt sie von seinen berittenen Bojaren angreifen. Die Arkebusiere wehren sich und sinken, von den Pfeilen der Angreifer durchbohrt, einer nach dem andern zu Boden. Wie sehr man Iwan auch beteuert, es müsse sich um ein Mißverständnis handeln, hält er sich für das Opfer eines Attentats und bestimmt sogleich dessen Urheber: Iwan Kubenskij, Fjodr Woronzew, der ehemalige, aus dem Gefängnis freigelassene Günstling, und seinen Bruder Wassilij. Ohne ihnen Zeit zur Rechtfertigung zu geben, läßt er sie vor den anderen Bojaren enthaupten. Dreimal fällt das Beil, und das Blut spritzt auf. Nicht ein Muskel in Iwans Gesicht zuckt. Niemand in seinem Gefolge wagt zu protestieren. Diese entsetzte Anerkennung des Schuldspruches bestärkt ihn in dem Glauben, seine Gerichtsbarkeit sei unfehlbar und seine Macht geheiligt.

---

[1] Angehörige von Truppeneinheiten, die mit Arkebusen, Hakenbüchsen, ausgerüstet sind.
[2] Bittschrift.

Drittes Kapitel

Zar Iwan IV.

Von Jahr zu Jahr wird Iwan sich der Grenzen seines Reiches zunehmend bewußt. Nachdem es vom Joch der Tataren befreit ist, erstreckt sich das Fürstentum, dessen Großherzog er ist, von der nördlichen Wolga bis zum Dnjepr und vom Arktischen Meer bis zum Don. Jenseits dieses noch beengten Rußlands tun sich die geheimnisvolle Steppe Sibiriens, die noch nicht unterworfenen Gebiete der Wolga, Astrachans und der Krim, die westliche Ukraine, das Großherzogtum Litauen und die anliegenden Länder des Baltikums auf. So viele Territorien, auf die Iwan einen lüsternen Blick wirft. Seine Vorfahren haben dadurch, daß sie alle Kleinfürsten der Umgebung Moskaus unter ihr Banner gebracht haben, Rußland zu einem mächtigen Staat gemacht. Nun ist es an ihm, das väterliche Werk zu vollenden, die Grenzen auszuweiten und die Bojaren endgültig zu unterwerfen.

Die Stadt Moskau selbst hat seit kurzem eine beachtliche Ausdehnung angenommen. Sie zählt bereits vierzigtausendfünfhundert Häuser. Im Herzen der Hauptstadt erhebt sich die heilige Festung des Kreml. Ihre gezackten Anlagen umgeben schützend Kathedralen, deren vergoldete Kuppeln und Zwiebeltürme in der Sonne glänzen, sowie Fürstensitze und Paläste, die ihre märchenhafte Pracht dem Einfallsreichtum einiger italienischer Baumeister verdanken. Um sie herum breitet sich eine Stadt von Holzhäusern, üppigen Gärten und breiten Straßen aus, die der geringste Platzregen in Ströme von Morast verwandelt. Die Hütten der Handwerker grenzen an die Wohnsitze angesehener Bürger, Wallfahrtskapellen stoßen an Dampfbäder. In diese Bäder begibt sich jeder Russe, von welchem Stand er auch sei, einmal in der Woche, um im Dampf zu schwitzen. Auf dem großen Kremlplatz findet zwischen den Buden ein lärmender, bunter Markt statt. Gaukler, Bärenführer und blinde Minnesänger locken die Schaulustigen und die Schaulustigen die Taschendiebe an. Man drängt sich um die *Bliny*- und *Kwass*-Verkäufer.[1] Zwischen dem Singen und Lachen bricht Streit aus. Bei manchen fliegen die Fäuste, und die Wachen schreiten rücksichtslos ein.

Auf dem *Lobnoje-Mjesto* rufen Kanzleischreiber die Regierungserlasse aus. Niemand hört ihnen zu. Etwas weiter entfernt verabreicht der Scharfrichter irgendeinem kleinen Übeltäter die Prügelstrafe. Unempfindlich gegen die Schreie des Gefolterten liegen Trunkenbolde ausgestreckt auf dem Boden und schlafen mitten in der Menschenmenge ihren Rausch aus. Die Passanten steigen über sie hinweg und setzen ihren Weg fort, wobei sie um die Haufen von Roßäpfeln einen Bogen machen.

Nachts werden alle Zufahrtswege mit Spanischen Reitern[2] versperrt. Die Mauern der Zitadelle starren vor Kanonen. Eine vielköpfige Garde wacht über die Sicherheit des Großfürsten, der dort residiert. Hier tritt auch die Duma, der Bojarenrat, zusammen. In den niedrigen, gewölbten Hallen mit den gedrungenen Säulen herrschen Rot- und Goldtöne vor. Gold findet sich gleichfalls auf den Ikonen wieder, die in verschwenderischer Fülle die Kirchen zieren, in den Empfangssälen und der Kleidung der Adligen oder in dem Geschirr, von dem sie sich während ihrer endlosen Gelage bedienen. Diese Adligen, die die Umgebung des Großherzogs bilden, sind allesamt Abkömmlinge ehemaliger Erbfürsten und Vertreter von Familien, die ebenso erlaucht sind wie die ihres Herrn, woher auch ihr Widerwille kommt, sich von ihm regieren zu lassen. Die restliche Bevölkerung umfaßt Beamte, Kaufleute und Arbeiter, vor allem jedoch Bauern, deren Hauptaufgabe darin besteht, die Truppen im Felde zu versorgen. Leibeigenschaft gibt es im Prinzip nicht. Wenn sie ein Stück Land ganz oder zu einem Drittel als ihren Besitz geltend machen können, sind die Bauern *(Khrestjanie* genannt, mit anderen Worten »Christen«) Herr über sich selbst

---

[1] *Bliny:* eine Art Pfannkuchen; *Kwass:* russisches Getränk, das man aus vergorener Gerste gewinnt.

[2] Spanische Reiter: Bewegliche Verhaue aus Holz oder Eisen (A.d.Ü.)

Iwan, sechs Jahre alt, empfängt die litauischen Gesandten. Nach einer Miniatur aus dem 16. Jahrhundert. Photo Collection Viollet.

Die Regentin Helena Glinskij und ihr Sohn, der zukünftige Iwan der Schreckliche, lassen eine neue Münze schlagen. Nach einer Miniatur aus dem 16. Jahrhundert. Photo Collection Viollet.

Salbungszeremonie Iwans IV. des Schrecklichen. Nach einer Miniatur aus dem 16. Jahrhundert. Photo Collection Viollet.

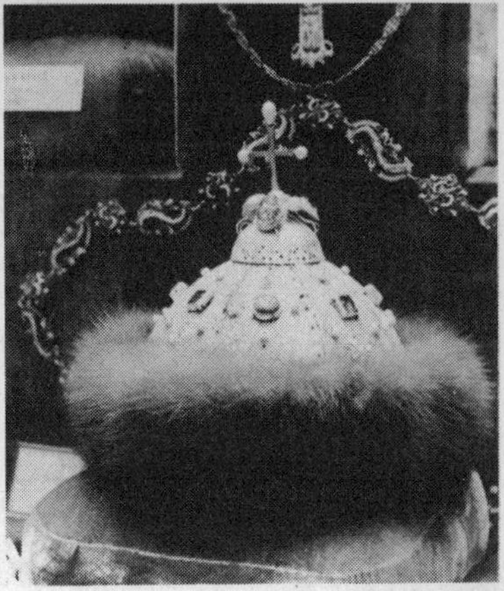

Thron und Zepter Iwans des Schrecklichen. Photo A. P. N.

Zarenkrone. Moskau, Heeresmuseum des Kreml. Photo A. P. N.

Plan von Moskau im Jahre 1527. Paris, Bibliothèque Nationale, Estampes. Photo B. N.

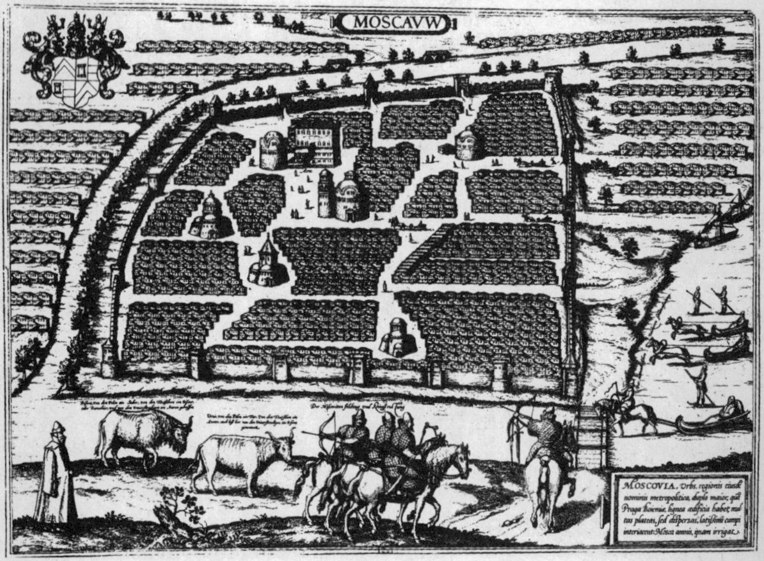

und ihre Arbeit. Doch in dem einen wie im andern Fall werden sie von Abgaben erdrückt. »Wirkliche Sklaven«, Kriegsgefangene und Menschen, die durch Gerichtsentscheid oder einen Vertrag mit einem Grundbesitzer ihrer Freiheit beraubt sind, gibt es relativ selten. In dieser Hierarchie haben die Kaufleute eine privilegierte Stellung, von denen einige durch kühne Unternehmungen ein immenses Vermögen anhäufen. Da ihnen das westliche Europa unbekannt ist, treiben sie vorwiegend mit Zentralasien und dem Fernen Osten Handel. Auf dem Markt von Nischni-Nowgorod finden sich ausländische Käufer ein. Russische Handelsexpeditionen wagen sich bis nach Peking vor. Dennoch befinden sich Rußlands größte Reichtümer in den Händen der Kirche. Unermeßliche Ländereien des Klerus genießen Steuerfreiheit. Mehr als hunderttausend Bauern arbeiten auf den Gütern der Klöster. Die Erträge, die die Mönche aus dem Boden ziehen, vermehren sich um die Gewinne aus den Manufakturen, denen sie vorstehen, den Steuern, die sie erheben, sowie den frommen Gaben, die von überall her auf ihre Brüderschaften herabregnen. Einerseits von der Kirche, andererseits vom Staat ausgepreßt, leidet das russische Volk in seiner Gesamtheit an Armut, Verschuldung und Unterjochung. Dieses Volk ist tief gläubig, doch es setzt den Glauben mit dem Ritus gleich. Die strikte Einhaltung von Zeremonien tritt bei ihm an die Stelle wirklicher Überzeugung. Für den einfachen Mann wiegt es schwerer, sich nicht vor einer Ikone zu bekreuzigen als seinen Nachbarn zu bestehlen. Der Genuß von Fleisch ist nur dreimal in der Woche erlaubt, Geschlechtsverkehr während der Feiertage und in der Fastenzeit untersagt. Im allgemeinen betrachtet die Kirche die Frau als Botin der Hölle: je schöner, desto verderblicher ist sie. Um dem Übel zu wehren, sperrt man sie in ein Frauengemach, das *Terem*. Dessen Fenster, mit einer Rindsblase bespannt, gehen auf den Innenhof. Abgesehen von ihrem Gatten hat kein Mann Zutritt zu der Eingeschlossenen. Es fehlt ihr an nichts, außer am Wichtigsten: von Menschen gesehen zu werden und Menschen zu sehen. Ein Schwarm von Bediensteten umgibt sie, und vor den Gästen ihres Gemahls erscheint sie nur bei den feierlichsten Anlässen. Ihr Dasein ist der Sorge um den Herrn, dem Gebet und dem

Ausspinnen von Träumen gewidmet. In niederen Schichten wird diese Abkapselung natürlich weniger streng eingehalten. Doch was die Frau dadurch an Freiheit gewinnt, verliert sie wieder durch Pflichten. Sie ist als erste im Haushalt auf den Beinen und geht in den häuslichen Arbeiten bis zur Erschöpfung auf. »Die russischen Frauen leiden unter erbarmungswürdigen Bedingungen«, schreibt Herberstein, Gesandter des Heiligen Römischen Reiches, »denn die Männer achten nur diejenige als ehrenwert, die eingesperrt in ihrem Haus lebt, und sie bewachen sie mit solcher Strenge, damit sie niemals ausgeht.« Sogar ein Schwatz mit der Nachbarin ist verboten. Aber die Wahrsagerinnen wissen dennoch, wie man sich zu allen Türen Zugang verschafft. Das ganze Land ist von Aberglauben durchdrungen. In allen Schichten der Gesellschaft mischen sich Christentum und Heidentum. Die geringsten Ereignisse des Lebens erlangen in den Köpfen eine prophetische Bedeutung: Ein Rauschen im Ohr kündet eine Verleumdung an, ein Jucken der Finger verheißt eine Reise, und Entengeschnatter deutet auf einen Brand hin. Schwangere Frauen verfüttern Brot an die Bären von fahrenden Spielleuten und lauschen auf das Brummen der Tiere, um das Geschlecht des Kindes, das sie erwarten, herauszufinden. Man sammelt Erde von den Fußstapfen eines Menschen, dem man den Tod wünscht, und wirft sie symbolisch ins Feuer. Am Pfingstsamstag tanzt man auf den Friedhöfen. Am Gründonnerstag verbrennt man Stroh, um die Geister zu beschwören. Dies alles ändert nichts daran, daß die Kirchen voll sind von einer Menge ehrfürchtig kniender und sich ausladend bekreuzigender Menschen.

Dem Prunk der orthodoxen Messezeremonie entspricht der Prunk der Kleidung bei den Gläubigen von hohem Rang. Wenn sie auf den Kirchhof hinaustreten, erregen sie ebenso großes Aufsehen wie die Priester. Auf dem Kopf tragen sie eine kegelförmige Mütze persischer Art, die mit schwarzem Fuchspelz verbrämt ist. Mehrere buntfarbene, reich bestickte Hemden fallen eines über dem anderen bis zu ihren Knien herab. Eine enge, lange Tunika aus Brokatstoff bedeckt sie und endet erst bei den Knöcheln. Ein sehr tief, unter dem Nabel, geknoteter Gürtel unterstreicht die stolze Vorwölbung des Bauches und dient zum Tragen eines Dolches und eines

Löffels. Schließlich umhüllt ein noch längeres, mit Pelz gesäumtes Gewand aus Seide das Ganze, aus dem bei jedem Schritt perlenbesetzte Saffianstiefel hervorschauen.
Die Frauen sind noch stärker vermummt. Sie stecken in einem unglaublichen Übereinander von Kleidern, die einen weit, die anderen geschnürt, aus Brokat oder Seide, mit Steinen übersät und mit Pelz gefüttert. Das Haar unter einer Haube aus feinem Batist, die unter dem Kinn gebunden ist, Hals, Ohren und Handgelenke mit Geschmeide behängt, die Füße in Schnürstiefeln aus buntem Leder und über und über mit Perlen verziert, sind sie die reinsten Reliquienschreine, schwer und starr, die sich unter der Last ihres Schmucks kaum noch rühren können. Die Weite dieser Kleider zeugt nur von der Leibesfülle dieses Volkes. Nach Ansicht aller westlichen Reisenden ist der russische Mann dickbäuchig, während die russische Frau wegen des Genusses von zu reicher Kost und des Mangels an körperlicher Bewegung im Fett ertrinkt. Die russische Küche ist sehr vielfältig und sehr schwer.[1] Sie zeichnet sich durch den Geschmack von Knoblauch, Zwiebeln und Hanföl aus. Am Tisch der Reichen gibt es Braten, Zitronenhähnchen, *Schtschi* (Kohlsuppe, ein Nationalgericht), Teigspeisen – *Pirog* mit Reis oder Fisch –, *Pirojki* mit Eiern, *Blinys* mit Sahne, *Kascha* (Buchweizen- und Hirsegrütze), *Kissel* (Moosbeerensaft, angedickt mit Kartoffelmehl und Zucker), Zwischenmahlzeiten aus Ingwer und Honig... An mageren Tagen feiern Stör, Hecht, Lachs, gebackener Fisch und schließlich Kaviar wahre Triumphe. Als Getränke dienen *Kwass*, ungarische Weine, Met und Wodka. Die Trunksucht grassiert in allen Schichten der Gesellschaft, und einer, der den Namen »Mann« verdient, muß saufen können wie ein Loch. Dann hält er Mittagsschlaf. Sogar die Kaufleute schließen zur Stunde der Verdauung ihre Läden. Während der Mann zum Zeichen seiner Macht und seiner bevorzugten Stellung vor Gott, der selber bärtig ist, einen Bart trägt, versteckt die Frau ihr Gesicht

---

[1] Die meisten der im 16. Jahrhundert in Rußland üblichen Gerichte sind in diesem Land auch heute noch in Ehren. Die russische Küche ist die konservativste in Europa.

hinter einer dicken, weiß-roten Schminke, nicht, um verführerischer zu wirken, sondern, wie man sagt, um aus Scham die Nacktheit ihrer Haut, ein ständiger Anreiz zur Sünde, zu verbergen.
Iwan fühlt sich sehr früh von den Frauen angezogen. Doch nachdem er kichernde Dienstmädchen entblößt und erschrockene Bauernmägde besprungen hat, sinnt er auf raffiniertere Zerstreuungen. Der Gedanke an Heirat bereitet ihm Vergnügen. Er wird bald siebzehn Jahre alt. Groß und mager, mit einer Adlernase und einem braunen, ins Rötliche spielenden Bart, der sein Gesicht verlängert, behext er seine Gesprächspartner mit seinen kleinen, blauen, stechenden Augen, die in tiefen Höhlen liegen. Seine braunen Haare fallen sehr lang zu beiden Seiten des Gesichts herab und sind im Nacken kurzgeschnitten. Ein Zittern durchzuckt manchmal seine harten Züge. Man munkelt, daß er zuviel trinke und der Alkohol seine Nerven zerstöre, die durch eine unglückliche und stets bedrohte Kindheit bereits angegriffen sind.
Im Dezember 1546 ruft er seinen theologischen Lehrmeister, den Metropoliten Makarij, zu sich und verkündet ihm, daß er sich mit der Absicht trage, eine Frau zu nehmen. Der Prälat freut sich über dieses ehrenwerte Vorhaben nach all den Ausschweifungen, doch er bezweifelt, daß eine ausländische Fürstin bereit sein wird, sich in einem Land einzurichten, das seit mehr als zehn Jahren der Gewalt geweiht ist. Weise rät er daher Iwan, auf seinen Plan einer Allianz mit einem europäischen Hof zu verzichten, da er nur Gefahr liefe, auf Ablehnung zu stoßen, und sich statt dessen eine russische Braut zu suchen, indem er traditionsgemäß alle Mädchen von hohem und niederem Adel versammelt, um die zu erwählen, die es am meisten verdient. Der Vorschlag entzückt Iwan, der im Augenblick noch keine bestimmte Vorliebe hegt, und er beschließt, sofort zur Tat zu schreiten. Auf seine Anweisung hin ruft der Metropolit alle Bojaren, auch diejenigen, die erst kürzlich in Ungnade gefallen sind, zu einem Gottesdienst in die Mariä-Himmelfahrts-Kathedrale zusammen. In der Vorahnung einer bedeutsamen Eröffnung strömen alle herbei. Nachdem Makarij das *Tedeum* noch feierlicher als gewöhnlich zelebriert hat, versammelt er den gesamten Adel in der Empfangshalle des Palastes vor Iwans Augen, der auf

seinem Thron sitzt. Als die Versammlung vor ihm Platz genommen hat, erhebt sich der Großfürst und wendet sich mit folgenden Worten an den Metropoliten: »Da ich all meine Hoffnung auf die Barmherzigkeit Gottes und die Fürsprache der Schutzheiligen Rußlands baue, habe ich beschlossen, eine Frau zu nehmen. Mein erster Gedanke war, eine Braut in fremden Ländern zu suchen. Doch nach reiflicher Überlegung habe ich auf dieses Vorhaben verzichtet. Da ich seit zartester Kindheit ohne Eltern aufgewachsen bin, wäre es möglich, daß mein Wesen sich nicht mit einer Fremden vertrüge. Würde demnach eine solche Verbindung Glück verheißen? Ich wünsche also, eine Gemahlin in Rußland zu finden, durch Gottes Ratschluß und mit deinem Segen, mein Vater!« Der Metropolit, der wahrscheinlich von der Rede Kenntnis hatte, bevor sie gehalten wurde, antwortet mit sanfter Gelassenheit: »Mein Fürst, Gott selbst hat dir dieses für dein Volk so vorteilhafte Verlangen eingegeben. Ich segne es im Namen des Himmlischen Vaters!« Die Bojaren, nach den Worten des Chronisten »zu Tränen gerührt«, jubeln ihrem Herrscher zu und umarmen sich. Iwans Entschluß, sich mit einer Russin zu vermählen, gefällt ihnen sehr, und ihr Nationalstolz ist angenehm geschmeichelt. Außerdem besitzt jeder von ihnen eine Tochter, Cousine oder Nichte, von der er glaubt, sie könne mit ein wenig Glück die Aufmerksamkeit des Fürsten auf sich ziehen. Die ganze Familie würde davon profitieren. Schon webt ein jeder in seinem Kopf mit goldenen Fäden an einem Hochzeitstraum. Alle wollen schon auseinanderlaufen, um die große Neuigkeit ihrer Familie zu melden, doch mit einer Bewegung gebietet Iwan ihnen Einhalt. Er hat noch nicht alles gesagt. Ein weiterer Gedanke liegt ihm am Herzen: Bevor er sich vermählt, will er zum Zaren gekrönt werden. Dies verkündet er mit lauter und klarer Stimme. Die Bojaren tauschen verwunderte Blicke: Großfürst oder Zar, wo ist da der Unterschied? Für Iwan besteht er, und er hat lange darüber nachgedacht. Den Zarentitel verleiht die Heilige Schrift in slawischer Sprache den Königen von Juda, Babylon und Assyrien und sogar den römischen Kaisern. So existieren der »Zar David«, der »Zar Ahasver«, der »Zar Julius Cäsar«, der »Zar Augustus«. In Iwans Vorstellung schmückt sich das Wort

»Zar« mit dem Zauber der Bibel, des römischen und des byzantinischen Reiches. Wer diesen Titel trägt, ist der Erbe des antiken und des neuen Roms, von Byzanz; er ist das Oberhaupt des dritten Roms, dessen Macht die der beiden anderen übertreffen muß. Dank ihm und seiner Nachfolger wird Moskau die Stellung Konstantinopels einnehmen, Moskowien wird das »Sechste Reich« sein, das die Apokalypse verkündet. Darüber hinaus ist Iwan einem Stammbaum zufolge, der eilends im Dienste der Sache konstruiert worden ist, der direkte Abkömmling des römischen Kaisers Augustus. Nach dieser Legende soll Augustus die Welt unter seinen nächsten Angehörigen aufgeteilt und seinem Bruder Prussus die Becken von Weichsel und Memel zugesprochen haben. Rjurik, der Ahnherr der Moskowiter Dynastie, wäre demnach nur der natürliche Nachfolger von Prussus gewesen, dem Bruder des Begründers des römischen Reiches. Auf diese Weise wäre die russische Herrscherfolge seit Beginn des christlichen Zeitalters nicht unterbrochen. Diese Verkettung würde dem neuen Zaren eine unbestreitbare Vorrangstellung vor den anderen Königen und Fürsten sichern; er wäre bereits durch seine Geburt der Größte unter den Großen. Alles in dieser zukünftigen Welt wird nach Gottes Willen eines Tages dem Gesetz Moskaus unterworfen sein. Und diese gewaltige Bewegung slawischer Vorherrschaft wird er, Zar Iwan IV., ausgelöst haben. Das aber sagt er nicht: Seine Zuhörer wären unfähig, ihn zu verstehen. Doch Makarij ist in das Geheimnis seiner Träume eingeweiht und billigt sie. Nach einem Augenblick des Zögerns spenden die Bojaren auch dem zweiten Vorschlag ihres jungen Herrn Beifall. Wichtig ist nicht, daß er Zar werden will, sondern daß er eine von ihren Töchtern zur Gemahlin nimmt.
Die Salbungszeremonie findet am 16. Januar 1547 in Moskau statt. Hinter seinem Beichtvater, der in der einen Hand das Kruzifix hält und mit der anderen die Anwesenden mit Weihwasser besprengt, verläßt Iwan den Palast und bewegt sich beim Klang der Glocken auf die Mariä-Himmelfahrts-Kathedrale zu. Ihm folgen sein Bruder Jurij und Angehörige des Hofes, die sich im Reichtum ihrer Aufmachung gegenseitig überbieten. Ein Strom von Brokat, Gold und Edelsteinen ergießt sich in die heiligen Hallen und rückt all-

mählich zu den Erzbischöfen, den Bischöfen und den versammelten Betenden vor. Für das Auge verborgen, singt der Chor mit inbrünstiger Donnerstimme: »Lang, lang möge er leben!« Der Metropolit segnet den Herrscher und geleitet ihn auf ein Podium mit zwölf ansteigenden Sitzreihen, auf dem zwei goldbespannte Sessel stehen. Iwan und der Prälat nehmen Seite an Seite Platz. Die Reichsinsignien ruhen auf einem Pult vor der Estrade. Der Metropolit erteilt dem Monarchen zum zweiten Mal den Segen, setzt ihm die Krone – oder vielmehr den Hut des Monomachen[1] – auf das Haupt und reicht ihm Zepter und Apfel, wobei er mit lauter Stimme den Allmächtigen bittet, »diesem neuen David« die Kraft des Heiligen Geistes zu verleihen. »Schenke ihm ein langes Leben«, fährt er fort, »setze ihn in den Stand der Gerechtigkeit, stärke seinen Arm und unterwerfe ihm alle Völker der Barbaren!« Der den Namen Iwan trägt, ist nun vor seinen Untertanen »heiliger Zar, von Gott gekrönt, Alleinherrscher über ganz Rußland«. Zum Schluß der Zeremonie singen die Priester noch einmal: »Viele Jahre dem edlen Iwan, dem guten, erlauchten Liebling Gottes, Großfürst von Wladimir und Moskau, Zar und König von ganz Rußland!« Nachdem er die Glückwünsche des Klerus und der Würdenträger entgegengenommen hat, wohnt er dem Meßopfer bei. Der Gottesdienst dauert vier Stunden, doch der junge Zar verspürt keinerlei Müdigkeit. Im Gegenteil: er ist erregt und preist seine Entscheidung angesichts der prunkvollen Salbung. Jetzt fühlt er sich unangreifbar, sowohl von unten (von den Bojaren, vom Volk) wie auch von oben (von Gott, der ihn sichtbar bestätigt). Vor seiner Krönung hat bisher nur eine stattgefunden, noch dazu die von Dimitrij, dem Enkel Iwans III., der niemals regiert hat.[2] Für die Gestaltung dieser außerordentlichen Feierlichkeiten hat man in den Archiven gewühlt, um den alten byzantinischen Ritus in allen Einzelheiten nachzuvollziehen. Schließlich begibt Iwan sich wieder über einen Teppich von Samt und Damast auf den Weg zum

[1] Beiname Wladimirs II., Großfürst von Moskau (1053–1125).
[2] Hier müßte noch die Krönung Wladimirs II. im Jahre 1113 durch den Erzbischof Neophyt erwähnt werden, doch besaß sie keine erbliche Rechtswirkung.

Palast. Hinter ihm schreitet sein Bruder Jurij, der von Zeit zu Zeit Goldstücke aus einem Gefäß, das Michail Glinskij trägt, über das Haupt des frisch gekrönten Potentaten streut. Wie sie vorüberziehen, verbeugt sich schweigend das Volk und schlägt das Kreuzzeichen. Sobald sie verschwunden sind, stürzen die einfachen Leute sich stoßend und drängend in die Kathedrale und zerreißen den Stoff, der den Thron des Zaren bedeckte, denn jeder möchte ein Andenken von diesem prachtvollen Tag davontragen.

Kaum ist Iwan in den Palast zurückgekehrt, sendet er dem griechischen Patriarchen von Konstantinopel, Joasaf, einen Brief, in dem er ihn um seine Anerkennung als Zar ersucht. Diese fürstlich bezahlte Investitur läßt lange auf sich warten. Erst im Jahre 1561 wird der Patriarch sie gewähren, nachdem er dreimal die vereinbarte Summe empfangen hat. Die Charta, die Iwan in der Würde des Zaren bestätigt, trägt die Unterschrift von sechsunddreißig Metropoliten und griechischen Bischöfen. Doch von der ganzen Zahl sind nur zwei echt, die von Joasaf und seinem Vikar, die anderen hat der Kanzleischreiber Phanar, der mit der Aufsetzung der Urkunde beauftragt war, gefälscht.

Für Iwan ist die Antwort des Patriarchen Joasaf lediglich eine Formsache. Der Segen des Metropoliten Makarij genügt ihm, um sich von nun an als den Statthalter des göttlichen Willens zu betrachten. Bei der Salbung hat die hohe Geistlichkeit in ihm zugleich den Herrn all dessen, was auf russischem Boden atmet, und das Oberhaupt des wahren Glaubens gegrüßt. Gegenüber dem Heiligen Römischen Reich Deutscher Nation Karls IV., dem Frankreich Heinrichs II., dem England Heinrichs VIII., alles Länder, die sich, wenn auch zwiespältig, dem protestantischen Einfluß öffnen, macht er sich zum Hauptverteidiger des orthodoxen Glaubens. Moskau wird zur geistigen Hauptstadt der griechischen Kirche, deren Freiheit bei Konstantinopel von den Türken bedroht ist.

Nun gilt es, an die Heirat zu denken und eine möglichst große Zahl von Bewerberinnen zu versammeln. Die Boten brechen in alle Provinzen auf und tragen folgendes Sendschreiben bei sich: »Im Namen Iwan Wassilijwitschs, des Großfürsten von ganz Rußland. Ich habe meine Boten beauftragt, alle Jungfrauen, eure Töchter, aus-

findig zu machen, die Uns als Braut zustehen... Diejenigen unter euch, die ihre Töchter verstecken und nicht Unseren Boten zuführen, fallen in tiefe Ungnade und ziehen eine fürchterliche Bestrafung auf sich. Bringt meinen Brief in Umlauf, ohne ihn länger als eine Stunde in Händen zu halten.« Im Hauptort einer jeden Provinz führen die Vertrauensleute des Zaren eine erste Musterung durch, nach der man die Mädchen, die als die reizvollsten eingestuft werden, nach Moskau schickt. Es kommen an die tausend. Das ist zuviel! Man nimmt weitere Ausscheidungen vor. Nach einer eingehenden Prüfung, die von den Anstandsdamen geleitet wird, werden die ausgewählten Jungfrauen zu zwölft pro Zimmer in einem zum Palast gehörigen Gebäude untergebracht. Vor der *Smotriny* stattet ihnen der Zar mehrere Besuche ab und wechselt mit ihnen ein paar Worte. An dem festgesetzten Tag der Zeremonie stehen die Postulantinnen beim Morgengrauen auf und präsentieren sich, gewaschen und geputzt, gekämmt und geschminkt, mit ihren schönsten Kleidern angetan, eine nach der anderen dem Herrscher, der auf seinem Thron sitzt, machen einen tiefen Hofknicks und lauern mit ängstlichen Blicken auf ein verlangendes Funkeln im Auge des Herrn. Iwan bleibt steif und feierlich und läßt sich keine seiner Empfindungen anmerken. Doch nach Beendigung des Defilees steht er auf, bewegt sich ohne zu zögern auf Anastasia Romanowna Sacharin-Jurijewna zu und reicht ihr ein gold- und silberbesticktes, mit Perlen übersätes Tuch. Die glückliche Erwählte errötet vor Seligkeit, während ihre Rivalinnen ihre Tränen hinunterschlucken. Ihnen bleibt nichts übrig, als voller Enttäuschung, Rachegelüste und Eifersucht heimzufahren.
Anastasia Romanowna gehört einer altadligen Familie an, deren Vorfahren im 14. Jahrhundert Preußen verlassen haben, um sich in Rußland anzusiedeln.[1] Zufällig sind ihre Angehörigen in keine der von den Schuiskijs oder Belskijs angezettelten Verschwörungen verwickelt. Doch weder die hohe Geburt des Mädchens noch die politische Unschuld ihrer Eltern haben den Zaren zu seiner Wahl

---

[1] Das aus dieser Familie stammende Geschlecht der Romanows wird 1613 die Macht ergreifen.

bewogen; vom ersten Augenblick an hat er sie schön gefunden. Und als er im Verlauf der *Smotriny* mit ihr sprach, lernte er auch ihren Verstand, ihre Lieblichkeit, ihre Bescheidenheit und ihre Frömmigkeit schätzen. Während er glaubte, bei der Wahl einer Frau lediglich den Geboten der Thronfolge zu gehorchen, sieht er sich plötzlich in die verliebt, die ihm aufgefallen war. Das ist eine ganz neue Empfindung für ihn, und er wundert sich. Wird er nicht an Autorität verlieren, was er an Zärtlichkeit gewinnt? Mit Belustigung nennt er Anastasia sein »Kälbchen«.

Die Hochzeitsfeier des Zaren findet am 3. Februar 1547 in der Mariä-Himmelfahrts-Kathedrale statt. Die Zeremonie gleicht vollkommen derjenigen, die einundzwanzig Jahre zuvor sein Vater und seine Mutter erlebt haben. Alles wiederholt sich, die Gesänge, die Gebete, die mit Marderfellen umwundenen Kerzen, das Bestreuen des Paares mit Hopfenblüten. Nach dem Gebet richtet der Metropolit Makarij mahnend das Wort an die Brautleute: »Kraft des Geheimnisses der Heiligen Kirche seid ihr nun auf ewig verbunden. Beugt also demütig das Haupt vor dem Allerhöchsten und übt euch in einem tugendhaften Leben. Vor allem müßt ihr euch durch Wahrheitsliebe und Güte hervortun. Mein Zar, liebet und ehret euer Weib. Und ihr, meine Zarin, unterwerft euch als wahre Christin eurem Manne, denn so, wie das heilige Kreuz den Herrn der Kirche darstellt, so ist der Mann der Herr des Weibes.«

Nach Beendigung des Gottesdienstes erscheint das Herrscherpaar vor dem jubelnden Volk. Die Zarin verteilt mit eigener Hand Almosen an zahlreiche Bettler, die sich vor ihr mit dem Gesicht zu Boden werfen. Der junge Fürst Jurij Glinskij bereitet das Hochzeitslager, auf dem er nach dem Brauch die Ährengarben ausbreitet, und geleitet Iwan ins Bad. Träge von einer zu reichlichen Festtafel, betäubt von dem Beifall der Bojaren und steif von dem langen Stillstehen in der Kirche, befinden sich die Neuvermählten schließlich in ihrem Schlafgemach, das die kleinen Lichter, die vor den Ikonen brennen, spärlich erleuchten. Wie der Brauch verlangt, verbringt der Oberstallmeister Fürst Michail Glinskij die Nacht mit gezogenem Schwert zu Pferde unter dem Fenster des Zaren, damit niemand den Herrscher bei seiner Kurzweil stört.

Viertes Kapitel

Einige Reformen

Nach der Hochzeit des Zaren feiern das niedere Volk und die Bojaren, jeweils für sich, nach Herzenslust bis zum Beginn der Fastenzeit. Dann ruft ein tausendfältiges Geläut die Gläubigen zu Buße und Gebet, die Freuden brechen mit einem Schlag ab, und eine graue Haube senkt sich über die Stadt. Iwan und seine Frau kleiden sich als einfache Pilger und nehmen zu Fuß den Weg durch den Schnee zum Dreifaltigkeits-Kloster. Dort verbringen sie die erste Woche der Passionszeit mit Fasten, beim Abendmahl oder in täglicher Sammlung am Grabe des heiligen Sergius, des Wundertäters. Anastasia ist ebenso fromm wie ihr Gemahl, doch ist ihre Gläubigkeit von Mildtätigkeit und Langmut geprägt, wogegen Iwans Mystizismus jeglicher Menschenliebe entbehrt. Während die junge Frau, die von einer verwitweten Mutter bescheiden erzogen worden ist, auf gleichem Fuß mit ihren Mitmenschen steht und sich bemüht, an ihren Leiden Anteil zu nehmen, wähnt er sich auf so hoher Stufe, daß sein nächster Nachbar nicht der Mensch, sondern Gott ist. Tief unter ihm wimmelt ein Ameisenhaufen, den er ohne Gewissensbisse mit dem Absatz zertreten kann. Für den Zaren zählt nicht, was dieses Getier, sondern allein, was der Himmlische Vater denkt. Und der Himmlische Vater hat ihm so manches Mal zu verstehen gegeben, daß seine Stellung als Herrscher ihn zu jeglicher Übertretung befugt. Im Rausch dieser unumschränkten Macht vernachlässigt Iwan seine Verwaltungsaufgaben, um nur noch an die Freuden der Jagd, des Alkohols und der Liebe zu denken. Kaum ist er von seiner Pilgerfahrt zum Dreifaltigkeits-Kloster zurück, gefällt es ihm, seine Umgebung mit den aberwitzigsten Launen zu verwirren. Nichts bereitet ihm größeres Vergnügen, als eine ungerechte Strafe zu verhängen oder einen unverdienten Lohn zu erteilen. Wenn er für wenige Tage einen neuen Günstling erwählt, weidet er sich an der Verzweiflung dessen, den er fortgeschickt und dessen Güter er eingezogen hat. Je willkürlicher er seine Urteile fällt, desto mehr sind sie ihm Bestätigung seiner unbeschränkten Macht. Aufgrund seines Charakters und seiner Grausamkeit verwechselt er Herrschaft mit Allmacht. Was die Tagespolitik angeht, so sollen sich andere darum kümmern! Das ist Sache der Glinskijs. Sie sind es, die im Namen des Zaren das Land in Gang halten. Sie werden mit Ehren und Reichtümern überschüttet, unterdrücken das Volk, schlagen schamlos aus der geringsten Vermittlung Geld und bestrafen unbarmherzig jeden, der sich beschwert. Der Zar braucht sie für die schmutzigen Geschäfte, die täglich anfallen. Und er dankt es ihnen, daß sie sich damit auseinandersetzen, auch wenn sie sich dabei die Taschen füllen. Die kleinen Leute und die meisten der Bojaren hingegen hegen einen stummen Haß auf diese vom Zaren geförderten Unterdrücker. Bald werden die Glinskijs für die ganze Nation zum Inbegriff der Tyrannei, Korruption und Lasterhaftigkeit. In ihrer Not beschließen die Einwohner von Pskow, sich direkt an den Zaren zu wenden, und entsenden eine Abordnung von siebzig Honoratioren, um über ihren Statthalter, den Fürsten Turuntaj-Pronskij, einen Günstling der Glinskijs, Beschwerde zu führen. Dieser kühne Schritt erklärt sich aus dem Umstand, daß die Pskowiten, deren Stadt erst kürzlich Moskowien einverleibt worden ist[1], noch keine klare Vorstellung von dem Charakter ihres Herrschers haben. Sie haben erfahren, daß er zur Zeit in seinem Landhaus von Ostrowskaja nahe bei Moskau, residiert, und begeben sich am 3. Juni 1547 zu ihm, wie man einen Vater aufsucht. Wütend, daß man ihn an seinem Ruhesitz mit solchen Lappalien behelligt, beschimpft er die Abgesandten, läßt ihnen die Hände auf den Rücken binden, gießt ihnen siedenden Alkohol über die Köpfe, und während er mit einer Kerze von einem zum anderen geht, zündet er ihnen Haare und Bart an. Dann, nachdem er den siebzig Männern befohlen hat, sich auszuziehen, ordnet er an, daß man sie der Reihe nach nackt

---

[1] Die Annexion geht auf das Jahr 1510 zurück.

auf den Boden legt. Doch während er noch über eine letzte Pein für sie nachsinnt, meldet ihm ein von Moskau herbeigeeilter Bote, daß die Hauptglocke des Kreml niedergestürzt und die Verankerung ohne ersichtlichen Grund beim Anschlagen gebrochen sei. Niedergeschmettert fragt sich der Zar, ob das nicht ein unheilvolles Zeichen ist. Die Leute von Pskow sind vergessen, er läßt sich ein Pferd bringen und bricht unverzüglich in die Hauptstadt auf. Seine Opfer machen sich, von den Fesseln befreit, eilig aus dem Staub und segnen die Glocke der Vorsehung, deren Sturz ihnen das Leben gerettet hat.

In Moskau durchlebt der Zar einen Augenblick der Angst. Der Zwischenfall mit der Glocke ist nicht der erste, der sein Gemüt beunruhigt. Bereits am 12. April 1547 hat ein Feuer zahlreiche Häuser, Kirchen und einige Läden im Zentrumsviertel Kitaj-Gorod zerstört. Acht Tage später hat ein zweiter Brand alle Straßen verschlungen, die auf der anderen Uferseite der Jausa gelegen sind, wo die Töpfer und Gerber leben. Und nun, am 20. Juni, lodern wieder Flammen in der Stadt auf. Von einem unerhört mächtigen Sturm getrieben, erfassen sie die Holzbauten, die in Funkengarben zusammenkrachen, springen über die mit Zinnen bewehrten Mauern auf den Kreml über und greifen nach den Dächern der Kirchen und Paläste. In dem anhaltenden Tosen der Feuersbrunst ertönen gewaltige Explosionen; die Munitionsdepots fliegen eines nach dem anderen in die Luft. Das Eisen glüht in dem Schmelzofen, in der Hitze wird das Kupfer flüssig. In den Steinkirchen lecken die Flammen an den Fresken, verbrennen die Ikonen und versengen die Reliquien. Der Himmel ist nur noch eine Decke aus purpurrotem Rauch, in dem glänzende Wirbel aufleuchten. Im Innern der Mariä-Himmelfahrts-Kathedrale spricht der alte, halb erstickte Metropolit Makarij verzweifelte Gebete. Die Priester flehen ihn an zu fliehen. Er findet sich mit ihnen auf einem Mauervorsprung wieder, der ins Leere ragt. Trotz seines Widerstands bringen sie ihn dazu, sich an einem zusammengeknoteten Strick hinabzuseilen. Knapp über dem Boden versagen ihm jedoch die Kräfte, er läßt los, stürzt und verletzt sich. Man bringt ihn ohnmächtig in ein Nachbarkloster. Von allen Seiten eilen die Einwohner herbei, drängen stumpfsinnig oder in Tränen aufgelöst zusammen, und wissen nicht, wie sie das Unheil aufhalten sollen. Die Stadt verfügt über keinerlei Mittel, den Brand zu bekämpfen. Man kann nur auf Gottes Gnade vertrauen. Frauen auf der Suche nach ihren Kindern schreien vor Entsetzen. Alte Menschen schluchzen und bekreuzigen sich vor den Trümmern ihrer Häuser. Lodernde Gestalten, denen die Kleider am Leibe brennen, laufen kreischend vorbei. Einige werfen sich in den Fluß, um den Flammen zu entkommen. Kühe und Pferde gehen in den Ställen erbärmlich zugrunde. Hunde umkreisen bellend die Leichen. Die Bäume in den Gärten sind nur noch funkenstiebende Skelette. Eine Staubwolke von heißem Ruß wirbelt in der Luft.

Bei Ausbruch des Feuers haben der Zar, die Zarin und ihr Gefolge sich in das Dorf Worobjew geflüchtet, das vor Moskau liegt.[1] Von dort aus betrachtet Iwan den Flammenteppich und überschlägt kaltblütig das Ausmaß des Schadens. Während Anastasia sich schaudernd in endlose Gebete versenkt, läßt er sich stündlich durch Boten Nachrichten über den Fortgang des Unglücks bringen. Die Kuppel der Mariä-Himmelfahrts-Kathedrale, die Paläste des Zaren und des Metropoliten, zwei Klöster, mehrere Kirchen mit all ihren Reichtümern, die Wohnsitze der Würdenträger, das Zeughaus und das Schatzamt werden Raub der Flammen. Man spricht von eintausendsiebenhundert Opfern, »ohne die Kinder mitzuzählen«.

Gegen Abend endlich legt sich der Wind. In der Nacht erlischt das Feuer aus Mangel an Nahrung, wenngleich in dieser Aschenwüste vereinzelt noch bedrohliche Lichter blinken. Am nächsten Tag kehren die Bewohner mit geschwärzten Gesichtern und verkohlten Haaren zu den Ruinen zurück und suchen in der Asche nach verstümmelten Toten oder den Resten ihres Vermögens. Hier und da bückt sich solch ein unglücklicher Lumpensammler, richtet sich wieder auf und hebt ein Wehklagen an, das, wie der Chronist be-

[1] Eben von diesem Ort aus, den man die »Sperlingshügel« nennt, wird zweieinhalb Jahrhunderte später Napoleon wieder Moskau in Flammen betrachten.

richtet, an das Schreien »der wilden Tiere« erinnert. Irrsinnige Gerüchte kreisen unter der Horde von Fledderern, die den Schutt durchwühlen. Von Mund zu Ohr wird wiederholt, daß der Brand Moskaus nicht ein Werk des Zufalls, sondern das Ergebnis eines Zaubers sei. »Die Glinskijs! Die Glinskijs!« Sie allein tragen die Verantwortung. Nach Ansicht derer, die es am besten wissen, hat die alte Fürstin Anna, die Mutter von Jurij und Michail Glinskij, Leichen das Herz ausgerissen und, nachdem sie die Eingeweide in Wasser getaucht hat, die Straßen mit dieser teuflischen Flüssigkeit besprengt. »Darum also hat unsere Stadt gebrannt!« Die Schuiskijs, erklärte Feinde der Glinskijs, unterstützen durch ihre geschickt unters Volk verteilten Zuträger diese Version der Ereignisse. Selbst der Beichtvater des Zaren, Fjodr Barmin, vertritt nachdrücklich diese unerhörte Beschuldigung. Einige Bojaren stimmen gleichfalls bei. Iwan läßt sich von ihren Beteuerungen beeindrucken und ordnet eine Untersuchung an. Am 26. Juni, fünf Tage nach dem Ende des Brandes, versammelt sich auf Befehl eine Menge obdachloser Menschen auf dem Kremlplatz. Zahlreiche Zeugen beschwören, daß die Glinskijs tatsächlich zu Praktiken der Schwarzen Magie gegriffen hätten, um die Stadt zu zerstören. Die Fürstin Anna Glinskaja, Iwans Großmutter mütterlicherseits, befindet sich zu diesem Zeitpunkt mit ihrem Sohn Michail auf ihrem Gut in Rjew, aber ihr anderer Sohn, Jurij, steht in der Menge, als Mitglied des Bojarenrates. Zuerst zuckt er zu den dummen Anschuldigungen dieser Tölpel nur mit den Schultern. Dann begreift er, daß einige hohe Würdenträger dem Geschrei des Pöbels ein wohlwollendes Ohr leihen, er bekommt Angst, schlüpft durch die Reihen und versucht, sich in die Mariä-Himmelsfahrts-Kathedrale zu flüchten. Doch trotz aller Vorsicht bleibt sein Rückzug nicht unbemerkt. Wütend heftet sich das Volk an seine Fersen. Die Adligen weichen vor der Flut zurück. Eine Gruppe von Besessenen dringt tobend in die Kathedrale mit den verkohlten Mauern und der versengten Ikonenwand ein. Sie entweihen den heiligen Ort, packen Jurij, schlagen ihn nieder, erdrosseln ihn und schleifen den Leichnam aus dem Kreml hinaus auf den Richtplatz. Durch diesen ersten Mord ist der entfesselte Mob auf den Geschmack gekommen, strömt in die Nachbarstraßen aus, plündert den Palast der Glinskijs, steckt ihn in Brand und massakriert die Diener und Angehörigen dieser abscheulichen Familie. Die Aufrührer haben im Zeughaus Waffen, in den Kirchen Fahnen und Ikonen gestohlen, die sie nun über ihren Köpfen schwenken. Der eine trägt ein Kreuz, der andere einen Säbel. Drei Tage später macht sich die Menge, einem geheimnisvollen Zwang gehorchend, in Richtung des Dorfes Worobjew auf und verlangt, daß man die mütterlichen Vorfahren des Herrschers, den Fürsten Michail Glinskij und seine Mutter, die Fürstin Anna, ihrem Zorn ausliefere. Doch sie sind nicht da. Egal: dann soll man sie auf ihren Gütern suchen. Obwohl ihn dieser Volksaufstand sehr erschreckt, weigert sich Iwan nachzugeben. Selbst wenn er an die Schuld der Glinskijs glauben würde, könnte er sich nicht sein Handeln vorschreiben lassen, ohne das Gesicht zu verlieren. Von ihm, und nur von ihm, dürfen in seinem Land Leben und Tod abhängen. Ohne zu zögern befiehlt er daher den Wachen, in die Menge zu schießen. Einige Männer fallen, andere fliehen, wieder andere werfen sich zu Boden und bitten um Gnade. Mehrere Demonstranten werden wahllos herausgegriffen und vor den Augen ihrer entsetzten Kameraden hingerichtet. Die Ordnung ist wieder hergestellt. Die Autorität des Zaren ist gestärkt aus dem Abenteuer hervorgegangen. Aber er hat große Angst ausgestanden. Um so mehr, weil er während des Aufstands einen Priester empfangen hat, Sylvester, aus Nowgorod stammend und Pfarrvikar der Verkündigungskirche. Dieser behauptet, im Gegensatz zu Iwans Beichtvater, der in dem Brand Moskaus ein Werk Schwarzer Magie sieht, daß die Stadt durch den Allerhöchsten zerstört worden sei, zur Strafe wie einst Sodom und Gomorrha. Er fürchtet sich nicht, dies entschlossen und mit mahnend erhobenem Finger vor dem Zaren zu wiederholen. Die Kraft seiner Stimme, der prophetische Glanz seiner Augen zerren an Iwans Nerven. Plötzlich zweifelt der Herrscher Rußlands an der Unfehlbarkeit seiner Entscheidungen. Zum ersten Mal akzeptiert er Kritik. Ja, es war falsch, die Staatsgeschäfte den Glinskijs zu überlassen, ja, schwere Schuld lastet auf seinem Gewissen, ja, er hat bei mancher Gelegenheit mangelnde Nächstenliebe bewiesen. Sylvester schlägt vor ihm das

Evangelium auf, gemahnt ihn an die Gebote Gottes und dringt in ihn, seine Seelenhaltung zu ändern, wenn er eine noch fürchterlichere Katastrophe vermeiden will. Er enthüllt ihm sogar, daß er Visionen und Zeichen empfangen habe, die den Zaren verdammen. Bei diesen Worten fällt Iwan auf die Knie. Er hat stets geglaubt, daß Gott und er ein Freundespaar seien. Und hier steht nun ein Gesandter Gottes, der offenbar wohlunterrichtet ist und ihm das Gegenteil schwört. Ist Gott tatsächlich im Begriff, sich von seinem Stellvertreter auf Erden abzuwenden? Herrscht etwa eine Verstimmung zwischen ihnen, ein Mißklang, wie er auch in den besten Familien vorkommt? Muß er vielleicht sein Verhalten ändern, ehe es zu spät ist? Der Zar hält die Schluchzer zurück, stammelt vor Entsetzen, gibt Sylvester recht, verspricht ihm, sich zu bessern, und entfernt zum Beweis seines guten Willens die Glinskijs, die das Volk nicht mehr will, von der Macht.
Um diese schlechten Diener seines Ruhms zu ersetzen, bildet er einen Rat neuer Prägung, die *Isbrannaja Rada* (Gewählter Rat), der sich aus Mitgliedern des Adels und des Klerus zusammensetzt, die sich alle durch Weisheit, ein ausgewogenes Urteil und Ergebenheit auszeichnen. Unter ihnen haben Sitz der Metropolit von Moskau, Makarij, der von seinem Unfall wieder genesen ist, der Priester Sylvester, Alexej Adaschow, der Fürst Andrej Kurbskij... Diese Versammlung wird von zwei Männern beherrscht: von Makarij, der gebildetsten Persönlichkeit Rußlands, Verfasser mehrerer frommer und historischer Werke, und von Sylvester, dem erleuchteten Verkünder, der zum Zaren zu sprechen wagt wie zu einem gewöhnlichen Beichtkind. Dieser Pope von einfacher Herkunft gewinnt durch Drohungen mit dem himmlischen Zorn einen solchen Einfluß auf seinen Herrscher, daß er bald mit der Verwaltung der kirchlichen und weltlichen Geschäfte betraut wird. Alles geht durch seine Hände, und jeder rühmt seine breitgefächerte Sachkenntnis. An seiner Seite profiliert sich ein junger Bojare, ein ausgezeichneter Offizier von angenehmem Wuchs und scharfem Verstand, Alexej Adaschow. Unlängst gehörte er noch zu den Kammerherren und »machte das Bett«. Heute ist er durch den Willen Iwans und mit dem Segen Makarijs und Sylvesters bereits Ratgeber

und sogar Vertrauter des Zaren. Die Chronisten der Zeit vergleichen ihn mit einem »Engel des Himmels« und preisen die Redlichkeit und Zartheit seiner Gesinnung. »Dem Guten ohne irgendeine schäbige Absicht zugetan«, schreibt Karamsin, »hat er mehr im Interesse des Landes als in seinem eigenen um die Gunst Iwans geworben.« Andrej Kurbskij seinerseits behauptet, daß Sylvester durch seine Ermahnungen im Herzen des Zaren den Sinn für das Gute zum Leben erweckt habe und Adaschow ihm den Weg geebnet habe, diesem Sinn für das Gute auch zu folgen. Dieser glückliche Einfluß wird durch die Zarin Anastasia verstärkt. Mehr als einmal hat sie der zugleich gewalttätige, verschlagene, sadistische und feige Charakter ihres Mannes mit Besorgnis erfüllt. Sie steht zu ihm wie zu einem wilden Tier, das sie liebt, fürchtet und zu zähmen versucht. Und er liebt sie wegen ihrer Schönheit und Unterwürfigkeit. Durch ihre Schwäche kann sie bei ihm erreichen, was er ihr verweigern würde, wenn sie weniger verwundbar wäre. Und dann finden sie häufig im Gebet zueinander. Bei ihr drückt das Gebet den Glauben an einen Gott der Barmherzigkeit aus, bei ihm die Furcht vor einem Gott der Rache. Nach dem Brand Moskaus und der Bildung der *Rada* verteilt Iwan etwas Geld an die Opfer der Katastrophe und ordnet den Wiederaufbau der Stadt an. Von allen Seiten strömen Arbeiter herbei. Die Schwesterstädte senden Ikonen und Reliquien, um die zerstörten zu ersetzen. Moskau verwandelt sich in eine riesige Baustelle und hallt wider vom Kreischen der Sägen und Schlagen der Beile. Man deckt die Dächer der Häuser mit Erde, damit die aus den Schornsteinen stiebenden Funken kein neues Feuer entfachen. Einige Geschäfte werden in den Trümmern wieder eröffnet, doch das genügt kaum, um den Schrecken der himmlischen Strafe fortzuwischen. Iwan verspürt die Aufgabe, zugleich die Ruinen seiner Hauptstadt und seiner Seele wieder aufzubauen. Er will Gott durch die Inbrunst seiner Reue zurückerobern und dem Volk den tugendhaften Eifer beweisen, der in ihm entflammt ist. Alle russischen Provinzen erhalten strikten Befehl, Vertreter der verschiedenen Volksstämme und sozialen Schichten nach Moskau zu entsenden, um die Stimme des Zaren zu hören. Tatsächlich aber werden für diesen Auftrag nur

Mitglieder des Klerus, Bojaren und Beamte bestimmt. Die 1550 so gebildete Versammlung erhält den Namen *Zemskij Sobor.* Sie hat scheinbar keine andere Aufgabe, als die Entscheidungen des Herrschers zur Kenntnis zu nehmen. Nach der ersten Sitzung des *Zemskij Sobor* hört Iwan die Messe, geht zum Abendmahl und begibt sich, mit allen Standespersonen und der Geistlichkeit im Gefolge, auf den Kremlplatz, der schwarz von Menschen ist.[1] Dort tritt er auf dem *Lobnoje-Mjesto,* der höher gelegenen Richtstätte nahe der Erlöser-Pforte, vor die schweigende Menge. Die Priester sprechen noch ein Gebet, und in der Masse schlagen unzählige Hände das Kreuzzeichen, eine Bewegung, die an Vögel erinnert, wenn sie von Ast zu Ast fliegen. Danach ergreift der Zar das Wort. Seine junge und kräftige Stimme fegt über die Köpfe hinweg. Zunächst wendet er sich an den Metropoliten Makarij:

»Heiliger Vater, ich weiß um euren Tugendeifer und eure Liebe für das Vaterland. Steht mir in meinen guten Absichten bei. In allzu jungen Jahren habe ich meine Eltern verloren, und die Großen, die nur nach der Herrschaft strebten, haben sich in keiner Weise um meine Person gekümmert. In meinem Namen haben sie Ämter und Ehrungen an sich gerissen, sie haben sich am Unrecht bereichert, sie haben das Volk unterdrückt, ohne daß jemand es wagte, ihrem Ehrgeiz Zügel anzulegen.«

Diese Klage haben die Angehörigen des Zaren schon hundertmal aus seinem Mund vernommen: Stets hat er, um seine Fehler zu entschuldigen, den Umstand beschworen, daß er in frühester Kindheit verwaiste und die Adligen, statt ihn wie ihren Sohn aufzuziehen, ihn und das Volk bestohlen haben. Aber noch nie hat er die Bojaren in der Öffentlichkeit bezichtigt und zugleich seine eigene Schuld wie ein einfacher Sünder heruntergespielt. Er hebt die Stimme und fährt mit theatralischer Betonung in seiner Rede fort. Er ist ein Schauspieler, der sich an seinen Worten, die er an eine

---

[1] Erst in der zweiten Hälfte des 17. Jahrhunderts wird dieser Platz den Namen *Krasnaja Ploschtsched* erhalten, den man unterschiedlich als Roter oder Schöner Platz übersetzen kann. Vorher hieß er *Pojarnaja Ploschtsched* oder Brandplatz.

gebannte Zuhörerschaft richtet, berauscht. Er liebt die Phrasen, die sorgfältig berechneten Pausen, den leidenden Gesichtsausdruck. Auf dem Schafott vor seinen Augen baumeln Menschen am Galgen, die auf sein Geheiß gehängt worden sind. Liest er einen Vorwurf in den ausgedörrten Hampelmännern, an denen die Raben picken? Nein, der Redeschwall reißt ihn fort. Allein die Bojaren sind für seine Irrtümer verantwortlich. Ihnen widmet er die Fortsetzung seiner Ansprache:

»Ich war wie ein Taubstummer in meiner beklagenswerten Kindheit, denn ich hörte weder das Jammern der Armen noch vermochten meine Worte ihr Leid zu lindern. Ihr aber gabt euch euren Launen hin, rebellische Untertanen, bestechliche Richter! Was könnt ihr nun zu eurer Rechtfertigung sagen? Wie viele Tränen wurden euretwegen vergossen! Wieviel Blut ist euretwegen geflossen, das nicht auf mich zurückfallen darf! Aber fürchtet das Gericht Gottes!«

Bei diesen Worten verneigt sich der Zar und grüßt in die vier Richtungen des Platzes. Dann hebt er von neuem an, diesmal mit Blick auf seine einfachen Untertanen:

»Und ihr, mein Volk, das der Allmächtige mir anvertraut hat, heute rufe ich euren Glauben an und die Liebe, die ihr für mich hegt: Beweist euren Großmut! Unmöglich ist es, den bereits angerichteten Schaden wiedergutzumachen. Aber ich kann euch versprechen, daß ich von Stund an Unterdrückung und Plünderung von euch fernzuhalten weiß. Vergeßt, was gewesen ist und sich niemals wiederholen wird. Verbannt aus euren Herzen Haß und Zwietracht! Laßt uns Eintracht finden im christlichen und brüderlichen Eifer. Vom heutigen Tag an werde ich euer Richter und Schutzherr sein!«

Das Volk traut seinen Ohren nicht. Dieser unglaubliche, in ein perlenübersätes goldenes Gewand gekleidete Redner, der wie ein Hornkäfer in der Sonne funkelt, ist sein Zar. Und ein Zar kann nicht lügen. Ein Zeitalter der Glückseligkeit bricht für Rußland an. Um diese weise Politik einzuleiten, verkündet Iwan, daß er allen schuldigen Bojaren Verzeihung gewährt, und fordert seine Untertanen auf, sich gegenseitig brüderlich zu umarmen. In der Menge fließen Tränen der Dankbarkeit, und man tauscht den dreifachen Kuß wie zum Osterfest. Es fehlt nicht viel, daß man ruft: »Christ ist erstanden!« Voller Zufriedenheit über den Erfolg seiner Ansprache wendet Iwan sich an Adaschow und beauftragt ihn, die Bittschriften der Armen, der Waisen »und aller, die da leiden«, einzusammeln. »Alexej«, sagt er zu ihm, »dir fehlt es an Titeln, wie Geburt und Schicksal sie verleihen, doch bist du im Besitz der Tugend... Mache ohne Ansehen von Stellung oder Macht die Ungerechtigkeiten derer wieder gut, die über dem Streben nach Ehre ihre Pflichten vergaßen. Hüte dich auch, dich von den trügerischen Tränen des Armen erweichen zu lassen, wenn Mißgunst ihn treibt, den Reichen zu verleumden. Prüfe sorgfältig ein jedes Geschäft, um mir getreulich zu berichten, und habe keine Furcht außer vor dem obersten Richter.«

Nach dieser letzten Rede nimmt Iwan die Glückwünsche seiner Angehörigen entgegen, angefangen bei Anastasia, die in der moralischen Wiedergeburt ihres Mannes ein Wunder erblickt. Er selbst meint, Gott müsse sehr rachsüchtig sein, wenn er ihm nach so guten Worten noch etwas übel nähme. Doch wie weit ist es ihm mit seiner Absicht ernst, den Bojaren, die ihm schlecht gedient haben, zu vergeben? Gewiß, er versagt sich, die Schuldigen zum Tode zu verurteilen, auch begnügt er sich damit, eine geringe Zahl von Höflingen fortzuschicken, seinen Beichtvater Fjodr Barmin, der den Pöbel aufgehetzt hat, in ein Kloster zu stecken und Michail Glinskij mit der Erlaubnis, seinen Aufenthaltsort frei zu wählen, zu verbannen. Aus Angst um sein Leben versucht Michail Glinskij zusammen mit seinem Freund Turuntaj-Pronskij nach Litauen zu fliehen. Sie werden daran gehindert, eine Untersuchung wird eingeleitet, und allein Iwans großzügige Entscheidung rettet sie vor dem Schafott. Neue Bojaren treten dem Rat bei, unter ihnen Sacharin, der Onkel des Zaren, Chabarow, ein Freund des unglücklichen Iwan Belskij, und Dimitrij Palezkij, dessen Tochter Juliana für würdig befunden wird, die Gemahlin des Fürsten Jurij, des Monarchen eigenen Bruders, zu werden... Trotz dieser wohlwollenden Anordnungen behält Iwan die Beleidigungen, die ihm in der Vergangenheit zugefügt worden sind, in leidenschaftlicher Erinnerung. Sein Charakter ist so beschaffen, daß er bisweilen zu einer plötzlichen Nachsicht fähig ist, niemals aber zu einem endgültigen Vergessen. Die Feinde, denen er vergeben hat, erfreuen sich keiner uneingeschränkten Sicherheit, lediglich eines stets widerrufbaren Aufschubs. Auch wenn sie im Genuß der Straffreiheit einherstolzieren, beobachtet er sie doch aus dem Augenwinkel und haßt sie im stillen.

Zur Stunde ist sein erlauchter Vorfahre Iwan III., der Rußland die ersten niedergeschriebenen Gesetze gab, sein Vorbild. Nun ist die Reihe an ihm. Er will ein begnadeter Gesetzgeber sein. Die *Rada*, die ihn umgibt, hat als Mitglieder einige Männer, die sich in die Wissenschaft des bürgerlichen Rechts vertieft haben. Sylvester etwa hat mit eigener Hand zahlreiche Artikel der berühmten »Hausordnung«, des *Domostroj*, verfaßt, ein wahrer Knigge seiner Zeit. Aufgeteilt in fünfundsechzig Kapitel, gibt er einem wohlhabenden Bürger, Familienvater und Herrn einer zahlreichen Dienerschaft Anleitungen zur rechten Lebensführung im Glauben und in der Gesellschaft. In einem bunten Durcheinander ist dort zu erfahren, daß ein frommer Mann, wenn er Heiligenbilder küßt, stets den Atem anhält, um sie nicht mit der Unreinheit seiner Eingeweide in Berührung zu bringen, daß die Frau dem Gottesdienst nur so oft beiwohnt, wie es ihr die häuslichen Pflichten erlauben, daß sie sich bei der Arbeit hütet zu singen oder zu lachen, um nicht den Dämon zu wecken, der in ihren Gedärmen schlummert, und daß der Vater hart, doch ohne Wut straft. »Wenn du deinen Sohn liebst, gib ihm Schläge und oft, dann wird er dir am Ende Freude bereiten... Lache nicht mit ihm, spiele nicht mit ihm, denn wenn du in kleinen Dingen wankst, wirst du in großen leiden... Breche seinen Willen, solange er wächst, denn wenn er sich festigt, wird er dir nicht gehorchen.« (Kapitel XVII).

Auch die Gattin verdient oft gezüchtigt zu werden, um fügsam zu bleiben. Doch dafür bedarf es Zartgefühl. So wird man die Schuldige nicht am Kopf oder »unter dem Herzen« schlagen, und es ist zu vermeiden, daß man sich eines Stocks oder Gegenstands aus Eisen bedient. Allein die Peitsche wird empfohlen; sie ist im Rußland dieser Zeit ein wahres Zivilisationsinstrument. Auch muß man sie zu handhaben wissen. Der Gatte wird die Geduldige an einen Ort fern von zudringlichen Blicken führen und sie dort, nachdem er ihr das Hemd, um es nicht zu zerreißen, ausgezogen und die Hände gebunden hat, gemäß der Kunst so lange geißeln, wie er es für notwendig hält. Danach wird er liebevolle Worte an sie richten, in dem Sinne, daß sie künftig die ehelichen Beziehungen nicht mehr gefährden solle. Ganz allgemein muß die Frau jeden Tag bei ihrem Mann Rat einholen, nicht nur in Haushaltsfragen, sondern auch wegen der Besuche, die sie machen möchte, wegen der Gäste, die sie zu empfangen wünscht, und sogar wegen der Themen, die sie mit ihren Besuchern zu besprechen beabsichtigt. »Im Haus einer Frau, die auf sich hält, muß Sauberkeit und Ordnung herrschen«, fährt der *Domostroj* fort, »damit man es betritt wie das Paradies... Am Eingang lege man Streu aus, um die Füße abzutreten. In jedem Zimmer hängt der Christ Ikonen an die Wände und erweist ihnen mit Lichtern, Schmuck und Kerzen die Ehre. Nach den Gebeten ziemt es sich, die Ikonen mit Vorhängen zu verhüllen, um sie vor Staub zu schützen.« Im Haus werden auch Vorräte für das ganze Jahr gehortet. Sparsamkeit bestimmt das Leben daheim, selbst wenn man gut betucht ist. »Wenn man Brot bäckt, wäscht man zugleich die Wäsche, das macht nur einmal Arbeit, und man verschwendet kein Holz.« Der Hausherr hält unter seinen Dienstboten Schneider, Schuhmacher und Zimmerleute, damit alle Aufgaben zu geringen Kosten unter seinem Dache erledigt werden können. Für den Fall, daß es ihm an Kenntnissen der Haushaltsführung mangeln sollte, liefert der *Domostroj* Rezepte, wie man Gerichte zubereitet, Liköre aufsetzt, Wäsche bleicht, Schweine schlachtet und pökelt. Er schreibt auch vor, wie ein mit einer Besorgung fortgeschickter Dienstbote sich bei jemand anderem zu verhalten hat. Wenn er bei der Tür des Hauses, das aufzusuchen ihm aufgetragen wurde, angelangt ist, tritt der vorbildliche Diener sich die Füße ab, schneuzt sich mit den Fingern, spuckt aus, um seine Stimme zu reinigen, und sagt: »Im Namen des Vaters und des Sohnes und des Heiligen Geistes.« Wenn ihm nicht mit »Amen« geantwortet wird, wiederholt er sein Gebet lauter und pocht schließlich sacht gegen den Türflügel. »Wenn man ihn ins Zimmer vorläßt«, fährt der *Domostroj* fort, »gibt er acht, daß er nicht den Finger in die Nase steckt, sich nicht schneuzt oder spuckt. Er bleibt respektvoll stehen, schaut nicht umher und führt die Befehle aus, ohne irgend etwas anzurühren. Er kehrt so schnell wie möglich heim, um seinem Herrn die Antwort zu überbringen.«

Im letzten Teil des Buches ermahnt Sylvester seinen Sohn Anthimos, sich in den christlichen Tugenden zu üben, damit der junge Mann, wenn er einst selbst Familienoberhaupt ist, sich zur Vesperzeit des unmäßigen Alkoholkonsums enthält, oft den Priester zu sich ruft, um den Gottesdienst unter seinem Dache zu feiern, ohne zu übertreiben Almosen spendet, aufrichtig seinen Nächsten liebt, niemanden angreift, die Pforte seines Hauses offen hält, dem Zaren gehorcht und Gott fürchtet. »Wenn du eine Reise tust, teile dein Mahl mit den Weggefährten... Biete ihnen zu trinken an... Wenn du so handelst, wird man dich nicht an der nächsten Station verraten oder unterwegs ermorden... Wenn deine Lakaien mit jemandem Streit anfangen, schimpfe mit deinen Leuten. Wenn die Angelegenheit einen schlimmen Verlauf nimmt, schlage deinen Diener, selbst wenn er im Recht ist!«

Diese Ratschläge, die einer schulmeisterlichen Feder entstammen, lassen bei dem Autor (oder den Autoren)[1] eine sonderbare Mischung von Mystizismus und Opportunismus, Unverfrorenheit und Mildtätigkeit erkennen. Ihre geistige Beschränktheit und ihr unerbittlicher Materialismus werden durch ständige Bibelzitate noch betont. Der *Domostroj* ist somit ein Handbuch des guten Tons, gleichzeitig jedoch auch Brevier, Kochbuch, Offenbarung des Testaments, Almanach des Gartenbaus und Lehrbuch der Umgangsformen, wobei Himmlisches und Weltliches allerdings so wenig voneinander zu scheiden sind, wie Wasser und Wein in einem Kelch. Diesem halb heidnischen, halb christlichen Katechismus zufolge liebt Gott somit Sparsamkeit, Sauberkeit, Reichtum, Arbeit und Standgerichte und bestimmt, daß sich der Sklave seinem Herrn, die Frau ihrem Mann sowie der Sohn seinem Vater absolut

[1] Es steht nicht fest, ob Sylvester der einzige Verfasser des *Domostroj* gewesen ist.

treu und ergeben zu unterwerfen hat. Die ganze Gesellschaft gründet in der Keimzelle der Familie, deren Oberhaupt den festen und strahlenden Kern bildet. Alles geht von ihm aus und auf ihn zurück. Es ist in seiner Sippe das Gegenstück zum Zaren in seinem Reich.

Wie umstritten manche Forderung auch sein mag, der *Domostroj* gilt jetzt und noch für lange Zeit als unanfechtbare Dogmensammlung im russischen Alltag. Iwan ist das nur recht. Und er versteht es, diese Form von Recht und Ordnung, wie sie der *Domostroj* für das Privatleben lehrt, gleichfalls dem öffentlichen Leben aufzuerlegen. Darum macht er sich mit der Hilfe seiner Berater daran, den *Zarskij Sudebnik* (Zarenkodex von 1550) abzufassen, um mit ihm den *Kujascheskij Sudebnik* (Fürstenkodex) seines Großvaters Iwan III., der aus dem Jahre 1497 datiert, zu ersetzen. Dieser Kodex hebt nicht die früheren Bestimmungen auf, sondern paßt sie dem Zeitgeschmack an. Bis dahin war es nämlich möglich gewesen, daß ein in Moskau geltendes Gesetz in Nowgorod oder Pskow, wo eigene Bräuche herrschten, ignoriert werden konnte. Iwan, der zentralistische Politik treibt, kann ein solches Chaos nicht mehr dulden. Trotz seiner außergewöhnlichen Jugend – er ist gerade zwanzig Jahre alt – verlangt er, daß in allen Gebieten, die seiner Hoheit unterliegen, dieselben Gesetzesvorschriften angewendet werden. Er erweckt die ehemaligen Gerichtssprengel zu neuem Leben und beruft die von den Gemeinden gewählten Magistrate neben die Beamten als Beisitzer zu den Verhandlungen. Diese Verfahren sind in drei Instanzen gegliedert, deren höchste der oberste Gerichtshof in Moskau bildet. Geringfügige Vergehen werden mit der Prügelstrafe geahndet, Rückfälligkeit, Verrat, Gotteslästerung, Mord, Straßenraub und Brandstiftung werden mit dem Tode bestraft. Es kommt vor, daß der Richter Zeugen hinzuzieht, um sein Urteil zu fällen, doch hat der Angeklagte das Recht, sie abzulehnen oder zum Duell zu fordern. In jedem Fall können für dieses Gottesurteil Ankläger wie Angeklagter Fürstreiter wählen, die sie vertreten werden. Die Kämpfer der beiden Parteien haben nicht das Recht, Pfeil und Bogen zu benützen. »Ihre Angriffswaffen«, so schreibt das Gesetz vor, »sind Wurfspieß, Lanze, Axt und Dolch. Ihre Verteidigungswaffen sind Harnisch, Schild und Mantelrock. Das Zeugnis einer Adelsperson hat mehr Gewicht als das von sechs Personen niederen Standes.« Bei den großen Prozessen schließlich reicht kein Mittel an die Folter heran, um einen Schuldigen zu überführen. Ein Tarif legt schließlich die Vergütung von Richter, Notar und Schreiber fest. Nach dem Gesetzbuch steht Mißwirtschaft unter Strafe, doch die Bestechung, eine wahre Plage der russischen Gesellschaft, lebt in allen Ebenen der Verwaltung fort. Ja, es ist sogar unmöglich, in einer Sache recht zu bekommen, ohne einige Beamte zu schmieren. Der Brauch verlangt, daß vor Prozeßbeginn die beiden Parteien eine Opfergabe »für Kerzen« vor den Heiligenbildern hinterlegen. Und zu Ostern erhalten die Magistrate durch die Bank »rote Eier«, zusammen mit einer mehr oder weniger wohlgefüllten Börse. Der Deutsche Heinrich von Staden, Dolmetscher im *Prikaz* (Zentralamt) der Gesandten, schreibt in seinen *Aufzeichnungen:* »Vor jeder Kanzlei und jedem Gerichtssaal standen zwei Wächter an der Tür, die nur den einließen, der Geld gab... Das ganze Rechtswesen stand dem Reichen zu Diensten, wer am meisten Geld hatte, war im Recht und frei von Schuld... Wenn ein Mann geplündert, gemordet und gestohlen hatte und dann mit seinem Geld in ein Kloster geflohen war, lebte er dort so friedlich wie im Himmel.«

Diese Unzulänglichkeiten fallen jedoch kaum ins Gewicht. Iwans fixe Idee ist es, sein Land zu einigen und den Provinzstatthaltern die richterliche, behördliche und steuerliche Amtsgewalt zu entziehen. Um bei seiner Aufgabe Hilfe zu finden, sucht er nach Mitarbeitern, doch weniger unter dem zerrissenen Adel als vielmehr unter den kleinen Leuten. Alle Schlüsselpositionen des Reiches werden mit neuen Männern von einfacher Herkunft besetzt. Sie weben nach und nach das weite Spinnennetz, dessen Mittelpunkt Moskau ist. Allmählich wird sich das Volk bewußt, daß es nicht mehr von prassenden Bojaren regiert wird, sondern mittels seiner Ausführungsorgane vom Zaren selbst. Und es fragt sich, ob es bei diesem Wechsel gewonnen hat: Einen Statthalter kann man hassen, aber den Herrscher nicht. Der englische Gesandte Fletscher schreibt: »Das große träge Volk blickte mit einer Mischung aus Liebe und

Schrecken stumm auf diesen Vater der russischen Familie, dieses lebende Gesetz, diesen Stellvertreter Gottes auf Erden, dessen Verbrechen selbst hingenommen wurden wie eine Strafe, die Gott seinem Volk gesandt hat, und dessen Grausamkeit ertragen werden mußte, weil sie Märtyrer schuf und die Pforten des Himmels öffnete.«

Iwan sorgt sich nicht nur um die Moral seines Volkes, sondern auch um die seiner Kirche. Um angesichts des Sturms der Reformation, der Westeuropa erschüttert, den Ruhm der orthodoxen Kirche zu erhöhen, beruft er zwei Konzile ein, 1547 und 1549. Diese zwei Konzile sprechen neununddreißig bedeutende russische Persönlichkeiten heilig, die zu den zweiundzwanzig bereits kanonisierten Heiligen hinzukommen. Hocherfreut über diese Verstärkung an Glorienscheinen, wähnt sich der Klerus vor jeder Anfechtung sicher. Zwei Jahre später, am 23. Februar 1551, ruft Iwan noch ein drittes Kirchenkonzil zusammen. Unter der Führung des Metropoliten Makarij werden die Prälaten im Kreml vom Zaren und dem vollständig versammelten Bojarenrat empfangen. Sie glauben, man habe sie kommen lassen, um den neuen Zarenkodex zu segnen. Und in der Tat wird diese Formalität schnell erledigt. Doch dann wendet Iwan sich an den Metropoliten, die neun Bischöfe, die Klosteräbte sowie die Priester und ruft ihnen mit pathetischen Worten wieder einmal das Unglück seiner Kindheit und das Unheil seines Landes in Erinnerung. Es sei der Brand Moskaus gewesen, sagt er, der einen neuen Menschen aus ihm gemacht habe: »In diesem Augenblick wurde meine Seele von Furcht ergriffen. Eine plötzliche Erschütterung bemächtigte sich meiner, mein Geist besänftigte sich, und Rührung drang in mein Herz. Jetzt, da ich gleichviel Abscheu gegen das Laster wie Liebe für die Tugend hege, verlange ich von eurem Eifer Unterweisung. Oh, ihr Hirten der Christenheit, heilige Führer der Fürsten, würdige Vertreter der Kirche, habt keine Nachsicht mit meinen Irrtümern, haltet mir mutig meine Schwächen vor und lasset Gottes Wort erschallen, damit meine Seele ihre Reinheit bewahre.« Natürlich denkt niemand unter den Kirchenmännern daran, ihm auch nur im entferntesten etwas vorzuwerfen. Sie glauben, die Feierlichkeit sei beendet, und

wollen sich schon zurückziehen, als Iwan sie aufhält. Und zu ihrer großen Überraschung unterbreitet er ihnen ein Dokument mit den Reformen, die er für die organisatorische Gesundung der Kirche anstrebt. Mit Hilfe von Sylvester und Adaschow hat er diese Fragen und Vorschläge aufgesetzt, deren Katalog den *Stoglaw* oder *Die hundert Kapitel* bilden, vielleicht als eine Anspielung auf die hundertundeine Klage des Wormser Reichstags. Punkt für Punkt geht der *Stoglaw* die Besitztümer der Klöster durch, die Liederlichkeit der Mönche und Popen, den skandalösen Reliquienhandel und die Fehler der Schreiber bei der Übertragung der heiligen Schriften. Manche dieser Vorwürfe werden mit solcher Heftigkeit vorgetragen, daß sich die Versammlung empört: »Einige Mönche und Popen lassen sich die Tonsur nur schneiden, um ein lustiges Leben zu führen und zu ihrem Vergnügen durch die Dörfer zu spazieren...«[1] (Artikel 7) »In allen Klöstern betrinken sich die Priester und Mönche, und die Popen der Pfarrkirchen saufen sich um den Verstand. Im Namen Gottes, gehet gründlich über diese Ärgernisse mit euch zu Rate...« (Artikel 17) »Warum wird das Gebot der Popen und verwitweten Diakone, allein der Kirche zu gehören, nicht mehr befolgt?...« (Artikel 18)
Nach einem Augenblick der Erstarrung kommen die Prälaten wieder zu sich und versprechen, daß man künftig die Sitten der Kirchenmänner überwachen und jegliche Verfehlung streng bestrafen werde. Aber noch andere schwerwiegende Fragen sind von den Glaubensgelehrten behandelt und entschieden worden. Das Konzil schreibt vor, daß jeder orthodoxe Christ sich mit drei Fingern der geschlossenen Hand (Daumen, Zeige- und Mittelfinger), Symbol der Dreifaltigkeit, bekreuzigt, und daß diese Finger zuerst die Stirn, danach die Brust, sodann die rechte und schließlich die linke Schulter berühren. Wer anders verfährt, »verrät das Kreuz Christi und liefert sich dem Teufel aus«. Er wird auf ewig verdammt sein. Gleichfalls verdammt ist, wer am Samstag vor dem Trinitätsfest auf Friedhöfen tanzt, in der Johannisnacht, am Vorabend des Weih-

---

[1] Frz. »Question« ≙ »Quaestio«.

nachtsfestes oder des Dreikönigstages springt oder feiert, wer wie die römischen Ketzer dreimal »Halleluja!« ruft, während ein rechter orthodoxer Gläubiger es zweimal sagen und hinzufügen muß: »Ehre sei Dir, o Herr!«, wer die anstößigen Gebärden der Possenspieler nachmacht und wer Sodomie treibt. Homosexuellen ist der Zutritt zur Kirche untersagt. »Weder Wüstlinge noch Ehebrecher, weder Verweichlichte noch solche, die Liebe mit dem gleichen Geschlecht, Tieren oder sich selbst treiben, weder Zauberkünstler noch Trunkenbolde werden das Himmelreich erben«, steht in diesem Dokument zu lesen. »Ihnen bleibt die Kirche bis zur Heilung versperrt.« Der *Domostroj* empfahl bereits Zurückhaltung im Frohsinn, der *Stoglaw* geht noch weiter: Er verdammt die Rebec-, *Gusli-*[1], Tambourin- und Trompetenspieler zur Hölle, ebenso Leute, die tanzen, springen oder bei öffentlichen Versammlungen mit den Händen klatschen, jeden, der gerne mit Tanzbären, Hunden und Vögeln zusammen ist, Würfel, Schach und Tricktrack[2] spielt, und schließlich alle, die es wagen, sich den Bart abzuschneiden oder ausländische Kleider zu tragen. »Die heiligen Regeln untersagen dem orthodoxen Christen, sich an Kinn oder Wange zu rasieren«, entscheidet das Konzil in Beantwortung einer vom Zaren gestellten Frage. »Das ist eine römische Ketzerei... Dieser Brauch wurde von dem häretischen Kaiser Konstantin Kabbalinos[3] eingeführt, der, wie jedermann weiß, seinen ketzerischen Dienern den Bart abschneiden ließ. Ihr aber, wenn ihr diesem Beispiel zur Befriedigung eurer Launen folgt, zieht euch den Haß Gottes zu, der euch nach seinem Ebenbild schuf.« Die Ikonenmaler neigen manchmal zu Trunk und Diebstahl. Diesen Künstlern wird befohlen, sich künftig in »Bescheidenheit, Sanftmut und Frömmigkeit« zu üben und sich an die Anleitungen zur Darstellung »der himmlischen Mächte und Heiligen« zu halten. Sie sollen sich mit Fasten

---

[1] *Rebec:* dreisaitige Fiedel. *Gusli:* altes russisches Zupfinstrument.
[2] Dt. für Tavla, Backgammon (A.d.Ü.)
[3] Byzantinischer Kaiser (741–775); er bekam den Beinamen Kabbalinos (altgriechisch: spartanischer Ringer) wegen seiner tyrannischen Haltung in Glaubensfragen.

Bojarentrachten aus dem 16. Jahrhundert. Moskau, Museum für Geschichte und Wiederaufbau. Photo A. P. N.

Oberstleutnant des Strelitzenkorps, eines Korps des von Iwan dem Schrecklichen geschaffenen stehenden Heeres. Paris, Bibliothèque Nationale, Estampes. Photo Collection Viollet.

Russischer Erzbischof im Alltagsgewand. Paris, Bibliothèque Nationale, Estampes. Photo B. N.

Die Eroberung von Kasan durch Iwan den Schrecklichen 1552. Nach einer Miniatur aus dem 16. Jahrhundert. Photo Collection Viollet.

Bau der Kirche zur Fürsprache der Heiligen Jungfrau (St.-Basilius-Kathedrale). Miniatur aus der Großen Chroniksammlung. *Moskau, Historisches Nationalmuseum. Photo A. P. N.*

Banner Iwans des Schrecklichen bei der Belagerung von Kasan. Photo A. P. N.

und Gebet auf ihre Arbeit vorbereiten, sich den alten Zeichenvorschriften unterwerfen, ihre Farben mit Weihwasser anrühren und auf diese Weise nicht hochmütige Schöpfer ihrer Werke, sondern bescheidene und namenlose Werkzeuge des Willens des Allerhöchsten werden. Da den Schreibern zu viele Fehler bei der Übertragung der heiligen Schriften unterlaufen, wird ferner beschlossen, die Abschrift der liturgischen Werke von Hand einzustellen und in Moskau eine Druckerei für die Wiedergabe dieser Bücher nach den genauesten Vorlagen einzurichten. Für die einfachen Leute jedoch hat ein mit der Zeit geheiligter Fehler mehr Wert als eine neuzeitliche Verbesserung, und sei sie noch so gerechtfertigt; die erste Druckpresse, die man im Volk als Teufelsmaschine bezeichnet, wird sofort bei einem Aufstand zerstört. Nur wenige Priester können übrigens lesen, aber sie wissen jedes Wort der verschiedenen Liturgien auswendig. Iwan, der leidenschaftlich gern liest, leidet unter der Unwissenheit, die ihn umgibt. Er setzt bei den Teilnehmern des Konzils eine verbindliche Priesterausbildung durch. Im ganzen Land werden die Popen der Überwachung von mehreren Dutzend Kirchenmännern unterstellt. Jede Stadt bekommt eine Schule, die vom Priester und vom *Djak*[1] betreut wird. Im Unterricht werden Schreiben, Lesen, Rechnen, Singen, Religion, die guten Sitten und die Schrecken der »schändlichen Sodomie« behandelt.

Als Iwan jedoch den Gedanken äußert, daß die Mönche – Tote, vom Standpunkt der Welt aus betrachtet – keine Ländereien besitzen können und daß ihre Güter an die Krone zurückfallen sollten, weist Makarij, und mit ihm der gesamte Klerus, diesen ruchlosen Vorschlag zurück. Der Zar begnügt sich mit einer halben Maßnahme: Es wird beschlossen, daß künftig die Bischöfe und Klöster keine Erwerbung mehr ohne die Zustimmung des Herrschers tätigen können.[2] Zusätzlich wird den Klöstern untersagt, Geld zu Wucherzinsen zu verleihen. All diese Anordnungen haben den

---

[1] Der *Djak* ist ein gebildeter Mann, Beamter und Sekretär.

[2] Tatsächlich wird dieser Beschluß niemals beachtet. Der Handel geht uneingeschränkt weiter.

Zweck, der schwindelerregenden Bereicherung der Kirche Einhalt zu gebieten.

Parallel zu dieser Gleichschaltung der Priester betreibt Iwan die endgültige Neugestaltung des Adels im Lande. Unter den Bojaren, die zu den Großoffizieren der Krone gehören, und denen, die Mitglieder des Rats, der *Duma*, sind, rangieren diejenigen, die den Titel »Dienstleute« tragen. Die tausend jungen Adligen mit der vornehmsten Abstammung und den größten Fähigkeiten werden einberufen. Eingetragen in das »Buch der Tausend«[1], bilden sie den Führungsstab des »Zarenregiments« und werden manchmal mit Aufgaben der Verwaltung und Diplomatie betraut. Man überträgt ihnen Landgüter, um ihnen die Möglichkeit zu geben, ihren Dienst zu erfüllen. Jedes Frühjahr müssen die Dienstleute sich bei der »Mobilmachung« zu Pferde und bewaffnet an vereinbarten Orten einfinden, zusammen mit einer Anzahl von Bauern, die sich nach der Fläche des bebauten Landes richtet. (Ein Bauer auf hundert Halb-Deziatinen[2].) Dieser Pflicht unterliegen sie unwiderruflich ihr ganzes Leben lang. Nur in Ausnahmefällen werden einige, anstatt sich beim Heer stellen zu müssen, ausersehen, hohe Ämter in Moskau zu übernehmen. Doch allgemein ist das Schicksal der Dienstleute von Geburt an festgelegt.

Ebenso werden die Kaufleute in den Städten und die Arbeiter aufgelistet und in Körperschaften eingetragen. Darüber hinaus werden sie je nach Steueraufkommen in verschiedene Gruppen eingeteilt. Die Reichsten werden nach Moskau gerufen, wo sie eine gehobene Schicht bilden, die *gostij* (die Gäste). Zum Ausgleich einiger Vorrechte müssen sie sich um die Lebensmittelversorgung und das Finanzwesen der Stadt unter persönlicher finanzieller Haftung kümmern.

Am unteren Ende der sozialen Leiter stehen die Bauern. Die meisten von ihnen arbeiten sechs von sieben Tagen für den Grundbesitzer, zahlen sehr hohe Abgaben und haben nicht das Recht, fortzuziehen oder den Herrn zu wechseln. Andere werden als freie

---

[1] In Wirklichkeit sind es 1068.

[2] Flächenmaß; eine Deziatine entspricht 1,092 Hektar.

Bauern betrachtet und können theoretisch nach Ablauf der Pacht den Lehensherrn verlassen, wenn sie die Auflagen des Vertrags erfüllt haben. Doch praktisch sind die meisten nicht imstande, die enormen Schulden zurückzuerstatten, die sie für die Bewirtschaftung auf sich genommen haben. So bleiben sie an die Scholle gebunden, zwar nicht de jure, doch de facto. Obwohl die Leibeigenschaft offiziell nicht erklärt ist, breitet sie sich schleichend über ganz Rußland aus. In ihrer Verzweiflung fliehen zahlreiche Bauern in die Wälder. Das brachliegende Land vervielfacht sich. Die Angst vor dem nächsten Tag lastet über den Dörfern. Iwan schert sich nicht darum. Sein Plan ist von einer verblüffenden Logik: Um sich die Unterstützung der Adligen zu sichern, hat er sie endgültig an ihre Aufgabe gebunden; um dieser Aufgabe ohne Hintergedanken nachkommen zu können, hat er ihnen Ländereien übereignet; um die Ländereien zu bewirtschaften, zwingt er die Bauern, die auf ihnen leben, für die Adligen zu arbeiten. Auf diese Weise bildet sich ein von oben bis unten unterjochtes Rußland, in dem ein jeder entsprechend seinem Rang und seinen Fähigkeiten zu Größe und Wachstum des Landes beiträgt. Auf dem Gipfel dieser Sklavenpyramide thront der Zar.[1] Das nötige Geld bezieht er aus Steuern und Abgaben. Dem Gesandten Fletscher zufolge preßt Iwan mit diesem fiskalischen Drucksystem seinem entkräfteten Volk viermal soviel ab wie Heinrich VIII. von England dem seinen. Diese Summen, die von den Steuereinnehmern eingetrieben werden, fließen in den Staatsschatz. Trotzdem verfügt der Zar zugleich über sein persönliches väterliches Erbe: Sechsunddreißig Städte samt den dazugehörigen Dörfern sichern ihm nicht nur Einkünfte an Geld, sondern auch an Vieh, Korn, Fisch, Honig und Pelzen, womit er Handel treibt. Den Hauptteil der vom Staatsschatz getragenen Ausgaben verschlingt natürlich der Unterhalt des Heeres. Mag man auch Jahr für Jahr die Steuern erhöhen, die Kassen sind den-

---

[1] Peter der Große wird diese Hierarchisierung Rußlands noch perfekter gestalten, indem er eine »Rangtabelle« aufstellt, die mit ihren Kategorien, Klassen und Unterordnungen die verschiedenen *Tschins* (Ränge, Dienstgrade) einteilt.

noch häufig leer. Fletscher berichtet von verschiedenen Mitteln, die Iwan angewendet hat, »um das Volksvermögen in den kaiserlichen Schatz zu leiten«: »Zuerst lasse man die Steuereinnehmer sich bereichern, dann zwinge man sie, das zu Unrecht Erworbene herauszugeben... Zuerst verlange man von einer Stadt die Lieferung nicht zu beschaffender Güter, dann belege man sie mit einer beträchtlichen Geldbuße, weil sie den Befehl nicht ausgeführt hat.« Iwan und seine Dienstleute halten sich nicht mit übertriebener Gerechtigkeit auf, doch legt der Zar Wert auf den Anschein von Legalität. Er regiert mit Unterstützung der Bojaren-Duma. In schweren Fällen ruft er sogar den *Zemskij-Sobor* zusammen. Doch weder die Duma noch der *Zemskij-Sobor* tasten die Vorrechte des Monarchen an, diese Versammlungen haben nur eine beratende Stimme und beschränken sich meistens darauf, die Wünsche des Zaren zur Kenntnis zu nehmen.

So bekundet Iwan von den ersten Jahren seiner Regierung an einen Ordnungsgeist und einen Herrschaftswillen, die seine Umgebung verblüffen. Wie konnte dieser junge Mann, der ohne Liebe und Leitung aufwuchs, sich auf gut Glück bei den Palastschreibern seine Bildung holte und dann von Makarij zum Mystizismus getrieben wurde, seit seiner Thronbesteigung ein so großes Bewußtsein seiner Herrscherrolle erlangen? Selbst diejenigen, die insgeheim seine Gewalttätigkeit, seinen Despotismus und seine Grausamkeit kritisierten, müssen dennoch zugeben, daß sie einen Volksführer vor sich haben. Wenn sie auch um sich zittern, so zittern sie nicht mehr um Rußland.

Fünftes Kapitel

Kasan

Während Iwan sein Land im Innern neugestaltet, verliert er nicht seine Grenzen aus den Augen. Im Moment gibt es dreifachen Anlaß zur Besorgnis: die Schweden, die Polen und die Tataren. Vor allem die Tataren verärgern ihn mit ihren zahlreichen Übergriffen auf russisches Gebiet. Um ihnen Widerstand zu bieten, läßt er eine Befestigungslinie im Süden Moskowiens errichten und stellt reguläre, mit Feuerwaffen ausgerüstete Truppen auf. Bald kann er auf sechs Infanterieregimenter schauen, die *Strelitzen*[1], Arkebusiere, die unter den Freien angeworben und auf Lebenszeit verpflichtet werden. Sie sind auf europäische Weise bewaffnet und ausgerüstet und empfangen Sold, Uniform, Pulver und Mehl. Sie werden von vierundzwanzigtausend Kavalleristen und einer stehenden Artillerieeinheit unterstützt. Doch die große Masse des Heeres bilden die Dienstleute und Rekruten, die außerhalb der militärischen Kreise ausgehoben werden. Diese in Städten und Dörfern zusammengestellte Truppe, die *Possocha*, hat weder Kriegserfahrung noch Disziplin. Darum kommt sie hauptsächlich bei Erdarbeiten zum Einsatz. Was die Dienstleute – Bojaren, Bojarensöhne und Höflinge – angeht, so sind sie auf fünf Regimenter verteilt. Man wirbt einige ausländische Söldner an, um die Gesamtschlagkraft zu erhöhen. Das Oberkommando wird nicht mehr Offizieren adliger Herkunft anvertraut, sondern fähigen Soldaten, die sich im Kampf ausgezeichnet haben. So geht erstmals in Rußland, auf dem Gebiet des Militärwesens, Verdienst vor Geburt.

Doch nicht die *Strelitzen* oder die Truppen der *Possocha*, sondern die Kavallerie ist die Königin der Schlacht. Die Ausrüstung der be-

---

[1] *Strelets*, russisch im Plural *streltsy*. Von dem Verb *streljat*, schießen.

rittenen Männer ist sehr vielfältig und umfaßt einen Krummsäbel türkischer Art, Bogen, Axt, Lanze und manchmal eine Pistole, wenig Panzerung, doch gelegentlich einen Helm, keine Sporen, aber eine Peitsche. Die kleinen, kräftigen Pferde sind nicht beschlagen. Sie sind von einer unglaublichen Zähigkeit. Und ebenso ihre Reiter. Die Moskowiter kampieren im Schnee, entfachen ein kleines Feuer, ernähren sich von einer Handvoll Mehl, das sie in kochendem Wasser anrühren, rollen sich in den Mantelsack und schlafen ein. Ihre Tapferkeit wird von allen ausländischen Zeugen bestätigt. Beim Angriff schießen sie zuerst ihre Pfeile ab, dann stürmen sie, mit dem Säbel in der Hand, in Scharen ohne Ordnung beim Klang der Trommeln und Trompeten voran und schreien aus vollem Halse, um den Feind zu erschrecken.

Mit Männern dieses Schlages zweifelt Iwan nicht daran, die Tataren endgültig zurückzudrängen. Im Dezember 1547 rüstet er zum Feldzug, erreicht die Wolga und beschließt, den tief zugefrorenen Fluß als Straße zu benutzen, um nach Kasan zu gelangen, von wo die Überfälle auf russisches Gebiet in der Hauptsache ausgehen. Doch in dem Augenblick, wo das Heer sich auf das Eis begibt, hört man ein Krachen, an den Uferrändern schießt Wasser hervor, Schründe brechen in dem weißen Panzer auf und verschlucken Männer, Pferde und Kanonen. Angesichts eines solchen Unglücks kommt Iwan zu dem Schluß, daß Gott ihm seine Sünden noch nicht vergeben habe, und kehrt nach Moskau zurück, um unter Fasten und Beten einen zweiten Feldzug vorzubereiten. Für die Wartezeit wird Fürst Dimitrij Belskij beauftragt, mit einem kleinen Kommando zwar nicht Kasan zu erobern, doch den Tataren den Weg zu versperren, falls sie Lust bekommen sollten, die russischen Dörfer anzugreifen, um sich dort mit männlichen und weiblichen Gefangenen zu versorgen.

Am 24. November 1549 bricht der Zar, gemeinsam mit seinem Bruder Jurij, erneut zum Heer auf. Am 14. Februar 1550 steht er vor den Mauern von Kasan. Rasch errichtet man einen Wall vor den hölzernen Befestigungsanlagen der Tatarenstadt. Die Kanonen werden abgefeuert, die Katapulte schleudern Steine, die Sturmböcke rammen die Tore ein. Zum ersten Mal befiehlt Iwan, mit den Säbel in der Hand, ein Gefecht an Ort und Stelle. Doch ohne sich hervorzutun. Nach Moskowiter Tradition kämpft ein Herrscher nicht, sondern er treibt an. Sechzigtausend Russen dringen durch eine Bresche ein, fallen über die Stadt her und metzeln ohne Unterschied jeden Einwohner nieder, der ihnen in die Hände fällt. Dennoch können sie die Hauptfestung nicht in ihre Gewalt bringen. Am nächsten Tag verhindert eine plötzlich einsetzende Schneeschmelze, zusammen mit einem stürmischen Regen, daß die Operationen normal vorangehen. Das Pulver ist feucht, die Kanonen gehen nicht los, das Eis auf den Flüssen bricht, die Wege verwandeln sich in Morast, der Nachschub gelangt nicht mehr zu den Truppen, die über Hunger klagen, und Iwan fürchtet, daß die Überschwemmung ihm bald den Weg abschneiden wird. Wutentbrannt befiehlt er den sofortigen Rückzug. Er ist überzeugt, daß die Tataren ihn verfolgen und er ihnen Rückzugsgefechte wird liefern müssen. Doch die Kasaner begnügen sich damit, das Kriegsgut zu kassieren, das er zurückgelassen hat. Erleichtert, sich so gut aus der Affäre gezogen zu haben, beschließt er, eine befestigte Stadt in der Nähe von Kasan, auf feindlichem Gebiet, zu errichten und sie als Ausgangsbasis für einen künftigen Vergeltungsschlag zu benutzen. Diese Stadt am Zusammenfluß von Wolga und Swijaga erhält den Namen Swijaschsk. Sie wird sehr schnell zu einem Anziehungspunkt für die umliegenden Bergstämme, die Tscheremissen, Tschuwaschen und Mordwinen, und stellt eine unerträgliche Herausforderung für die Tataren von Kasan dar. Mit dieser russischen Ansiedlung im Einflußbereich des Khans versucht Iwan, das militärische Scheitern seines Feldzugs zu verbergen. Tatsächlich aber lassen sich weder die Bojaren noch das Volk zum Narren halten. Die Feindseligsten sprechen von einem bösen Geschick, das sich an alle Unternehmungen des Zaren hefte, die Nachsichtigsten erklären diesen erneuten Fehlschlag mit der ungewöhnlichen Jugend des Herrschers, aber alle sind sich darin einig, daß die Führung Dimitrij Belskijs, der sogar des Verrats beschuldigt wird, zu verurteilen ist. Doch der General hat niemanden verraten, sondern sich schlicht als unfähig erwiesen. Iwan ist sowohl von der Treue wie von der Unfähigkeit seines Kriegsherrn überzeugt und würde ihn am liebsten umbringen. Er läßt ihn am Leben. Und wie es günstiger nicht sein könnte, stirbt kurze Zeit nach der Rückkehr der Armee nach Moskau Dimitrij Belskij an einer Krankheit.

In Swijaschsk indessen schwächen die Pest und mangelnde Disziplin die Garnison. Die Chronik berichtet, daß »die Männer sich den Bart rasieren und die jungen Leute zur Ausschweifung verleiten«. Um die Moral der Truppe wieder herzustellen, schlagen die Bojaren vor, von Moskau eine Flasche Weihwasser und eine erbauliche Unterweisung in die Festung zu entsenden. Von einem neuen Feldzug gegen Kasan wollen sie nichts hören; die vorangegangenen haben zuviel gekostet. Von Monat zu Monat mehren sich in den Grenzgebieten die Scharmützel, Streifzüge und ergebnislosen Verhandlungen. Im Gegensatz zu den Dienstleuten, die dazu raten, die Sache im Sande verlaufen zu lassen, macht die hohe Geistlichkeit, mit Makarij an der Spitze, Iwan Mut, den Kampf gegen »die Ungläubigen, die das Blut von Christen vergießen, die Kirchen schänden und zerstören«, wieder aufzunehmen. Der Zar selbst hat es eilig, an den Tataren, die ihn lächerlich gemacht haben, Rache zu üben. Nicht nur sein persönliches Ansehen, sondern seine ganze Außenpolitik stehen auf dem Spiel. Man muß diesen Erbfeind besiegen, der an der Flanke Moskowiens nagt, oder seine immer kühneren Unternehmungen hinnehmen wie die Begleiterscheinungen einer tödlichen Krankheit. Der heilige Krieg ist nicht zu vermeiden.

Am 16. Juni überträgt Iwan seinem Bruder Jurij für die Dauer seines Frontaufenthaltes die Leitung der inneren Angelegenheiten, erbittet vom Metropoliten den Segen für sein Tun und tröstet die verzweifelte Anastasia. Sie ist schwanger und sinkt ihrem Gemahl schluchzend an die Brust. Ohne sich darum zu kümmern, empfiehlt er ihr, sich um die Armen zu sorgen, über die Gefängnisschlüssel zu wachen und diejenigen Gefangenen freizulassen, die es nach ihrem Urteil am ehesten verdienen. Nachdem er sie umarmt hat, durchschreitet er ein Spalier von Bojaren und besteigt sein Pferd.

Die russische Armee, angeblich hunderttausend Mann stark an Kavalleristen, *Strelitzen* und Kanonieren, verläßt Moskau im Gefolge von heiligen Bannern. An ihrer Spitze reitet der Zar, flankiert von Adaschow und dem Fürsten Andrej Kurbskij. Fünf Tage später erfährt er durch einen Boten, daß Dewlet Girai, der Khan von der Krim, auf Tula marschiert. Sofort ändert er seine Marschroute, und anstatt weiter seinen Weg nach Kasan in Richtung Osten zu verfolgen, eilt er nach Süden. Als er vor Ort ankommt, sind die Tataren von der Stadtgarnison bereits zurückgedrängt worden und haben die Belagerung aufgehoben. Fürst Iwan Kurbskij nimmt ihre Verfolgung auf und haut sie in Stücke. Waffen, Mannschaften und zahlreiche Kamele fallen den Russen in die Hände. Gefangene enthüllen die Absicht der Tataren, nach der Belagerung von Tula auf die Hauptstadt vorzurücken, während der Zar bei Kasan aufgehalten würde. Iwan sendet die ganze Beute, die er gemacht hat, nach Moskau. Der Pöbel gerät beim Anblick der Kamele außer sich und bespuckt die Gefangenen mit ihren sonnengegerbten Gesichtern und schwarzen Haaren, die es wagen, an Allah zu glauben.

Durch diesen ersten Erfolg ermutigt, beschleunigt Iwan das Marschtempo seiner Truppen auf das Endziel des Feldzugs, auf Kasan. Bei jedem Zwischenaufenthalt ruft er einen anderen russischen Schutzheiligen an. In der Kathedrale von Kolomna verbeugt er sich vor der Ikone der Gottesmutter, die Dimitrij Donskoj bei seiner siegreichen Schlacht gegen den Sultan Mamaj mitgeführt hat. In Wladimir erfährt er durch einen Boten, daß die Seuche, die Swijaschsk verwüstet hat, vorüber und die Disziplin in der Garnison nach zahlreichen Unruhen wiederhergestellt ist. Ist das nicht der Beweis, daß Gott nach langem Zögern sich endlich durch die Frömmigkeit und den guten Willen des Zaren hat erweichen lassen? Die Nachrichten, die ihn aus Moskau erreichen, sind ebenfalls ausgezeichnet: Anastasia geht es gut, das Volk betet für die Erhaltung seines Herrschers, und Makarij schreibt an Iwan: »Eure Seele sei keusch und rein. Seid demütig im Glück und mutig im Unglück. Die Tugenden eines Monarchen sind die Rettung eines Reiches.«

Während dieses langen Feldzugs ist der Monarch ebenso oft auf den Beinen wie zu Pferde. Er erträgt die Strapazen mit einer Heiterkeit, die seine Umgebung verwundert. Man lagert am Ufer der Flüsse oder in den Wäldern und ernährt sich von den Erträgen der

Jagd und des Fischfangs. Unter dem Eindruck dieser Kraftentfaltung kommen die Anführer einiger aufständischer Stämme zu ihm, um sich dem russischen Herrscher zu unterwerfen, und garantieren ihm, daß die rechte Wolgaseite ihm völlig untertan sei. Sie bieten ihm ihre Hilfe bei der Eroberung von Kasan an. Am 11. August rükken die *Woiwoden*[1] der Garnison von Swijaschsk zu einer Besprechung mit Iwan heran. Die Hauptleute und Mannschaften werden zu einem großen Festmahl in offenen Zelten geladen. Die Einwohner der Nachbarstädte liefern den Gästen der Tischrunde Brot und Met. Da man sich in der Fastenzeit befindet, fällt das Mahl bescheiden aus, doch wird die Einfachheit der Tafel durch die Pracht der Landschaft aufgewogen. Unter einem strahlend blauen, wolkenlosen Himmel erstrecken sich auf der einen Seite leicht hügelige Wiesen von grünem Samt, mit den dunklen Wäldermassen in der Ferne, und auf der anderen Seite liegt die breite, majestätische und gemächliche Wolga mit ihren Inselchen.

Doch Iwan will keine Zeit verlieren. Schnell räumt man das Geschirr zusammen, löscht die Holzfeuer, bricht die Zelte ab und macht sich wieder auf den Weg. Am 13. August gelangt das Heer in Sichtweite von Swijaschsk, der Stadt, die nach dem Willen des Zaren gegründet worden ist. Zu Pferde zieht er in sie ein, empfängt den Segen des Klerus, wohnt in der Kathedrale einer Messe bei, nimmt die Befestigungsanlagen, das Zeughaus, die nagelneuen Gebäude und die schon zahlreichen Geschäfte in Augenschein und erklärt seine Zufriedenheit. Angezogen von dieser unerwarteten Kundschaft, die diese große Ansammlung von Männern bildet, kommen auf Booten Hausierer von Nischni-Nowgorod, Moskau und Jaroslawl herbei, um auf Bazaren unter freiem Himmel ihre Waren anzubieten. Auf Anordnung der Behörden hat man den schönsten Wohnsitz des Ortes für den Monarchen freigehalten. Er weigert sich, seinen Fuß hineinzusetzen, erklärt, »er sei jetzt auf dem Feldzug«, und macht sich zu Pferde wieder auf den Weg zu seinem Zelt, das auf einer Wiese vor den Toren der Stadt aufge-

---

[1] Militärchefs.

schlagen ist. Nach einer Beratung schickt er von dort aus an Jediger Machmet, den Statthalter von Kasan, eine in tatarischer Sprache geschriebene Botschaft, in der er die Einwohner auffordert, sich zu ergeben, wofür er ihnen Rußlands Huld verspricht. Tatsächlich hat er nur wenig Hoffnung, Gehör zu finden: Der heilige Charakter dieses Krieges zwischen Kreuz und Halbmond verbietet beiden Gegnern jegliches Zugeständnis. Darum setzt er sich, ohne die Antwort abzuwarten, wieder in Marsch. Die Antwort empfängt er am 20. August. Sie ist zugleich eine Ablehnung und Beleidigung. Kasan spuckt auf Iwan, Rußland und die Christenheit. »Hier ist alles bereit«, behauptet Jediger Machmet. »Wir warten auf euch, um den Tanz zu beginnen.« In der Nacht entkommt ein hochgestellter Mohammedaner aus der Stadt und versichert Iwan, daß die Verteidiger, dreißigtausend an der Zahl, fanatische Krieger sind und sich mit Munition und Lebensmitteln im Überfluß eingedeckt haben. Die Aufgabe wird nicht leicht sein. Iwan weiß das. Doch er weiß sich auch aus tiefstem Herzensgrund der Hilfe Gottes sicher. So rückt er in dem Gefühl, Vorkämpfer der Christenheit zu sein, gegen die Stadt vor. Am 23. August erblickt er in der aufgehenden Sonne ihre Moscheen, ihre emporragenden Türme und ihre doppelten Bollwerke aus Eichenholz, die mit Kies und Tonerde aufgefüllt sind. Dann läßt er beim Klang der Trommeln und Trompeten das Glaubensbanner mit dem Antlitz Jesu Christi entfalten. Im Schatten der Fahnen wird ein Gottesdienst gefeiert. Priester in Meßgewändern segnen die Krieger, die sich mit einem Knie zur Erde beugen. Der Wind zerstiebt die Weihrauchwolken und trägt die rauhe Stimme des Chores in die Ferne. Iwan heftet seinen Blick auf die heilige Fahne, bekreuzigt sich und ruft: »Herr, in Deinem Namen marschieren wir gegen die Ungläubigen!« An die Soldaten gewandt, ruft er dann zum Kampf auf, preist den Heldenmut derer, die für die Verteidigung des Glaubens fallen werden, gelobt, den Witwen und Waisen beizustehen, und schwört, wenn es sein muß, sein eigenes Leben für den Sieg der orthodoxen Sache zu opfern. Gleich danach werden die Kanonen und das Pulver abgeladen, die Bohlen für den Bau der Belagerungstürme gerichtet, und das Heer sammelt sich in einem langsamen, mächtigen Strom vor den Toren

der Stadt. Diese scheint man bereits aufgegeben zu haben. Nicht das geringste Geräusch. Kein Mensch auf den Wällen. Sollte das eine Falle sein? Vorsichtig dringen die *Strelitzen* in die verlassenen, stillen Straßen ein. Vielleicht hat sich die Bevölkerung in das Hauptbollwerk, den Kreml, geflüchtet. Und tatsächlich – plötzlich springen mit Getöse die Tore dieser Festung auf. Die Tataren, die daraus hervorquellen, sind keine Menschen, sondern heulende Teufel mit verzerrten Fratzen. Die einen zu Pferde, die anderen zu Fuß, bilden sie eine einzige Masse, in der nur Zähne, Augen und die Klingen der Krummschwerter aufblitzen. Es ist die Hölle, die ihre Heerscharen über die Christenheit speit. Entsetzt und ohne Ordnung weichen die russischen Arkebusiere zurück, fallen und empfehlen ihre Seele Gott. Mit Mühe bekommen ihre Offiziere sie außerhalb der Stadt wieder in die Hand. Auf die Kämpfe mit der blanken Waffe folgen das Artilleriefeuer und die Pfeilsalven von beiden Seiten. Schließlich ziehen die Tataren sich in ihre Festung zurück, die Tore schließen sich, Ruhe kehrt wieder ein, und Iwan tut so, als sei dieser erste Sturmangriff zu seinen Gunsten ausgefallen.
Die Nacht verstreicht ohne besondere Vorkommnisse, doch am nächsten Tag bricht ein mächtiger Sturm los. Mehrere Zelte, darunter das des Zaren, reißt der Orkan mit sich fort. Die Feldkirchen lösen sich auf, während die Priester, zu Tode erschrocken, Ikonen, Banner und Reliquien zusammensuchen. Die Wellen des Flusses, der mit einem Mal angeschwollen ist, treten über die Ufer, zerbrechen die Boote und überfluten die Lebensmittel- und Munitionslager. In einem Augenblick ist die Versorgung der Armee vernichtet, doch trotz der allgemeinen Verzweiflung verliert Iwan nicht die Zuversicht. Während seine Generäle bereits an Rückzug denken, ruft er die Kaufleute herbei und befiehlt ihnen, mit Schiffen und Karawanen für neuen Nachschub der Truppen zu sorgen.
Die folgenden Tage vergehen mit Geplänkeln. Die Tataren lassen Pfeile, Gewehre und Kanonenkugeln auf die Russen niederhageln, die mit aller Kraft versuchen, die Bollwerke zu erklimmen. Und wenn die Russen zurückweichen, ziehen sie die Tataren hinter sich her, die sie verfolgen und dann im offenen Gelände bekämpfen.

Sobald sie einige Gefangene gemacht haben, binden sie sie mit dem Gesicht zum Stadtwall an Pfähle, um durch ihr Wimmern die Kasaner dazu zu bringen, sich zu ergeben. Ein Herold ruft den Belagerten zu: »Iwan verspricht euch Leben, Freiheit und Vergebung für die Vergangenheit, wenn ihr euch ihm unterwerft.« Hoch oben von einem Turm herab erwidert der Wortführer des Feindes mit Donnerstimme: »Besser, sie empfangen den Tod durch unsere reinen Hände, als daß sie durch die Hände der elenden Christen zugrunde gehen!« Und die Tataren schießen Pfeile auf ihre Brüder ab, die sich in lebende Zielscheiben verwandelt haben.
Ende August beauftragt Iwan einen deutschen Ingenieur, Stollen unter die Festungswälle zu graben, um die für die Versorgung der Stadt wichtigste Trinkwasserquelle in die Luft zu sprengen. Die Pioniere arbeiten zehn Tage unter der Erde, über ihren Köpfen hören sie das Kommen und Gehen der Vorüberziehenden. Nachdem sie den Ort der Quelle ausgemacht haben, rollen sie Pulverfässer in ihre Nähe. Am 5. September steigt Iwan auf einen von Schanzkörben gedeckten Hügel und befiehlt, die Lunte anzuzünden. Eine gewaltige Explosion erschüttert die Stadt, ein Teil des Walls stürzt ein, während Balken, Steine und verstümmelte Körper von Toten hoch emporgeschleudert werden. Die Russen werfen sich in die Bresche. Doch nach einem Moment des Entsetzens fassen sich die Tataren wieder und drängen, angefeuert vom Wehgeschrei der Frauen, die Angreifer ein weiteres Mal zurück.
Dieser erbitterte Widerstand bringt die Russen aus der Fassung. Man sagt in ihren Reihen, jede Nacht würden kurz vor der Dämmerung mongolische Hexen auf die Wälle klettern, ihre Röcke lüpfen und obszöne Gebärden machen, den christlichen Feind beleidigen und ihm Verwünschungen entgegenschleudern. Sie sind es, die mit ihren Fratzen das schlechte, für die Moskowiter so unheilvolle Wetter herbeirufen. Es regnet ununterbrochen. Durchnäßt und ohne Sicht, waten die Soldaten in einer Kloake. Es ist unmöglich, unter den Zeltdächern, die von den Tropfen ganz vollgesogen sind, Schutz zu finden. Je größer das Übel, desto größer die Mittel. Iwan läßt aus Moskau ein wundertätiges Kreuz kommen, mit dem das vom Himmel gefallene Wasser geweiht wird. Dann zieht eine

Prozession durch das Lager, und die Priester nehmen mehrere Besprengungen mit Weihwasser vor. Sogleich hört der Regen auf, die Sonne fängt wieder an zu scheinen, und das Heer faßt neuen Mut: »Weiche zurück, Allah!« rufen manche unter den Angreifern.

Zwei Werst vom Lager entfernt errichtet man einen gewaltigen Holzturm, sechs Klafter[1] hoch, auf Räder gebaut, und rollt ihn bei Nacht bis vor die Stadtmauern in die Nähe des »Königstores«. Dieser Turm ist mit sechzig Kanonen ausgerüstet, davon zehn großen Kalibers, die von zahlreichen Artilleristen bedient werden. Von diesem erhöhten Standort aus können sie ein ganzes Stadtviertel überblicken. Beim ersten Tageslicht beginnt das Bombardement. In ihrer Verwirrung suchen die Bewohner in Kellern und Gräben Zuflucht. Die Belagerten setzen sich mit Musketenfeuer[2] zur Wehr, und töten eine große Zahl der russischen Kanoniere. Doch auch dieses Blutbad führt keine Entscheidung herbei.

Währenddessen treibt man weitere Minen unter die Stadt, jagt ein paar Tonnen Pulver in die Luft und schlachtet sich im Vorfeld ab. Die Generäle drängen Iwan, den Befehl zum Schlußangriff zu geben. Er verlangt, daß zuvor das ganze Heer beichtet und die Kommunion empfängt. Die Männer sollen als Soldaten Christi mit reiner Seele in den Tod gehen.

Schließlich ist alles bereit, die Popen haben ihr Gebet gesprochen, und der Morgen dämmert mit einem wolkenlosen Himmel heran. Die Bogenschützen, die Hand am Köcher, und die Kanoniere mit brennender Lunte warten auf das Zeichen zum Gemetzel. Jeder weiß, daß eine gewaltige Explosion den Kriegern den Weg freisprengen muß. Doch im Moment stören nur die heiligen Gesänge der Gläubigen, die keine zwei Schritte entfernt die Messe feiern, die Stille. Als wolle er beweisen, daß er mehr auf Gott als auf sich selbst vertraut, um den Sieg zu erringen, hält sich der Zar gerade jetzt nicht bei seinen Männern, sondern in der Hauptkirche des Lagers auf. In dem Augenblick, als der Diakon, der das Evangelium verliest, die Worte spricht: »Es soll nunmehr eine Herde und ein

---

1 ca. 11 m, (A.d.Ü.)
2 Gewehrfeuer

Hirte sein«, läßt eine fürchterliche Detonation den Boden unter den Füßen des Monarchen erbeben. Eben ist die größte Mine hochgegangen. Alle jubeln, und der Zar tritt aus dem Heiligtum und betrachtet aus der Ferne, wie Trümmer, Erde und Rauch niedergehen. Nachdem er sich den Staub von den Kleidern geschüttelt hat, kehrt er zu seiner Andacht zurück. Wenig später, als er im Gebet weilt, ertönt eine zweite Detonation, auf die wie ein Donnerhall die Stimmen von hunderttausend Kriegern mit einem Aufschrei antworten: »Gott ist mit uns!« Die Russen stürzen sich in den Kampf. Obwohl sie von den Wällen herab von den Kasanern mit Balken, Steinen und siedendem Wasser beworfen werden und trotz der enormen Verluste erklimmen die Angreifer über Leitern die Mauern, klammern sich an die Zinnen und winden sich auf den Schultern ihrer Kameraden in die Höhe, um in die Bresche zu springen und mit dem Säbel in der Hand den Verteidigern, die rasch ihre Stellung verlieren und zurückweichen, die Stirn zu bieten. Das Klirren der Säbel und das Stöhnen dringen nicht bis in die Abgeschiedenheit des Zaren, der vor den Ikonen kniet. Mehrmals kommen die Generäle herbei und flehen ihn an, seine Gebete zu unterbrechen und sich bei seinen so grausam mitgenommenen Truppen zu zeigen. Feigheit oder Frömmigkeit – er weigert sich, vor Beendigung des Gottesdienstes herauszutreten. Unterdessen geht in Kasan das Massaker weiter. Man kämpft gegeneinander bis auf die Dächer der Häuser hinauf. Die wutentbrannten Russen verschonen weder Frauen noch Kinder. Wen sie nicht niedermetzeln, fesseln und sammeln sie, um ihn als Sklave zu verkaufen. Als sie beim Basar ankommen, staunen sie über die Reichtümer, die dort ausliegen – Gegenstände aus Gold und Silber, Pelze und Seidenstoffe. – Sie vergessen ihre Kampfeswut und beginnen zu plündern. Die Kasaner nützen diese Verwirrung zum Gegenangriff, doch die Russen fassen sich rechtzeitig. Wieder hebt die Schlacht an, erbittert und ungewiß. Von neuem flehen die Bojaren den Zaren an, sich zu zeigen. Noch zögert er, dann, nach vielen Ausflüchten, küßt er das wundertätige Bildnis des heiligen Sergius, trinkt vom Weihwasser, schluckt ein Stück Hostie, hört von seinem Kaplan Gottes Wort und besteigt sein Pferd. Als er auf der Ebene erscheint, weht

die russische Fahne bereits über den Ruinen von Kasan. Die Angreifer, die in der Übermacht waren, haben über ihre Feinde den Sieg davongetragen. Folglich hat der Zar gut daran getan zu beten, anstatt sein Leben zu riskieren. Als er in die Stadt einzieht, muß er sich zwischen Bergen von Leichen und Lachen von Blut hindurchwinden. Inzwischen hat sich Jediger Machmet mit den ihm verbliebenen Truppen in seinen Palast zurückgezogen. Nachdem die Tore eingerannt sind, erblickt man eine Ansammlung von reich geschmückten Frauen, die sich weinend den Russen zu Füßen werfen. Doch Jediger Machmet ist geflohen. Man findet ihn in einem Turm, der unversehrt geblieben ist. Das bedeutet das Ende, er ergibt sich, kniet vor seinem Bezwinger nieder und bittet um Gnade. Iwan gewährt ihm großherzig Verzeihung und sagt: »Unglücklicher, du wußtest nicht um Rußlands Macht!« Dann, nachdem er seine Generäle beglückwünscht hat, versammelt er das Heer im Lager und gibt sich seinem liebsten Vergnügen hin, der öffentlichen Rede. Vor seinen Soldaten in ihren blutbefleckten Uniformen, vor den von Rauch und Pulverdampf geschwärzten Gesichtern ruft er mit erleuchteter Miene: »Tapfere Krieger, Bojaren, *Woiwoden*, Offiziere, ihr alle hier an diesem feierlichen Tag, die ihr gelitten habt für die Größe Gottes, für den Glauben, für das Vaterland und für euren Zaren, soeben habt ihr unsterblichen Ruhm erworben. Niemals hat ein Volk solche Tapferkeit bewiesen und ein so glänzenden Sieg errungen... Ihr habt euch als würdige Nachfolger jener Helden erwiesen, die unter der Führung des Großfürsten Dimitrij den ungläubigen Mamaj vernichtet haben... Und ihr, die ihr auf dem Feld der Ehre ruht, ihr edlen Söhne Rußlands, weilt bereits in himmlischen Gefilden, inmitten der Märtyrer der Christenheit, von Glorie umstrahlt.«
So wird Kasan am 2. Oktober 1552 russisch, und der zweiundzwanzigjährige Zar ist zu Recht stolz auf diese erste Eroberung. Dennoch hat er im Verlauf dieser heldenhaften Tage kein einziges Mal den Säbel gezückt oder die Büchse angelegt, kein einziges Mal hat er die Soldaten auf den Vorposten besucht und sich den feindlichen Pfeilen ausgesetzt. Seine Rolle bestand darin, im Schutze einer starken Eskorte zu beten und von Zeit zu Zeit in prächtigen Ge-

wändern im Lager zu erscheinen. Nichtsdestoweniger bedeutet er für alle Krieger das Symbol russischer Macht, russischen Mutes und russischen Glaubens. Jediger Machmet erkennt ihn als Herrscher an und verspricht, sich bei seiner Ankunft in Moskau zum Christen taufen zu lassen, und seinem Beispiel folgend wechseln zahlreiche Tataren den Glauben. Die Haremsdamen und Witwen der im Kampf gefallenen Kasaner werden zu einem großen Festmahl geladen; auch sie zögern nicht, dem mohammedanischen Glauben abzuschwören. Nachdem sie zu Gefährtinnen der Sieger geworden sind, denkt Iwan, daß sie ihnen prachtvolle Söhne schenken werden, die in ihrem Blut die Kriegertugend der zwei Volksstämme miteinander vereinen.
Während der Wartezeit muß der Stadt beim Wiederaufbau geholfen werden. Iwan läßt die Ruinen, um sie zu reinigen, mit Weihwasser besprengen und legt den Grundstein der Mariä-Heimsuchungs-Katherale. Von Geistlichen umgeben, zieht er dann durch die Straßen und bezeichnet die Orte, an denen weitere Kirchen errichtet werden sollen. Sein Traum ist es, die ganze tatarische Bevölkerung von Kasan durch Russen zu ersetzen. Doch trotz der Vergünstigungen, die den Kaufleuten von Moskau und Nischni-Nowgorod gewährt werden, die bereit sind sich in dem Gebiet niederzulassen, melden sich nur recht wenig Freiwillige. Die Stadt Kasan, von den Bulgaren, Nachfahren der Hunnen, gegründet, dann von den Mongolen beherrscht, ist seit lang zurückliegenden Zeiten ein bedeutendes Handelszentrum und berühmt für seine Jahrmärkte und seinen Handel mit China, Persien und Samarkand. Diesen idealen Verkehrsknotenpunkt kann man nicht verkommen lassen. Um das gewinnträchtige Tauschgeschäft mit dem Ausland fortzusetzen, sieht Iwan sich gezwungen, alle Mohammedaner des Landes zusammenzurufen, ohne weiterhin ihre Bekehrung zu verlangen. Es genügt, wenn sie einen Schwur auf den Zaren leisten und die Steuern den designierten Eintreibern bezahlen. Nachdem die Tataren sich von ihrem Schrecken erholt haben, kehren sie zurück, Läden öffnen wieder ihre Türen, und eine kunterbunt zusammengewürfelte Menge, halb russisch, halb mongolisch, halb orthodox, halb islamisch, macht sich daran, die Trümmer wieder aufzubauen

und in gutem Einverständnis miteinander zu leben, was gestern auch gewesen sein mag. Iwan hat kein Ohr für die Bitten seiner Generäle, die ihn bei sich behalten möchten, und beschließt, nach Moskau zurückzuziehen. Er hinterläßt in Kasan eine Garnison von fünftausend Mann und benennt Alexander Schuiskij zum Gouverneur der Stadt und den Fürsten Peter Serebrijanij zu seinem Adjutanten. Ihre Aufgabe wird darin bestehen, die Unterwerfung der Gebiete dort fortzusetzen, wo sich noch aufständische Horden regen. Er selbst hat Besseres zu tun als den Oberaufseher dieser Polizeiaktionen zu spielen. Voller Ungeduld, seine Frau wiederzusehen und sich in Moskau in seinem ganzen Ruhm zu zeigen, schifft er sich am 14. Oktober auf der Wolga ein.
In Nischni-Nowgorod erwartet ihn ein großartiger Empfang. Der Jubel der Menge ist so stürmisch, daß er die Stimmen der Geistlichen übertönt. Das Volk freut sich um so mehr, als die Überfälle der Tataren bis zu diesem Tag eine ernste Gefahr für den berühmten Markt der Stadt dargestellt haben. Man darf zudem darauf hoffen, daß die Zerstörung des Basars von Kasan einen Zuwachs der Kundschaft in Nischni-Nowgorod herbeiführen wird. Gott hat einen fürchterlichen Geschäftskonkurrenten ausgeschaltet; gelobt sei sein Name! Iwan hält noch eine mitreißende Rede und setzt dann zu Pferde seinen Weg nach Moskau fort. In der Nähe von Wladimir trifft er auf einen Bojaren, den Anastasia ausgesandt hat, um ihm anzukündigen, daß sie einen Sohn zur Welt gebracht hat. Iwan wird von übermenschlicher Freude ergriffen, er weint, springt von seinem Pferd herab, weiß nicht, wie er dem Boten danken soll, und schenkt ihm sein Pferd und seinen Mantel. Gewiß, seine Frau hat ihm bereits zwei Töchter geschenkt, von denen die eine, Anna, mit zwanzig Monaten gestorben ist, und die andere, Maria, noch lebt, doch die Geburten von Kindern weiblichen Geschlechts sind nur einfache Zwischenfälle im Leben eines Fürsten, während die Geburt eines männlichen Erben den Vater mit einem Schlag bis auf die obersten Stufen von Gottes Thron emporhebt.
Seltsam genug, eben dieses Gefühl, wieder Versöhnung mit dem Himmel gefunden zu haben, hält Iwan zurück, sich an das Bett der Wöchnerin zu stürzen. Anstatt jeden Aufenthalt zu vermeiden, um

sie so bald wie möglich wiederzusehen, macht er in Wladimir Station, um lange dort zu beten. Ein weiterer Halt und weitere Gebete folgen in Susdal. Als er schließlich bis auf ein paar Werst an die Hauptstadt herangekommen ist, galoppiert er nicht in einem Zug zum Kreml, sondern steigt beim Dreifaltigkeits-Kloster ab, verrichtet an der Grabstätte des heiligen Sergius seine Andacht und geht mit den Gläubigen zur Kommunion.

Am Morgen des 29. Oktober zieht er endlich in Moskau ein, wo ihm ein triumphaler Empfang bereitet wird. Das Volk säumt so zahlreich den Straßenrand, daß die Soldaten Mühe haben, es mit ihren Hellebarden zurückzudrängen. Stammelnde Männer und weinende Frauen durchbrechen die Ketten der Wachen und küssen die Steigbügel des Herrschers. »Gott schenke unserem frommen Zaren, dem Sieger über die Barbaren und Retter der Christenheit, ein langes Leben.« Ein weiteres Mal gönnt Iwan sich den Genuß, seine Stimme über der Menge erschallen zu lassen. Er wendet sich an den Metropoliten Makarij und an den Klerus: »Ihr habt die Wünsche, die Gott erhört hat, zum Himmel emporgetragen... Unterstützt von dem sichtbaren Einfluß eurer Gebete, sind wir gegen Kasan gezogen und an das erhoffte Ziel gelangt... Diese dichtbevölkerte Stadt ist vor uns gefallen: Die himmlische Gerechtigkeit ließ in einem einzigen Augenblick eine große Zahl von Ungläubigen zugrunde gehen, ihr Anführer wurde gefangengenommen, und die Banner des Halbmonds, die nun das heilige Kreuz ersetzt hat, sind für immer von ihren Zinnen verschwunden. Gesund und voller Freude sind wir hierher zurückgekehrt, zum Bildnis der Heiligen Jungfrau, in den Schoß unseres geliebten Vaterlandes... Fahret fort, mit Eifer vor Gottes Thron Fürbitte einzulegen und mir mit euren weisen Ratschlägen beizustehen, damit ich in der Lage bin, Glauben und Gerechtigkeit zu festigen. So werden die guten Sitten im Innern des Reiches herrschen, und die neuen Untertanen Rußlands, die ihren Irrtümern abgeschworen haben, können den wahren Gott erkennen und mit uns die Heilige Dreifaltigkeit preisen.« Der alte Makarij antwortet mit gebrochener Stimme: »Welcher Wandel hat sich im Schicksal unseres Landes vollzogen! Die hinterhältigen Kasaner haben über ganz Rußland Schrecken verbreitet, sie löschten ihren Durst am Blute der Christen, schleppten sie in die Sklaverei, schändeten und zerstörten die Tempel des Herrn... Doch der Himmel hat auf dich die Strahlen seiner Gnade herabgesandt wie einst auf Konstantin den Großen, den heiligen Wladimir, Dimitrij Donskoj, Alexander Newskij... Du hast deinen Namen diesen berühmten Männern an die Seite gestellt. Kasan, diese hochmütige Stadt, die wie ein Schlangennest uns stets mit ihrem giftigen Stachel bedrohte, ist zu deinen Füßen gefallen... Gib dich der Freude hin, du vom Himmel und vom Vaterland innig geliebter Zar! Der Herr hat dir nicht nur den Sieg beschert, sondern dir auch einen Sohn geboren, das Ziel so vieler Wünsche!... Wir aber, o Zar, wollen zum Zeichen unserer Dankbarkeit für deine Mühsal und ruhmreichen Taten uns vor dir niederwerfen!«

Bei diesen Worten fallen der Metropolit, die Mitglieder des Klerus, die Würdenträger und das Volk vor dem Monarchen zu Boden. Iwan kostet den Rausch aus, dieses Meer von Köpfen mit all den verschiedenen Haartrachten zu seinen Füßen wogen zu sehen. Dann tauscht er seine schwere Rüstung gegen den Herrschermantel, legt sich eine Kette mit einem Kreuz um den Hals und setzt sich den Monomachenhut auf. Die Geistlichen, Träger von Ikonen, Kreuzen, Bannern, Weihrauchgefäßen und Laternen, umgeben den Zaren und begleiten ihn zum Kreml. Erst nachdem Iwan sich vor den heiligen Reliquien und den Grabstätten seiner Vorfahren verbeugt hat, begibt er sich in den Palast, um die noch bettlägerige Zarin aufzusuchen. Bei seinem Anblick vergißt sie ihre Schwäche, wirft sich vor ihm nieder und umschlingt unter Lachen und Weinen die Knie ihres Herrn. Er richtet sie auf, küßt ihre Stirn und läßt seinen Sohn bringen.

Am 8. November 1552 vereint ein riesiges Festmahl die Prälaten und Bojaren im Palast. Bei dieser Gelegenheit beehrt Iwan jeden Gast nach seinem Rang und seinem Mut mit einem Geschenk: Zobelpelze, Brokatstoffe, Goldpokale, Kleider, Pferde, gefüllte Börsen, Teppiche, Waffen, Ländereien. Die Festlichkeiten dauern drei Tage. Es wird kräftig getrunken, man lacht aus vollem Halse, rühmt sich seiner Taten und lauscht den Sängern des Zaren, die den russischen Sieg preisen und sich auf der *Gusli* begleiten. Ganz

Rußland ist in einem Freudentaumel. Um von der Eroberung Kasans mit einem dauerhaften Monument zu künden, gibt Iwan Befehl, auf dem großen Kremlplatz eine Kirche zur Fürbitte der Heiligen Jungfrau zu erbauen, die später St.-Basilius-Kathedrale[1] heißen wird. Makarij ermutigt ihn darin. Gemeinsam arbeiten sie die ersten Pläne für das Gebäude aus. Ihrem Wunsch nach soll es keinem anderen gleichen, eine Tat mystischer Leidenschaft, ein Ausbruch der Freude, ein Rausch von Form und Farben sein. Wer wird der Baumeister sein? Man denkt an die Italiener, die in Moskau bereits Proben ihres Könnens gegeben haben. Aber nein, der Architekt dieses Symbols des siegreichen Rußlands muß ein Russe sein. Die Wahl fällt schließlich auf Barma Jakowlew, der Postnik genannt wird. Ihm kommt die Aufgabe zu, dieses wunderliche Monument zu errichten, in dem sich die ganze Widersprüchlichkeit des Zaren widerspiegelt. Nach und nach wächst eine außergewöhnliche und zugleich erhabene Basilika aus dem Boden, mit acht ungleichen Kuppeln, die von einer hohen, an der Spitze mit einer vergoldeten Zwiebel versehenen Pyramide überragt werden. Die mehrfarbig gerippten Knollen sind schuppenförmig in Facetten aufgeteilt und ragen starr in den Himmel, als hätte man einen Korb mit prächtigen Früchten für das Mahl eines Menschenfressers bereitet. Die Arbeiten dauern sechs Jahre.[2] Was die Ausgaben betrifft, so fallen sie unter der Bezeichnung »Kriegsentschädigung« selbstverständlich zu Lasten der Einwohner von Kasan.

---

[1] Diese Kathedrale erhebt sich an der Stelle eines Friedhofs, wo der selige Basilius, für den Iwan tiefe Verehrung hegte, begraben lag.

[2] Einer Legende zufolge, die sich jedoch nie bestätigen ließ, wurden dem Architekten von St. Basilius auf Iwans Befehl die Augen ausgestochen, damit er nirgendwo sonst eine ebenso schöne Kathedrale bauen könnte.

Sechstes Kapitel

Die Krankheit und ihre Folgen

Sobald Anastasia das Wochenbett verlassen hat, begibt sich der Zar mit ihr zum Dreifaltigkeits-Kloster. Dort tauft Nikandros, der Erzbischof von Rostow, den Zarewitsch Dimitrij am Grabmal des heiligen Sergius. Danach läßt der Zar die Taufe zweier Fürsten von Kasan vornehmen, des Knaben Utemisch Girai und des ehemaligen Gouverneurs der Stadt, Jediger Machmet. In Erinnerung an seine eigene Jugend als Waise beschließt Iwan, daß der kleine Utemisch Girai, nachdem er den christlichen Vornamen Alexander bekommen hat, im Palast leben und eine erstklassige Erziehung genießen soll. Für Jediger Machmets Taufe durch Untertauchen gefällt es dem Zaren, die religiöse Zeremonie auf den 26. Februar 1553, also im tiefsten Winter, festzulegen. Man zerschlägt das Eis der Moskwa, um den Neubekehrten, der in ein Leintuch gehüllt ist, trotz der Kälte hineinzutauchen. Nachdem der Metropolit unter freiem Himmel den Gottesdienst gefeiert hat, stellt er Jediger Machmet die Frage, ob er sich auch nicht unter dem Zwang eines äußeren Druckes entschlossen habe, den Glauben zu wechseln. »Nein«, antwortete der Tatar mit fester Stimme, »nichts hat mich dazu bestimmt als meine Liebe zu Jesus Christus und mein Haß auf Mohammed.« Als er dies gesagt hat, geht er an die aufgebrochene Stelle, gleitet in das Eiswasser und steigt sogleich zitternd und glücklich wieder aus ihm hervor. Als Christ wird er sich künftig Simeon nennen. Der Zar hält für ihn ein großes Haus im Kreml bereit, erlaubt ihm, einen eigenen Hof zu halten, und wird ihn zu der Heirat mit Maria Kutuzowa ermuntern, der Tochter eines russischen Würdenträgers.

Die Freude, die Iwan über diese drei bemerkenswerten Taufen empfindet, wird bald getrübt durch die Meldung vom Ausbruch einer Pestepidemie in Pskow. Aus Angst vor der Seuche vertreibt man vom Groß-Nowgoroder Gebiet alle Kaufleute, die aus Pskow kommen, und verbrennt ihre Waren. Doch die Mühe ist vergebens; die Ansteckung breitet sich aus, und die Nowgoroder gehen zu Tausenden zugrunde. Die Überlebenden wagen in ihrer Angst nicht mehr, die Leichen zu begraben. Der Erzbischof Serapion, der es auf sich nimmt, den Sterbenden religiösen Beistand zu leisten, kommt gleichfalls um. Ihn löst in dieser frommen Aufgabe der Mönch Pimen ab. Iwan und der Metropolit beten lange mit Pimen, bevor dieser sich auf den Weg macht. Der heilige Mann nimmt in seinem Gepäck eine beträchtliche Menge Weihwasser mit, das zur Reinigung von Nowgorod bestimmt ist. Und tatsächlich weicht das Übel kurz nach der Besprengung. Eine anderes, ebenso fürchterliches Übel folgt ihm nach. Auf dem kürzlich eroberten Gebiet von Kasan lehnen sich die wilden Stämme mongolischer Herkunft – Tscheremissen, Mordwinen, Tschuwaschen, Wotiaken und Baschkiren – gegen die Steuereintreiber auf. Sie metzeln die russischen Beamten und Kaufleute nieder und errichten siebzig Werst von Moskau entfernt eine Schanze. Der *Woiwode* Boris Saltijkow rückt mitten im Winter gegen sie an, doch seine Infanteristen und Kavalleristen sinken im tiefen Schnee ein. Die Tataren hingegen, die sich Bretter unter die Füße geschnallt haben, gleiten ihnen wie auf festem Boden entgegen. Sie umzingeln die Einheit der *Strelitzen* und vernichten sie. Nur wenigen Russen gelingt es zu entkommen. Boris Saltijkow wird gefangengenommen, und in einem wahnwitzigen Freudentaumel schneidet man ihm die Kehle durch. In Kasan fürchtet man, daß die Stadt wieder in die Hände der Ungläubigen fallen wird. Voller Unruhe bereut Iwan, daß er nicht auf die Bojaren gehört hat, die ihm geraten haben, mit der ganzen Armee an Ort und Stelle zu bleiben, bis das Gebiet vollständig unterworfen sei. Die Entmutigung bei Hofe ist so groß, daß einige Mitglieder des Rates es wagen, dem Zaren vorzuschlagen, diese Stadt, die so weit entfernt liegt und offenbar nicht gehalten werden kann, den Mohammedanern zu überlassen. Iwan ist empört und weigert sich, ihnen Gehör zu schenken, doch plötzlich lassen ihn seine Kräfte im Stich. Im März 1553, einige Tage, nachdem er die traurigen Nachrichten aus der Provinz Kasan erhalten hat, wird er schwer krank. Es ist nicht die Pest, denn die Seuche hat Moskau verschont, sondern ein entzündliches Fieber unbekannter Herkunft, das die Ärzte für unheilbar erklären.[1] Iwan glaubt, er sei verloren, und bereitet sich mit Andacht und Gebet auf den Tod vor.

Als das Volk erfährt, daß der Zar im Sterben liegt, ist es zutiefst bestürzt. Für die kleinen Leute ist Iwan aufgrund seiner so augenscheinlichen Frömmigkeit zu einer Art Heiliger geworden. Ein fordernder und bedrohlicher Heiliger zwar, der befiehlt, kämpft und straft, doch von einem makellos reinen Antlitz. Wenn Gott ihn bereits im Alter von dreiundzwanzig Jahren zu sich ruft, heißt dies, daß er ihn als zu vollkommen für das sündige Rußland erachtet. »Unsere Fehler«, sagt man in Moskau, »müssen zu zahlreich sein, wenn Gott uns einen solchen Herrscher nimmt.« Bei Tag und Nacht wartet eine in Tränen aufgelöste Menschenmenge vor dem Palast auf Nachrichten von dem Kranken. In allen Kirchen betet man für seine Heilung. Bei den Bojaren hingegen herrscht nicht Verzweiflung, sondern Ratlosigkeit. Die meisten von ihnen nähren einen stummen Haß auf den Zaren, der, nachdem er sie ausgeschaltet hat, sich seine Berater unter Männern von niederer Geburt gewählt hat. Sie sind mit der Frage der Nachfolge beschäftigt. Michailow, der Sekretär des Zaren, nähert sich dem Bett, auf dem der Monarch ruht, und wagt den Vorschlag, ein Testament aufzusetzen. Iwan stimmt ihm bei und diktiert auf der Stelle seinen Letzten Willen. Nach seinem Tod soll sein Sohn Dimitrij, der erst wenige Monate alt ist, die Krone tragen. Michailow geht sofort hinaus, um den im Nebenzimmer versammelten Bojaren das Testament zu verlesen. Es entwickelt sich eine lebhafte Auseinandersetzung zwischen denen, die bereit sind, einen Schwur auf den Zarewitsch zu leisten, und jenen, die sich dagegen sträuben. Jeder trägt seine entschiedene Meinung vor; der Ton wird lauter. Als Iwan durch die Tür die Stimmenfetzen hört, läßt er die Würdenträger zu sich rufen, die ganz erhitzt eintreten. »Wen also wollt ihr zum Zaren wäh-

---

[1] Vermutlich handelte es sich um eine Lungenentzündung.

len, wenn ihr euch weigert, meinen Sohn anzuerkennen?« sagt er mit ersterbender Stimme. »Habt ihr euren Eid vergessen, mir zu dienen, mir und meinen Kindern? Ich bin zu schwach, um lange zu sprechen. Wenn Dimitrij auch noch in der Wiege liegt, ist er dennoch euer rechtmäßiger Herrscher. Seid ihr aber taub für die Stimme eures Gewissens, so werdet ihr euch vor Gott verantworten müssen.« Da erklärt Fjodr Adaschow, der Vater von Iwans Günstling, daß er niemals einwilligen werde, sich den Brüdern der Zarin, den Sacharin-Jurijews, zu unterwerfen, die wohl für lange Zeit das Land im Namen des Kindes regieren würden. »Dies«, ruft er, »ist der wahre Grund unserer Besorgnis! Welchem Übel und welcher Pein waren wir während der Bojarenherrschaft ausgesetzt, bevor du mündig geworden bist? Es gilt, für die Zukunft ein ähnliches Unglück zu verhüten.« Die übergroße Ermattung hindert Iwan an einer Antwort. Angewidert und starr betrachtet er diese Bojaren, die vor Ehrgeiz brennen und sich um sein Erbe streiten wie Diebe nach einem Raubzug. Die Unruhe ist so groß, daß er stöhnt und sie bittet, den Raum wieder zu verlassen.

Zwei Parteien, die sich entschlossen gegenüberstehen, zeichnen sich ab. Die eine, unter dem Einfluß des Sekretärs Michailow, favorisiert das Kind in den Windeln und eine Regentschaft unter der Familie der Zarin. Die andere will weder das Wickelkind noch Jurij krönen, Iwans Bruder, der von der Natur stiefmütterlich behandelt wurde und über keinerlei Urteilskraft verfügt, sondern Wladimir Andrejewitsch, den Fürsten von Stariza und leiblichen Vetter des Zaren, einen Mann von Geist, der in der Kriegskunst wie in der Politik gleichermaßen bewandert ist.

Am nächsten Tag bezwingt Iwan seine grenzenlose Erschöpfung und beschwört von neuem die Widersacher, sich seinem Willen zu beugen. »Zum letzten Mal«, flüstert er, »fordere ich von euch den Eid. Küßt das Kreuz. Erlaubt den Verrätern nicht, sich dem Zarewitsch zu nähern. Rettet ihn vor ihrem Zorn… Ungeachtet dieser feierlichen Ermahnung gehen die Streitigkeiten am Bett des Sterbenden weiter. Nur wenige leisten den Eid und küssen das Kreuz. Alexej Adaschow und Sylvester wahren trotz ihrer Zuneigung für die Person des Monarchen eine abwartende Neutralität. In der

Sorge um ihre Zukunft am Hofe setzen sie auf Wladimir Andrejewitsch und glauben, daß er sie, wenn er einmal auf den Thron gelangt ist, dafür belohnen werde, seine Sache unterstützt zu haben. Iwan wittert die Kehrtwendung seiner engsten Berater und leidet darunter. Nun ist ihm klar, daß nach seinem Tod seine Entscheidungen nicht befolgt werden. Die zwei Cliquen werden sich gegenseitig zerfleischen wie einst in seiner Kindheit. Rußland fällt ein weiteres Mal den blutigen Rivalitäten der Bojaren zum Opfer. In einer letzten Anwandlung von Hoffnung leistet er den Schwur, mit seiner Frau und seinem Sohn eine lange und beschwerliche Pilgerfahrt zum Kloster des heiligen Kirill, nahe bei Kirillow im Norden des Landes, auf sich zu nehmen, wenn Gott ihn am Leben erhält. Mit geschlossenen Augen verharrt er in solcher Reglosigkeit im Gebet, daß seine Umgebung glaubt, das Koma sei eingetreten. In Wahrheit jedoch beginnt das Fieber nach diesem Höhepunkt zu fallen, Iwan verspürt fast augenblicklich Erleichterung und begreift, daß er gerettet ist. Die Ärzte sprechen von einer »günstigen Krise«, die die Genesung beschleunigt habe, indem sie an den Lebensgeistern rüttelte. Was die Bojaren anbelangt, so betrachten sie mit Furcht die raschen Fortschritte des Genesenden. Die Hauptbetroffenen fragen sich, welche Rache der Zar, der auf so wunderbare Weise wieder auferstanden ist, zur Strafe ihres Verrats über sie verhängen wird. Wird er sie köpfen, einkerkern, vernichten oder einfach verbannen?

Iwan, der sie während seiner Jugendzeit hassen lernte, hat seinen Groll während der letzten Jahre ein wenig vergessen. Und nun sieht er sich wieder denselben Feinden wie damals gegenüber: den Bojaren, wieder den Bojaren, die anmaßender und hinterlistiger sind denn je. Als er auf seinem Sterbebett zu Gott flehte, hat er dennoch versprochen, daß er im Falle seiner Genesung denen, die auf seinen Tod spekuliert haben, als wahrer Christ verzeihen werde. Nachdem er wiederhergestellt ist, begnügt er sich folglich damit, sich am Anblick ihrer Furcht und Erniedrigung zu weiden. Als der führende Thronprätendent, Wladimir Andrejewitsch, sich mit gesenktem Blick und übertrieben höflicher Miene vor ihm verneigt, um ihn zu seiner wiedererlangten Gesundheit zu beglückwünschen, tätschelt er ihm den Kopf und richtet einige liebenswürdige Worte an ihn. Durch solche Milde ermutigt, versichern auch die anderen Bojaren dem Monarchen, wie froh sie sind, ihn so wohlauf zu sehen. Er hört ihnen zu, sagt ihnen Dank und erspäht nur Lüge auf ihren Lippen und in ihren Augen. Selbst der ehrenwerte Sylvester und der ergebene Alexej Adaschow tragen ein geheucheltes Glück zur Schau, als sie sich ihm nähern. Er hat das Vertrauen zu ihnen verloren. Ihre Abtrünnigkeit hat ihn einsam, enttäuscht, verbittert und eisig gestimmt. Übrigens rät Anastasia, die einst die Freundschaft ihres Gatten für diese bemerkenswerten Männer gefördert hatte, ihm heute, ihnen kein Vertrauen mehr zu schenken. Haben sie nicht mehr oder weniger offen mit denen unter einer Decke gesteckt, die sie und ihren Sohn dem Ehrgeiz Wladimir Andrejewitschs opfern wollten? Der Zar fragt Alexej Adaschow und Sylvester nicht weniger häufig nach ihrer Meinung. Doch der Ton ihrer Unterredungen ist nicht mehr derselbe. Eine gewisse Frostigkeit herrscht bei ihren Zusammenkünften. Iwan hat sich in der Gewalt, er wacht über sich wie über die andern. Manchmal blitzt ein grausames Funkeln in seinen Augen auf. Er hat Gott offenbar geschworen, die Schuldigen zu verschonen. Doch nach Ablauf einer vernünftigen Frist kann ein Schwur gebrochen werden, ohne daß der Himmel Verdacht schöpft. Einen Eid jedoch will Iwan, sobald er die Kraft hat, einen Fuß vor den andern zu setzen, auf jeden Fall erfüllen: sich mit seiner Familie auf Pilgerfahrt in den Norden zu begeben. Die Räte der *Rada* halten ihm vor, daß er noch nicht ausreichend wiederhergestellt sei, die Beschwernisse der Reise gefährlich für seinen kleinen Sohn sein könnten und er besser daran täte, in der Hauptstadt zu bleiben, um die besorgniserregende Lage in Kasan, wo sich die Aufstände mehren, in Ordnung zu bringen. Sylvester und Alexej Adaschow drängen ganz besonders darauf, daß er auf die Reise verzichtet. Fürchten sie vielleicht, daß sich manche der in die Klöster verbannten Prälaten bei dem Herrscher über seine engsten Mitarbeiter beklagen könnten? Alles, was sie bei Iwan erreichen, ist die Zubilligung, daß er sich vor der Abreise nach Kirillow in das Dreifaltigkeits-Kloster begibt, um in der Frage einen frommen Einsiedler, Maxim den Griechen, um seine Mei-

nung zu bitten. Dieser hochgebildete Mönch, der in Albanien geboren und in einem Kloster auf dem Berg Athos aufgezogen worden ist, war von dem Großherzog Wassilij III., Iwans Vater, nach Rußland gerufen, später aber verbannt worden, weil er die Wiederverheiratung des Herrschers mit Helena Glinskaja getadelt hatte. Nach einundzwanzig Jahren Gefängnis hat Iwan selbst den Greis freigelassen und in das Dreifaltigkeits-Kloster gebracht. Dort ist er zum Symbol der Entsagung, Weisheit und Heiligkeit geworden.
Als Iwan die Zelle Maxims des Griechen betritt, weiß er nicht, daß Sylvesters und Alexej Adaschows Boten den heiligen Mann angefleht haben, ihn zum Verzicht auf sein Vorhaben zu bewegen. Nach einigen Begrüßungsworten sagt der Greis zu seinem Besucher: »Schickt es sich für dich, mit deiner jungen Frau und deinem Sohn eine beschwerliche Reise zu unternehmen, um in der Ferne von Kloster zu Kloster zu irren? Kann ein Schwur, den der Verstand verurteilt, Gott wohlgefällig sein? Es ist unnütz, in der Wüste den Einen zu suchen, der überall ist!« Und er versichert dem Zaren, daß für ihn die beste Art, dem Allmächtigen zu danken, darin bestehe, einen neuen Feldzug gegen die Tataren zu unternehmen. Iwan läßt sich nicht beirren. Er wird nach Kirillow gehen, nicht nur, weil er es Gott versprochen hat, sondern auch, weil seine Mutter dieselbe Pilgerfahrt auf sich genommen hat, als sie mit ihm schwanger war. In seiner Gedankenverwirrung bedarf er dieser Rückkehr an die Quelle des Lebens. Um ihn abzuschrecken, offenbart Alexej Adaschow ihm eine Weissagung, nach der er für den Fall, daß er auf seinem widersinnigen Vorhaben bestehe, den Zarewitsch Dimitrij nicht lebend zurückbringen werde. Diese Drohung erzürnt den Monarchen. Er glaubt, daß sie Alexej Adaschows und Sylvesters persönlichen Sorgen entspringt. Haben sie etwa die Absicht, ihn noch länger am Gängelband zu führen? Gott kann nicht den Wunsch des Zaren mißbilligen, den Reliquien der Glaubensmärtyrer seine Ehrbezeigung zu erweisen.
Nach der Osterfeierlichkeit wartet er die Schneeschmelze ab und bricht mit seinem Bruder Jurij, seiner Frau und seinem Sohn unter dem Schutz eines vielköpfigen Geleits auf. Die Reise erfolgt hauptsächlich zu Schiff. In einem abgelegenen Kloster trifft er einen al-

ten, rachsüchtigen Mönch namens Wassjan, den ehemaligen Bischof von Kolomna. Seitdem ihn die Bojaren zur Zeit von Iwans Unmündigkeit verbannt haben, hegt er einen wilden Haß gegen den Adel. Ehrerbietig befragt ihn der Herrscher, auf welche Weise man das Land am besten regiere. Wassjans Augen funkeln vor böser List, als er sich zu dem Zaren beugt und ihm ins Ohr sagt: »Wenn du ein Alleinherrscher sein willst, dann höre nicht auf den Ratgeber, der klüger ist als du, denn du bist besser als sie alle. Nur so wirst du allein der Herr sein und alles in deinen Händen halten. Wenn du hingegen von Männern umgeben bist, die klüger sind als du, wirst du ihnen unweigerlich gehorchen müssen.« Diese Worte decken sich so genau mit Iwans geheimsten Gedanken, daß er die Hand des Mönches ergreift, sie untertänig küßt und andächtig flüstert: »Mein Vater hätte mir keinen besseren Rat gegeben.« Diese Ermahnung zu Macht und Einsamkeit wird er niemals vergessen.
Am nächsten Tag setzt er seine Reise über die Dubna, Wolga und Scheksna fort. Begeisterte Menschenmengen säumen seine Straße. Er sucht alle Klöster auf, die an seinem Weg liegen. Als er in Kirillow eintrifft, stirbt plötzlich das Kind an einer Erkältung, die es sich bei einer der erschöpfenden Etappen zugezogen hat. Auch Anastasia ist krank. Von Gram gebeugt, ordnet Iwan die sofortige Rückkehr an.
So hat sich die fürchterliche Weissagung erfüllt. Der Himmel, dem der Zar dafür danken wollte, daß er ihn am Leben erhalten hat, nahm zum Tausch das Leben seines Sohnes. Ist das gerecht? Ist das vernünftig? Nein, nein, dahinter steckt irgendeine Niedertracht. Da er nicht zugeben kann, daß Gott ihn heimgesucht hat, als er um seinen Segen bat, glaubt er an Hexerei. Jemand hat den unglücklichen Zarewitsch verwünscht. Und die Verantwortlichen können nur diejenigen sein, die ihm von der Reise abgeraten haben: Alexej Adaschow und Sylvester. Aus Mangel an Beweisen zögert er, sie so zu bestrafen, wie sie es verdienen. Doch seine Verzweiflung nährt seinen Zorn.
Als Iwan mit dem Sarg seines Sohns nach Moskau zurückkehrt, hat er sich wieder in der Gewalt. Im Juni wird Dimitrij in der Erzengel-Michael-Kathedrale begraben, zu Füßen seines Großvaters,

des Großfürsten Wassilij III. Neun Monate später, am 28. März 1554, kommt Anastasia wieder mit einem Knaben nieder, Iwan. Die Trauer wird aufgehoben. Hoffnung lebt wieder auf am Hofe und im Volk. Iwan sagt sich, daß Gott es nach einem unverständlichen Zerwürfnis für gut befunden habe, sich wieder mit ihm zu versöhnen. Unter diesen Umständen darf er sich nicht weniger großzügig und nachsichtig mit seiner Umgebung zeigen. Er verhehlt seinen Groll, schenkt Alexej Adaschows und Sylvesters Ratschlägen wieder wohlwollendes Gehör, gibt sich freundlich gegenüber seinem Vetter, dem Möchtegern-Usurpator Wladimir Andrejewitsch, und übt keinerlei Vergeltung an den Bojaren, die sich während seiner Krankheit gegen ihn aufgelehnt haben.

Seine dauernde Sorge bleibt die Befriedung des Gebiets von Kasan. Um die aufständischen Tataren niederzuzwingen, bringt er ein beachtliches Heer auf die Beine und überträgt das Kommando Mikulinskij, Peter Kurbskij, Peter Morosow und Scheremetjow, alles tatkräftige und erprobte Männer. Er selbst nimmt diesmal nicht an dem Feldzug teil. Die Truppen treten während des Winters 1553–1554 bei unerbittlicher Kälte in Aktion. Die Russen handeln rasch, greifen die nicht unterworfenen Stämme unbarmherzig an, schleifen einige Schanzen der Mohammedaner, töten Tausende von Männern, nehmen eine große Anzahl Frauen und Kinder gefangen und erreichen, daß alle Bewohner der Gegend die Herrschaft des Zaren anerkennen und sich bereit erklären, Steuern zu zahlen. Im Jahre 1555 wird das dem Christentum zurückgewonnene Gebiet zum Bistum erhoben. Die Bekehrungen vervielfachen sich. Iwan sendet allen seinen Befehlshabern Medaillen. Er ist sich bewußt, daß er zum ersten Mal seit Jahrhunderten das Kräfteverhältnis zwischen dem Orient und Moskau umgekehrt hat. Einst waren es die Tataren, die Rußland mit ihren ständigen Invasionen und Verwüstungen demütigten. Nun ist es Rußland, das mit all seiner Macht die Grenzen der islamischen Welt einschränkt und unmittelbar die Krim bedroht.

Doch während der Zar voller Genugtuung auf seine Grenzen im Osten und Süden schaut, wird er durch ein unglaubliches Ereignis an das Vorhandensein eines westlichen Europas erinnert, das jenseits seines politischen Horizontes liegt. Ein Bote, der vom St.-Nikolaus-Kloster am Weißen Meer gekommen ist, meldet ihm, daß ein ausländisches Schiff von großer Tonnage am 24. August in der Dwina-Mündung[1] Anker geworfen habe, daß Männer, die eine unbekannte Sprache sprächen, an Land gegangen seien, daß sie zwar von guten Absichten erfüllt schienen, doch man nicht wisse, was man mit ihnen tun solle. Erkundigungen ergeben, daß es sich um ein englisches Schiff handelt, die *Edward Bonaventura* unter dem Kommando von Kapitän Richard Chancellor. Dieses Schiff ist als einziges von der Expedition Sir Hugh Willoughbys übriggeblieben, die ausgesandt worden war, um eine Nordost-Route nach Indien zu entdecken. Die beiden anderen Schiffe sind im Sturm zerschellt und ihre Besatzungen im Eis umgekommen. Als Richard Chancellor erklärt, er trage eine Botschaft seines Königs Edward VI. für den Zaren bei sich, befiehlt Iwan, daß auf seine Kosten Pferde und Schlitten für die Reisenden bereitgestellt werden. Die Gesandtschaft trifft im Dezember 1553 nach mehreren Wochen ermüdender Fahrt durch Schneewüsten in Moskau ein. Iwan ist bestrebt, den Fremden durch die Großartigkeit seines Hofes zu beeindrucken und empfängt Richard Chancellor in feierlicher Audienz. Er trägt ein langes Gewand von Purpur und Gold, auf dem Kopf einen spitz zulaufenden, mit Zobel drapierten Hut und sitzt in steifer Würde auf einem goldenen Thron, während sich um ihn herum eine Versammlung in stummer Verehrung schart. Richard Chancellor überreicht ihm den Brief seines Herrschers, der in Englisch und Latein geschrieben ist. Ein Dolmetscher übersetzt die wichtigsten Passagen: »Edward VI. wünscht Euch allen, Zaren, Fürsten, adligen Herrn und Richtern aller Länder und Gegenden unter der Sonne, ihnen sowie ihren Staaten Friede, Eintracht und Ruhm. Der Allmächtige hat den Menschen mit einem fühlenden Herzen versehen, damit er Gutes tue an seinesgleichen, vor allem an den Reisenden, die aus fernen Ländern kommen und durch ihre gefahrvollen Abenteuer beweisen, wie sehr sie wünschen, Bande

[1] Dort wird sich dreißig Jahre später die Stadt Archangelsk erheben.

Moskau, Roter Platz, St.-Basilius-Kathedrale, ursprünglich Kathedrale zur Fürbitte der Heiligen Jungfrau (1554–1560). Photo San-Viollet.

Iwan der Schreckliche, niederländische Radierung. Paris, Bibliothèque Nationale, Estampes. Photo B. N.

Iwan der Schreckliche. Russisches Bildnis, 16. Jahrhundert. Kopenhagen, Nationalmuseet. Museumsphoto.

der Liebe und Brüderlichkeit mit anderen Menschen zu knüpfen... Ein jeder Mensch hat das Recht auf Gastfreundschaft. Doch die Kaufleute müssen sich ihrer besonders erfreuen, da sie Meere und Wüsten durchqueren, um die entferntesten Länder und ihr Vaterland durch einen vorteilhaften Austausch ihrer jeweiligen Waren zu bereichern... So möget Ihr, Zaren, Fürsten und Herrscher, unsere Bitte beherzigen und diesen Reisenden freies Geleit in Euren Staaten gewähren... Bietet ihnen Hilfe und Beistand an... Handelt an ihnen so, wie Ihr wollt, daß wir an Euren Untertanen handeln!«

Iwan, der für diese Sprache sehr empfänglich ist, gibt den Engländern ein Gastmahl von hundert Gängen, dargereicht auf goldenem Geschirr von einhundertfünfzig Dienern, die ihre Livrée dreimal während des Mahls wechseln. Fünf Stunden weilt man bei Tisch. Man reicht gepfeffertes Elchshirn, Ingwerhuhn, gefüllt Fische... Vom Wein angeheitert, verständigen sich die russischen Gastgeber durch Gesten mit den englischen Seeleuten. Man lächelt und prostet einander mit von Öl triefenden Mündern zu. Neugierig nimmt Richard Chancellor den Palast in Augenschein. Die Einrichtung erscheint ihm prächtig und bäurisch zugleich: Ein gedrängtes Mobiliar, Bänke, beschlagene Truhen, Tische aus rohem Holz, Kachelöfen, die bis zur Decke reichen, und daneben Teppiche, Brokat, Samt und Pelze in verschwenderischer Fülle... Kein Gemälde, kein Spiegel, aber überall Ikonen. Einmal glaubt man, in einer Karawanserei, dann wieder, in einer Kirche zu sein. Die Luft riecht nach Weihrauch, Bienenwachs und dem heißen Öl der Leuchter. Umgekehrt betrachtet Iwan mit Verwunderung die Engländer, die ihm vorkommen, als seien sie vom Mond gefallen, so sehr befremden ihn ihr Aufzug und ihr Benehmen.

Im Februar 1554 übergibt er Richard Chancellor eine Antwort auf russisch und deutsch für »seinen Bruder und Vetter Edward«. Er versichert ihm, daß die englischen Kaufleute sich in Rußland »unter unserem Schutz frei bewegen dürfen und als Freunde behandelt werden«. Doch wird diesen Brief nicht Edward VI., sondern Maria Tudor lesen, die neue Königin von England und Irland.

Nach Richard Chancellors Abreise geht Iwan die englische Fata

Morgana nicht mehr aus dem Sinn. Dieses unwirkliche Land, von dem Händler und Seefahrer ausziehen, muß, so scheint ihm, am Ende der Welt liegen. Als er mit seinen Vertretern in Kontakt getreten ist, war ihm, als hätte er die Gesetze des Raumes aufgehoben. Doch darf er sich solchen Träumereien nicht hingeben. Da ist die russische Wirklichkeit mit all ihren Zwängen, an die Sylvester und Alexej Adaschow ihn täglich erinnern. Um den Feldzug gegen Kasan zu Ende zu führen, muß das Gebiet von Astrachan, dessen Fürst von einem heiligen Zorn gegen die Russen erfüllt ist, nach Süden gedrängt und unterworfen werden. Da der Khan der Krimtataren seine Truppen nach seiner Niederlage von 1552 gegen die Russen noch nicht wieder aufgefüllt hat, scheint der Augenblick gut gewählt. Der Fürst Jurij Schemiakin übernimmt das Kommando über ein Heer von Kosaken, *Strelitzen*, Wotiaken und jungen Adligen. Die Soldaten schiffen sich auf der Wolga ein und fahren singend den Fluß hinunter. Das Ufer liegt wie ausgestorben da. Nicht der Schatten von einem Feind. Die Pfeile bleiben im Köcher, und die Tapferen klagen über ihre Untätigkeit. Dann stehen sie vor Astrachan. Doch die Garnison der Tataren hat die Flucht ergriffen. Man verfolgt und vernichtet sie. In der aufgegebenen Stadt befinden sich die fünf Frauen des Fürsten. Die werden nach Moskau geschickt. Der Tatar Derbisch wird zum Gouverneur der Stadt ernannt. Die Einwohner leisten einen Schwur auf den Zaren und versprechen, ihm jährlich einen hohen Tribut an Silber zu entrichten, der sich um die Entsendung von dreitausend Stören[1] vermehrt. Durch diese leichte Eroberung gewinnt Rußland Zugang zum Kaspischen Meer. Nun hat es den gesamten Verlauf der Wolga unter Kontrolle, von der Quelle bis zum Delta. Die Unterwerfung der Nomadenstämme garantiert die Festigung seiner Ostgrenze; Persien und Zentralasien öffnen sich für seinen Handel und fürchten sein Heer.

Der Zar erhält die Nachricht von diesem Erfolg am 25. August 1554, seinem vierundzwanzigsten Geburtstag. Bei der Vorstellung,

---

[1] Fisch des Schwarzen Meeres (A.d.Ü.).

daß Astrachan, die Hauptstadt eines tatarischen Khanats[1], die zwei Jahrhunderte zuvor von Tamerlan gegründet wurde, in seine Hände gefallen ist, gerät er außer sich vor Freude. Sofort feiert man ein *Te Deum*. Die vornehmsten Gefangenen werden getauft. Iwan setzt eine neue Eingangsformel für die Abfassung seiner Erlässe und Briefe auf: »In diesem einundzwanzigsten Jahr unserer Herrschaft über Rußland, dem dritten nach Kasan, dem ersten nach Astrachan.« Im Augenblick scheint ihm sein Ruhm so gefestigt, daß er niemand in seiner Umgebung mehr fürchtet. Nachdem er seinem Mißtrauen gegenüber seinem Vetter, dem Fürsten Wladimir Andrejewitsch, Ausdruck verliehen hat, schenkt er ihm wieder seine Freundschaft und setzt ihn durch ein neues Testament als Regenten und Statthalter des Landes ein für den Fall, daß er sterben sollte. Wladimir Andrejewitsch ist von so viel Wohlwollen zu Tränen gerührt und schwört, ihm, dem Zarewitsch und der Zarin, die Treue zu halten. Mit dieser Entscheidung kehrt er seinen ehemaligen Parteigängern, den Bojaren und sogar seiner Mutter, der intriganten Fürstin Elfrosinia, den Rücken. Von ihm im Stich gelassen, denken einige Fürsten daran, nach Litauen zu fliehen. Die Fürsten Simeon und Nikolaj Rostowskij werden an der Grenze festgenommen. Simeon wird zum Tode verurteilt. Doch auf Einschreiten Sylvesters, des Metropoliten Makarij und Alexej Adaschows kann er seinen Kopf retten und wird nur in die Verbannung geschickt. Die restlichen Mitglieder der Familie, die man »wegen Schwachsinns« entmündigt, werden in eine überwachte Freiheit entlassen. Doch die Schande bleibt mit dem Namen dieser unglücklichen Emigranten verbunden.

Im folgenden Jahr, 1555, kehrt der Engländer Richard Chancellor mit zwei Schiffen nach Rußland zurück, im Auftrag der *Gesellschaft englischer Kaufleute für die Entdeckung neuer Märkte*, gewöhnlich *Englische Gesellschaft* oder *Russische Gesellschaft* genannt. Die Agenten der *Gesellschaft* sind mit der Vollmacht ausgestattet, einen Handelsvertrag mit dem Zaren abzuschließen. Iwan

---

[1] Bildung wie »Kalif-at« (A.d.Ü.).

empfängt sie an seinem Tisch, dankt ihnen für den äußerst verbindlichen Brief seiner »liebsten Schwester Maria« (Maria Tudor) und unterzeichnet eine Charta, die die englischen Untertanen berechtigt, in allen Städten Rußlands ohne Einschränkung oder Abgabepflicht freien Handel zu treiben. Die Einfuhrgüter werden in der Hauptsache Waffen, Stoffe und Zucker sein. Am 21. Juli 1556 reist Richard Chancellor an der Spitze von fünf reich beladenen Schiffen, unter Begleitung eines Gesandten des Zaren, Jurij Grigorjewitsch Nepea, wieder nach England ab. Doch ein gewaltiger Sturm packt die Schiffe und treibt sie auseinander. Sie zerschellen an den Riffen. Richard Chancellor kommt um, er ertrinkt, das schottische Ufer vor Augen. Nur die *Edward Bonaventura* erreicht London, mit Nepea, der mehr tot als lebendig ist, an Bord. Der freundliche Empfang durch die Königin und ihren Gemahl, Philipp II. von Spanien, tröstet den Gesandten über den Verlust seines Gepäcks hinweg. Voller Verwunderung besichtigt er London, nimmt während der feierlichen Verleihungszeremonie des Hosenbandordens auf einem Podium in der Nähe der Königin Platz, erhält von der *Gesellschaft* eine Goldkette im Wert von einhundert Pfund Sterling und nimmt als Geschenk für seinen Herrn schillernde Stoffe, Prunkwaffen sowie einen Löwen und eine Löwin entgegen. Doch vor allem gehorcht er dem Willen des Zaren und wirbt Handwerker, Bergleute und Ärzte an, um sie mit nach Moskau zu nehmen. In der Tat erkennt Iwan trotz seines grenzenlosen Nationalstolzes, daß die Russen als ein derbes und träges Volk einige Ausländer bei sich aufnehmen müssen, um sich Bruchstücke von ihrem Wissen anzueignen.

All diese Leute gehen an Bord eines Schiffes der *Gesellschaft* unter dem Kommando von Anthony Jenkinson. Diesmal verläuft die Reise ohne Zwischenfälle. Nepea berichtet dem Zaren von den Zeichen der außerordentlichen Wertschätzung, die ihm zuteil wurde, bestätigt ihm die Gegenseitigkeit der Handelsvorteile, die man den Engländern gewährt hat, versichert ihm, daß jene Leute, obwohl sie nicht russisch sprächen, Rußlands wertvollste Freunde seien, und überreicht ihm Briefe von Maria Tudor und Philipp II., in denen er mit dem Titel »erhabener Kaiser« angeredet wird. Iwan fühlt sich in seinem Stolz geschmeichelt, und ihm schwant bereits eine mögliche Allianz zwischen seinem eigenen weiten, mächtigen und barbarischen Land und dieser weit entfernten Insel, der Heimat von Seefahrern, Gelehrten und abenteuerlustigen Kaufleuten.

Siebtes Kapitel

Livland

Wenn die Herrscher von England Iwan mit dem Titel »erhabener Kaiser« ehren, so gilt dies nicht für Sigismund August, den Großherzog von Litauen und Wahlkönig von Polen. Um seine Ablehnung zu rechtfertigen, erklärt er hochmütig, »er möge keine Neuerungen«, und seines Wissens besäßen allein der Herr des Heiligen Römischen Reiches Deutscher Nation und der Sultan Anspruch auf diese hervorragende Bezeichnung. Auf der anderen Seite ist er der Meinung, daß Polen als ein katholisches, humanistisches, wohlhabendes und zivilisiertes Land sich nicht vor dem orthodoxen und primitiven Rußland zu neigen brauche. Er mißachtet Iwans Ansprüche und akkreditiert seine Gesandten bei »Seiner Majestät, dem Großherzog von Moskau« und nicht bei »Seiner Majestät, dem Zaren von Rußland«. Beleidigt richtet Iwan seine Botschaften an den »Großherzog von Litauen«, wobei er es absichtlich unterläßt, Sigismund August »König von Polen« zu nennen.

Dieser Austausch von Unhöflichkeiten trübt die Beziehungen der beiden Höfe. Im Jahre 1553 weist der Zar, als Sigismund Augusts neue Gesandte in Moskau eintreffen, ihre Beglaubigungsschreiben zurück, lädt sie nicht an seinen Tisch und erklärt, er sehe keine Möglichkeit, ein Abkommen über einen ewigen Frieden, wie man ihm vorschlage, mit einem Land zu unterzeichnen, das die Größe Rußlands und seines Monarchen verkennt. Um seinen Forderungen Nachdruck zu verleihen, beruft er sich auf den Brief der Herrscher von England, die ihm sehr wohl den Kaisertitel zuerkennen, und auf seine glanzvolle Eroberung von Astrachan. Sigismund August gratuliert ihm in einer Antwort zu seinem Sieg über die Ungläubigen, doch bleibt er hartnäckig dabei, ihn Großherzog von Moskau zu nennen. Zur gleichen Zeit schickt er noch einen Gesandten zu ihm, einen Adligen, Tischkowitsch, um anzuregen, einen gerechten und dauerhaften Frieden zwischen den beiden Staaten zu schließen. Iwan empfängt den Edelmann nicht einmal. Tatsächlich aber betrifft Iwans eigentliche Verärgerung nicht das Protokoll. Er teilt mit dem ganzen russischen Volk eine tief verwurzelte Abneigung gegen die Polen. Wie seine Vorfahren träumt er davon, Kiew von der polnischen Herrschaft zu befreien. Doch er zögert, sich in einen neuen Krieg zu stürzen, solange die Tataren sich im Osten und Süden des Landes noch rühren.

Erst nachdem er erfahren hat, daß die Truppen Dewlet Girais, des Khans der Krimtataren, zurückgedrängt worden sind, widmet er sich wieder seinem alten Projekt, eisfreie Häfen im Baltikum zu gewinnen[1]. Er empfindet diese Notwendigkeit auf nahezu körperliche Weise, wie eine Atemnot. Seine Brust wird eingeschnürt durch die Unmöglichkeit, die Grenzen Rußlands bis zum Meer auszuweiten. In seinen Augen bedeuten Polen, Litauen, Schweden und Livland[2] ebenso viele Hindernisse für die Ausdehnung der Russen auf schiffbare Gewässer. Livland stellt mit seinen reichen Städten Riga, Rewal und Dorpat eine fette Beute dar. Die Bevölkerung, die sich aus Finnen, Letten und Deutschen zusammensetzt, wird von einem Ritterorden regiert, den Rittern des Schwertbrüderordens, mit einem Großmeister an ihrer Spitze. Doch diese Ritter, die zur Reformation übergetreten sind, leben in Wollust, Müßiggang und Verfall. Einstmals gefürchtet, sind sie nichts mehr als ein Haufen von adligen Weichlingen und Fressern. So ist ihr Land der Schlüssel zum Baltikum. Diese Argumente, die Iwan vor der *Rada* entwikkelt, werden von Sylvester und Alexej Adaschow heftig bekämpft, die beide dafür plädieren, die Operationen gegen die Krimtataren fortzusetzen. Sylvester läßt sich von seiner Überzeugung hinreißen und droht dem Zaren sogar mit Gottes Flammenschwert, wenn er auf den Kampf gegen die Ungläubigen verzichtet, um statt dessen

---

[1] Dieses Projekt wird die fixe Idee Peters des Großen sein und seine gesamte Außenpolitik beherrschen.

[2] Livland war ein Territorium, das sich aus dem heutigen Ostpreußen, einem Teil von Lettland und Estland zusammensetzte.

Livland anzugreifen. Iwan ist wütend auf seine Berater und schickt sie barsch fort. Nichts vermag ihn von seinem Vorsatz abzubringen. Im Jahre 1554 verlangt er vom Bischof von Dorpat die Überweisung von fünfzigtausend Talern, indem er eine angebliche Schuldverschreibung der Stadt an den Zaren vorlegt, die seit 1503 fällig ist. Nach Ablauf von drei Jahren werden Abgeordnete des Schwertbrüderordens in Moskau vorstellig, um einen Aufschub zu erbitten, da es ihnen nicht möglich gewesen sei, rechtzeitig die geforderte Summe aufzubringen. Der Zar erklärt ihnen kurz und bündig: »Wenn ihr euch weigert, eure Versprechungen zu erfüllen, werden wir Mittel finden, uns selber zu nehmen, was uns gehört.« Und er jagt sie aus seinen Augen. Sie kommen wenig später zurück, mit guten Worten zwar, aber immer noch ohne Geld. Darum lädt Iwan sie zum Essen ein und läßt vor ihnen nur leere Teller decken. Mit nüchternem Magen stehen sie vom Tisch auf und kehren mit gesenkten Häuptern nach Dorpat zurück.
Am 22. Januar 1558 dringt eine russische Armee von vierzigtausend Mann in Livland ein. Unter dem Kommando von Schigalej, dem ehemaligen Khan von Kasan, der in den Dienst Rußlands übergewechselt ist, verwüstet diese Truppe, die sich im wesentlichen aus Tataren, Nowgorodern und Pskowitern zusammensetzt, ein wehrloses Land, brennt, mordet, plündert, beraubt Gräber, schändet Frauen, bindet sie danach an Bäume und durchlöchert sie mit Pfeilen. Am 12. Mai wird Narwa im Handstreich genommen. Die meisten der Einwohner werden Haus für Haus inmitten von Flammen und Rauch umgebracht. Die Überlebenden schwören einen Eid auf den Zaren. Ein orthodoxer Erzpriester wird herbeigeschickt, um durch Prozessionen, Weihwasserbesprengungen und Gebete die Stadt zu reinigen. Es wird gemunkelt, daß der Brand der Stadt von betrunkenen Deutschen herbeigeführt worden sei, die bei einem russischen Kaufmann eingetreten wären und an dessen Ikone der Heiligen Jungfrau Feuer gelegt hätten. Das heilige Bildnis habe nicht gebrannt, sondern eine gewaltige Glut entfacht. Die Angreifer hätten dies ausgenutzt, um die Verteidiger zu überraschen und in Stücke zu schlagen. Sobald die Ikone wiedergefunden worden ist, unversehrt, ist der Brand von selbst erloschen.

Sofort wird Befehl gegeben, eine Kirche zu bauen, wo das wundertätige Bildnis zur Verehrung der Gläubigen ausgestellt werden soll. Schließlich bekommt Narwa, »von der römischen und lutherischen Religion gereinigt«, das Privileg, mit Rußland freien Handel zu treiben. Zwei Monate später, am 18. Juli, kapituliert Dorpat vor den Regimentern der Fürsten Peter Schuiskij, Peter Serebrijanij und Andrej Kurbskij. Peter Schuiskij zieht als Triumphator in die Stadt ein und befiehlt seinen Soldaten, die Bevölkerung zu schonen. Mit solcher Sanftmut erobert er sich die Herzen der Livländer. »Sogar die Frauen«, schreibt der Chronist, »haben keine Angst mehr, sich zu zeigen, nachdem sie sich von ihrem Schrecken erholt haben.« Diese Vorzugsbehandlung, die Dorpat gewährt wurde, veranlaßt ungefähr zwanzig zweitrangige Städte, den Russen ihre Unterwerfung anzubieten. Der alte Fürstenberg, Großmeister des Schwertbrüderordens, verzichtet auf sein Amt. Der junge Gotthard Kettler, sein Nachfolger, müht sich vergebens, den Patriotismus seiner Mitbürger neu zu beleben. Sie haben kein Vertrauen mehr in die Kraft des Ordens und denken nur daran, wie sie am besten mit den Feinden auskommen können. Mit viel Mühe gelingt es Kettler, ein paar tausend Mann auszuheben. Als letztes Mittel fleht er seine Nachbarn um Hilfe an. Doch Kaiser Karl V., der ihm hätte helfen können, hat gerade abgedankt, um sich von der Welt zurückzuziehen. Und Ferdinand I. von Habsburg, der ihm nachfolgt, fürchtet zu sehr die Macht der Türken, um sich für das unglückliche Livland zu interessieren. Auch die anderen Herrscher sträuben sich gegen ein direktes Eingreifen. Polen, Schweden und Dänemark begnügen sich damit, die Schiffe, die den Hafen von Narwa anlaufen, festzusetzen. Iwan antwortet Kettler, der einen Waffenstillstand vorschlägt, mit eisiger Ironie: »Ich erwarte dich in Moskau, und deine Begnadigung wird von der Zahl und Demut deiner Kniefälle abhängen.« Der Großmeister des Ordens kann eine solche Entwürdigung nicht hinnehmen, der Kampf wird heiß und mörderisch bis an den Stadtrand von Riga fortgesetzt.
Im September 1559 erlangt Kettler, ein angenehmer und überzeugungskräftiger Mann, endlich den Schutz Polens. Sigismund August verpflichtet sich, den Schwertbrüderorden zu verteidigen, und

bemißt die Rückzahlung für die Zeit nach dem Sieg auf einen Tribut von siebenhunderttausend Gulden. Nachdem er die Abmachung unterzeichnet hat, fordert er Iwan kategorisch auf, Livland, das ab sofort unter seinem Schutz stehe, zu räumen. »Livland ist von alters her eine Provinz, die Rußland und nicht eurem Herrscher Tribut schuldet«, antwortet Iwan den Bevollmächtigten, die ihm den Brief überreichen. »Ich strafe es nun für seine geringe Treue, seine schändlichen Intrigen, seine Verbrechen und die Verwüstung unserer Tempel.« Dennoch verspricht er einen Waffenstillstand von ein paar Monaten.

In Wahrheit ist dieser Aufschub notwendig, weil die Krimtataren unter dem Befehl von Dewlet Girai ihre Streifzüge wieder aufgenommen haben. Für den Zaren bedeuten sie eine schwerere Bedrohung als die Polen und Livländer. Die letzteren würden niemals den Mut haben, Moskau zu belagern, während Dewlet Girai es auf die Hauptstadt abgesehen hat. Zum Glück trägt der Fürst Wischnewskij eine Reihe glänzender Siege über die Horde davon, die ein weiteres Mal zurückweicht.

Kettler jedoch, der glaubt, daß die Polen sich zum Marsch gegen die Russen rüsten, eröffnet die Belagerung von Dorpat und weiteren Festungen. Dieser unredliche Bruch des Waffenstillstands bringt den größten Teil der russischen Truppen nach Livland zurück. Vergeblich erinnert Ferdinand I. Iwan daran, daß dieses Land zum Reich gehöre und niemand das Recht habe, es mit Füßen zu treten. Er begeht den Fehler, in seiner Depesche den Titel »Zar« nicht zu erwähnen. Iwan schickt den Boten mit einer ablehnenden Antwort zurück; das europäische Gekeife läßt ihn kalt. Er betreibt seine Politik, ohne sich um widersprüchliche Verträge, Traditionen und Freundschaften zu kümmern. Andrej Kurbskij und Daniel Adaschow[1] verfolgen die Ritter des Schwertbrüderordens von Schloß zu Schloß, vernichten sie bei Ermes, bemächtigen sich der Festung von Fellin und nehmen den alten Fürstenberg gefangen. Beeindruckt von diesem Einsatz des eisernen Besens, ris-

---

[1] Daniel Adaschow, Bruder von Alexej Adaschow, Iwans Berater.

kiert Sigismund August nichts, um einer Nation zu helfen, die zu schützen er geschworen hat. Einmal mehr stellt Iwan fest, daß Gewalt sich auszahlt. Gott ist auf der Seite des kühnen Rußland; all seine Unternehmen stehen unter seinem Segen.

Als ob die militärischen Erfolge sein Glück nicht voll machen würden, darf Iwan sich auch noch mit einem zweiten lebenden Sohn brüsten, Fjodr, geboren am 31. Mai 1557. Die Tauffeierlichkeiten sind von einer Pracht, die des Ereignisses würdig ist. Doch diese sechste Niederkunft hat die Zarin sehr geschwächt.[1] Sie ist immer noch genauso sanft, liebevoll und unscheinbar und findet Trost im Gebet. Im November 1559 begibt sie sich mit Iwan zum Kloster von Moschaisk. Schlecht untergebracht in einer kalten Zelle, befällt sie dort ein plötzliches Unwohlsein. Sofort spricht Sylvester, der sie auf der Pilgerfahrt begleitet hat, von einem Zeichen, daß der Allerhöchste unzufrieden sei. Man hat keine Medizin, kein Heilmittel zur Hand. Iwan wird von panischer Angst ergriffen und befiehlt, eilig die Rückreise vorzubereiten. Hat man die Unglückliche vielleicht vergiftet? Man bringt sie im Schlitten nach Moskau zurück. Sie wird wieder gesund, doch im Juli 1560 wieder von derselben Krankheit heimgesucht. Ihr Zustand verschlimmert sich rasch. Während sie im Bett liegt, bricht in einem Viertel nahe des Kreml ein Feuer aus. Die Flammen werden von einem wütenden Wind angetrieben und lecken an den Mauern des Palasts. Von ihrem Schlafzimmer aus hört Anastasia das Prasseln des Feuers und das Krachen der brennenden Balken. Sie glaubt sich in das Jahr ihrer Hochzeit zurückversetzt. Eine Nervenkrise jagt sie von ihrem Lager auf; weder die Ärzte noch die Priester können sie beruhigen. Iwan läßt sie auf einer Trage zu seinem Landsitz von Kolomenskoje, zehn Werst von Moskau entfernt, bringen. Dann kehrt er in die Stadt zurück und überwacht die Bekämpfung des Brandes. Funken stieben ihm ins Gesicht. Er schreit Befehle in das brausende Flammenmeer. Die Bojaren um ihn her führen die Axt, klet-

---

[1] Anastasias Kinder: Anna (1548–1550), Maria (1551, zu einem unbekannten Datum gestorben), Dimitrij (1552–1553), Iwan (1554–1582), Ewdokia, Fjodr (1557–1598).

tern auf die Dächer und reichen einander Wassereimer. Als die Katastrophe abgewendet ist, kehrt er zu Anastasia zurück und findet sie vom Fieber geschüttelt. In ihrem Delirium bildet sie sich ein, daß die Flammen sie und ihre Kinder von allen Seiten umzingeln. Kein Trank, kein Pulver verschafft ihr Linderung. Das Murmeln der Priester umgibt sie. Auf den Knien wirft Iwan das Gewicht seines Reiches in die Waagschale des Schicksals. Möge Gott ihn erhören! In dieser Minute ist er, der Zar von Rußland, zu jedem Opfer bereit. Beinahe würde er auf Livland verzichten, um die Genesung seiner Frau zu erwirken! Sie stirbt am 7. August 1560, um fünf Uhr in der Frühe.

Iwans Verzweiflung grenzt an Wahnsinn. Das Volk von Moskau weint um eine mildtätige Zarin. Als der Trauerzug vorbeizieht, übertönt das Wehklagen den Gesang der Priester. Die Armen lehnen die Almosen ab, die man nach altem Brauch an sie verteilt, und wollen keinerlei Tröstung an diesem Staatstrauertag. Der Herrscher schreitet barhäuptig hinter dem Sarg. Sein Bruder Jurij und sein Vetter Wladimir Andrejewitsch stützen ihn. Er schwankt, stöhnt und pocht sich mit beiden Fäusten an die Brust. Der Metropolit Makarij, selber den Tränen nahe, beschwört ihn, sich den Gesetzen des Himmels zu beugen. Iwan hört ihn nicht. In sich gekehrt versucht er, die Gründe dieser unverdienten Strafe zu begreifen. Anastasia, das »Kälbchen« des Zaren, wird im Kloster der Nonnen zu Mariä Himmelfahrt, in den Mauern des Kreml, bestattet.

Achtes Kapitel

Kummer und Gewalt

Dank der Ratschläge seiner Frau, Sylvesters und Alexej Adaschows hat Iwan dreizehn Jahre lang das Land besonnen regiert. Selbst die ausländischen Beobachter haben ihm als Herrscher eine hohe Wertschätzung entgegengebracht. »Iwan«, schreibt einer von ihnen, »hat seine Vorfahren an Macht und Tugend übertroffen… Er ist zu seinen Adligen und Untertanen voller Liebenswürdigkeit und freundlicher Zuvorkommenheit… Ich glaube, daß kein Fürst der Christenheit von seinem Volk mehr gefürchtet und mehr geliebt wird als er… Wenn er zu einem seiner Bojaren sagt *gehe*, so *läuft* der Bojar… Er ist wenig empfänglich für die Zerstreuungen der Jagd oder die Reize der Musik und ausschließlich von zwei Gedanken besessen: Gott zu dienen und seine Feinde zu zermalmen[1].«
Diese glücklichen Anlagen sind gewiß während der Krankheit des Zaren beeinträchtigt worden, als er feststellen mußte, daß seine engsten Vertrauten, Alexej Adaschow und Sylvester, anstatt ihn in der Streitfrage seiner Nachfolger zu unterstützen, sich der Schar der Gegner anschlossen. Doch einmal genesen, hat er sie nicht mit seinem Zorn verfolgt. In Wirklichkeit fiel es ihm schwer, die Rolle des starken und gerechten Monarchen zu spielen, während in seinem Innern Rachegelüste brodelten. Bei Anastasias Tod ist ein Riegel in seinem Herzen aufgesprungen und hat all die niedrigen Instinkte seiner Kindheit freigesetzt. Plötzlich fühlt er sich allein. Sein Schutzengel ist davongeflogen, der Kontakt zu Gott ist unterbrochen. Oder genauer, Gott hat ihn, da er ihn ohne Grund geschlagen hat, davon entbunden, seinen heiligen Geboten zu gehor-

---

[1] Hakluyt, zitiert nach Karamsin: Geschichte des russischen Reiches.

chen. Iwan glaubt mehr denn je an Gott. Gleichwohl sucht er nicht mehr nach einer Logik in ihren Beziehungen. Das bequeme System des Gebens und Nehmens besteht nicht mehr zwischen ihnen, Glück ist nicht mehr die Belohnung der Tugend. Der Allerhöchste ist unberechenbar. Den einen Tag läßt er alles geschehen, den anderen wütet er wegen eines geringfügigen Vergehens. Unvorhersehbar sind seine Beschlüsse. Er ist zügellos. In Wahrheit hat er denselben Charakter wie Iwan. Gott, das ist Iwan und wieder Iwan, ein Über-Iwan. Sie sind dafür geschaffen, sich jenseits der moralischen Gesetze zu verständigen, die den gewöhnlich Sterblichen regieren. Da der Zar seine Frau verloren hat, ist ihm alles erlaubt. Gott hat wider ihn gesündigt, also hat er das Recht, wider Gott zu sündigen. Übrigens ist er insgeheim davon überzeugt, daß Gott ihm nichts übelnehmen kann. Vielleicht liebt der Allerhöchste seine Ausschweifungen sogar, da er die gewaltsamen Naturen schätzt und die lauen, zaghaften und berechnenden verabscheut. Nachdem Iwan seine Frau begraben hat, gibt er sich, rasend vor Wut, dem Trunk hin und tröstet sich mit einer Geliebten. Dies hindert ihn nicht daran, öffentlich über Anastasias Ende zu weinen. Am Hofe trägt jedermann Verzweiflung zur Schau, doch die meisten Bojaren bedauern die Zarin nicht. Sie werfen ihr vor, den Zaren angestiftet zu haben, sich von seinem Adel zu lösen, um sich seinem Volk anzunähern. Darüber hinaus gelten die Verwandten der Verstorbenen, der Sacharin-Clan, in den Augen der hochgeborenen Fürsten als gefährliche Emporkömmlinge. Alexej Adaschow und Sylvester sind gleichfalls politische Parasiten, die ausgemerzt werden müssen. In ihrem Fall wird es eine leichte Aufgabe sein, denn Iwan grollt ihnen wegen ihrer schwankenden Haltung während seiner Krankheit. Einige wagen es, dem Zaren einzuflüstern, daß vielleicht seine beiden Berater Anastasia, die ihnen in der letzten Zeit die kalte Schulter gezeigt habe, vergiftet hätten. Andere, die weniger mutig, aber genauso feindselig gesonnen sind, begnügen sich mit der Behauptung, daß Alexej Adaschow und Sylvester gewiß Hexerei angewandt hätten, um sich so lange Zeit bei Seiner Majestät unentbehrlich zu machen. Als sie das Gewitter aufziehen spüren, bricht Alexej Adaschow als ein *Woiwode* zum Livland-

Heer auf, und Sylvester zieht sich in die Einsamkeit eines Klosters zurück. Doch ihr Entweichen rettet sie nicht. Iwan befiehlt, daß man Sylvester aus seiner stillen Abgeschiedenheit holt und für immer in ein strengeres Kloster auf der Insel Solowetzkij im Weißen Meer verbannt. Dort wird er in Ungewißheit und Gebet sterben. Seine Empfindungen für diesen frommen und ergebenen Mann gibt Iwan in einem Brief an Kurbskij preis: »Um meines Seelenheiles willen hatte ich meine Person mit dem Priester Sylvester verbunden, in der Hoffnung, daß er mich mit seinem Wesen und seinen Vorzügen zum Guten leite. Doch dieser hinterlistige und verschlagene Mensch, dessen sanfter Beredsamkeit es gelang, mich zu verführen, trachtete nur nach den Ehrungen dieser Welt. Er hat sich mit Adaschow verbündet, um den Staat im Namen eines Herrschers zu regieren, den er verachtete. Sie haben unter den Bojaren den Geist des Ungehorsams gezüchtet... Ich war der Sklave auf dem Thron... Könnte ich je beschreiben, wie sehr ich in jenen Tagen der Schande und Demütigung gelitten habe?... Sie erfanden kindische Schauergeschichten, um Furcht in meine Seele zu säen... Sie widersetzten sich meinem Willen, die Klöster zu besuchen und die Deutschen (in Livland) zu strafen... Als ich auf dem Sterbebett lag, wollten sie da nicht, Verräter ihres Gewissens und ihrer Schwüre, einen neuen Zaren wählen und meinen Sohn übergehen?... Sie haben die Zarin Anastasia gehaßt und verleumdet und sich stets als die Freunde des Fürsten Wladimir Andrejewitsch erwiesen...«
So behauptet Iwan, entsprechend seiner Gewohnheit, von Undankbaren verraten und verhöhnt worden zu sein. Der gewandte und liebevolle Alexej Adaschow ist nur noch ein räudiger, bissiger, arglistiger »Hund«, den es zu bestrafen gilt. Ohne die Dienste, die ihm dieser große Verwaltungsmann geleistet hat, zu berücksichtigen, befiehlt er seine Verurteilung. Sicherheitshalber wird dem Angeklagten nicht das Recht eingeräumt, seine Verteidigung vorzutragen. »Giftig wie ein Basilisk« könnte er die Richter behexen. Vergeblich setzte sich der ehrwürdige Metropolit Makarij für den Unglücklichen ein – die zum Tribunal versammelten Bojaren vertreten die Meinung, daß »die Ruhe des Zaren und des Vaterlandes

eine sofortige Entscheidung in dieser bedeutsamen Angelegenheit verlangen«. Nach einer Beratung wird Alexej Adaschow in Dorpat eingekerkert. Zwei Monate später stirbt er in seiner Zelle, vom Fieber dahingerafft, sagen die einen, vergiftet, sagen die anderen. Für den Augenblick ist der Zar befriedigt. Er hat vor seiner Tür gekehrt. Doch bald kann er sich nicht mehr mit dieser eingeschränkten Strafmaßnahme begnügen. Die Verräter haben Komplizen hinterlassen, oder zumindest Verwandte, Sympathisanten. Nachdem er sich von Alexej Adaschow befreit hat, läßt er den Bruder seines Beraters, den verdienstvollen Daniel Adaschow, den Helden mehrerer Schlachten, und seinen zwölfjährigen Sohn festnehmen und hinrichten. Die drei Satins, deren Schwester Alexej Adaschow geheiratet hatte, und sein Verwandter Schischkin erleiden mit Frau und Kindern dasselbe Schicksal. Ein polnische Freundin Alexej Adaschows, die alte Maria, die in Abgeschiedenheit und Frömmigkeit lebte, wird auf Befehl Seiner Majestät samt ihren fünf Söhnen ermordet. Als der Fürst Owtschina-Obolenskij es wagt, den jungen Fjodr Basmanow, einen Günstling des Herrschers, als einen »Sodomiten« zu bezeichnen, erhebt dieser Klage, und zitternd vor Wut erdolcht Iwan mit eigener Hand den Verleumder. Zur Zeit vernachlässigt Iwan das Fasten und macht sich über die Frommen lustig. Eines Nachts tanzt er, vom Met betrunken, im Palast mit einigen maskierten Kumpanen. Als er in der Menge den Fürsten Repnin erblickt, der als einziger das Gesicht entblößt trägt, will er ihm eine Maske aufzwingen. Entrüstet wirft Repnin das Verkleidungsstück zu Boden, tritt es mit den Füßen und ruft: »Ziemt es sich für einen Monarchen, den Hanswurst zu spielen? Ich, als Bojar und Mitglied des Rates, würde mich schämen, mich wie ein Verrückter aufzuführen!« Iwan jagt ihn aus dem Saal. Doch das ist eine zu geringe Strafe: Wenige Tage später sinkt Repnin auf dem Vorplatz der Kirche, wo er seine Andacht verrichten will, nieder, durchbohrt von gedungenen Mördern.

In dieser angstgeladenen Atmosphäre fragen sich die unschuldigsten Bojaren, ob sie sich etwas vorzuwerfen haben. Von allen Seiten strömen Spitzel zum Palast und beeilen sich, Iwans Argwohn anzustacheln. Er hört sie alle an, keine Bezichtigung erscheint ihm

vernachlässigbar. Je ungeheurer eine Verleumdung ist, desto mehr reizt sie seine Neugier. Kaum hat er sich informiert, ordnet er Untersuchungen an und sendet seine Spione aus. Man traut sich nicht mehr, unter Freunden einander das Herz auszuschütten, man wacht in der Familie über seine Ausdrucksweise, man schweigt mit der Angst im Nacken bei den öffentlichen Versammlungen. Um dem Monarchen zu willfahren, verlangen die Richter kein gesichertes Beweismittel mehr, Verurteilung und Freispruch hängen nicht mehr von Tatsachen ab, sondern von Iwans Laune. Auf diese Weise wird der Fürst Jurij Kaschin, Mitglied des Rats, ohne triftigen Grund oder ein ordentliches Verfahren zusammen mit seinem Bruder hingerichtet. Der Fürst Kurliatjow, ein Freund Alexej Adaschows, wird zuerst gezwungen, die Mönchskutte anzuziehen, und bald darauf mit seiner ganzen Familie zum Tode verurteilt. Fürst Worotijnskij, der Sieger von Kasan, wird mit seiner Frau, seinem Sohn und seiner Tochter in die Verbannung geschickt. Der berühmte Iwan Scheremetjow, der Schrecken der Krimtataren, wird in ein Verlies geworfen und im Beisein Iwans gefoltert, der ihn kalt fragt: »Wo sind deine Schätze? Es hieß, du wärest reich!« Den Bruder des Gemarterten schließlich, Nikita Scheremetjow, auch er ein großer *Woiwode* und mehrmals im Krieg verwundet, läßt Iwan erdrosseln.
Bald quellen die Gefängnisse und Klöster von den Opfern über. Je härter Iwan zuschlägt, um so mehr hat er Lust zu schlagen. Das vergossene Blut stillt seinen Durst bei weitem nicht, sondern treibt ihn zu neuen Exzessen. Seinen Nächsten zu töten wird für ihn ein notwendiges Vergnügen, der Anblick des Leidens eine Droge, die er nicht mehr entbehren kann. Als Kind zerschmetterte er junge Hunde, indem er sie von den Wällen in den Hof hinabschleuderte. Mit dreißig Jahren vervollkommnet er dieses Spiel, indem er es auf Menschen anwendet. Wie eh und je rechtfertigt er seine Grausamkeit mit dem Leid, das ihm seine Umgebung zugefügt hat. »Hätte der Hund Alexej Adaschow, den ich aus dem Misthaufen gezogen habe, mich nicht von meinem Kälbchen (Anastasia) getrennt, so hätte Saturn nicht so viele Opfer bekommen!« schreit er. Das Prinzip ist klar: Beim geringsten Zweifel muß man hart zuschlagen und

keine Zeit damit verlieren, die Verdächtigungen zu überprüfen. Lieber zehn Unschuldigen die Kehle durchschneiden als einen Schuldigen am Leben lassen. Und man darf sich nicht damit begnügen, den Hauptverdächtigen zu opfern; bei richtiger Politik ist es wichtig, das Fleisch weit um den Ansteckungsherd herum auszuschneiden. Die Familie strafen, die Angehörigen, alle, die dem unheilvollen Einfluß des Sippenoberhaupts haben unterliegen können. Blut in Strömen vergießen, um den Staatskörper gesunden zu lassen.

Um die Bojaren zu ersetzen, die sich schuldig gemacht haben, ihm zu mißfallen, wählt Iwan Männer des niederen Adels von mäßigem Verstand und biegsamem Rückgrat, die ihm nie widersprechen und ihn zu Ausschweifungen ermuntern. Einige, wie Alexej Basmanow und sein Sohn Fjodr, Maliuta Skuratow oder Wassilij Griasnoj, werden gleichzeitig seine Zechkumpane und politischen Berater. »Na und!« sagen sie zu Iwan, »willst du ewig deiner Frau nachweinen? Du wirst eine ebenso schöne andere finden. Denke daran, daß übertriebene Trauer deiner wertvollen Gesundheit schaden kann. Gott und dein Volk verlangen, daß du bei einem irdischen Unglück auch irdische Tröstungen suchst.« Diese Worte schmeicheln dem Geschmack, den Iwan stets an Frauen gefunden hat. Kaum ist die Seine begraben, sinnt er darauf, sich mit einem jungen Blut zu trösten. Es ist nicht so, daß er die sanfte Anastasia vergessen hätte, doch er kann sich nicht zur Enthaltsamkeit entschließen. Zu lieben oder den Tod zu geben sind für ihn die zwei höchsten Ausdrucksformen der Männlichkeit. Außerdem ist Gott einverstanden. Auf jeden Fall hat Iwan an die Kirchen und Armen einige tausend Rubel zum Andenken an Anastasia verteilt. Der alte Metropolit Makarij, der sich kaum aufrecht halten kann, erklärt mit seinem langen Bart, daß der Zar nun in der Tat sein Bett mit einer neuen Zarin teilen solle. Wen aber wählen? Eine Ausländerin würde Iwan nicht mißfallen. Warum nicht eine der Schwestern des Königs von Polen? Man kann nicht leugnen, daß sich dieses Land mit Rußland theoretisch im Krieg befindet, denn Sigismund August hat sich zum Schutzherrn von Livland erklärt und die Russen aufgefordert, die besetzten Territorien zu räumen. Doch die zwei

Heere sind noch nicht aufeinandergestoßen. Wenn er über so wenig Urteilskraft verfügt, wird Sigismund August seinen Haß auf ihn, den er sich weigert »Zar« zu nennen, vergessen, und ihm, um einen dauerhaften Frieden zu schließen, ein Mädchen nach seinem Herzen, schön und gefügig, schicken. Sofort hebt Iwan die Hoftrauer auf und sendet Botschafter nach Polen mit dem Auftrag, *de visu* die körperlichen und sittlichen Reize der besten Kandidatinnen zu prüfen. Als sie in Wilma ankommen, treffen sie die älteste Schwester des Königs, Anna, und die jüngere, Katharina. Ihre Wahl fällt aufgrund von »Gewicht, Körperfülle und Gesundheit« auf Katharina. Obwohl Sigismund August von der Überheblichkeit dieses Vorhabens verblüfft ist, reagiert er nicht mit einer kategorischen Absage. Doch er betont, daß er der Eheschließung nicht zustimmen könne, ohne die Einwilligung Kaiser Ferdinands I., seines Schutzherrn, eingeholt zu haben, daß seine Schwester gegebenenfalls im Schoß der römisch-katholischen Kirche verbleiben müsse und daß er prinzipiell lieber die ältere, Anna, vor der jüngeren, Katharina, verheiraten würde. Außerdem verlangt er, um sein Einverständnis zu geben, einige Grenzberichtigungen. Der Marschall Simkowitsch wird nach Moskau geschickt, um Iwan von den Grenzkorrekturen in Kenntnis zu setzen. Sie sind horrend: wenn er eine Schwester Sigismund Augusts heiraten will, muß der Zar die Städte Nowgorod, Pskow und Smolensk sowie das Gebiet von Sewersk hergeben.
Empört verzichtet Iwan darauf, der Schwager des unnachgiebigen Sigismund August zu werden, schickt Simkowitsch zurück und seufzt vor Katharinas Bildnis, das ihm seine Gesandten aus Polen mitgebracht haben. Da er die Hand dieses verführerischen Mädchens nicht bekommen kann, wird er gegen ihr Land Krieg führen. Zur Einleitung schreibt er dem König und verkündet ihm, daß er befohlen habe, ein Loch in die Erde zu graben, um darin seinen Kopf zu verscharren, nachdem er ihn abgeschnitten habe.
Seine Umgebung bemüht sich, ihn in seiner Enttäuschung zu trösten und hält ihm vor, daß die Polinnen zwar gewiß gute Ehefrauen abgeben, aber nicht die einzigen sind, die wissen, wie man einen Mann im Bett bezaubert. Wenn ihn schon das Exotische reizt,

warum soll man dann nicht eine sirkassische Prinzessin wählen? Es gibt eine, von der es heißt, sie sei von seltener Schönheit: die Tochter des Tscherkessenfürsten Temriuk. Man läßt sie nach Moskau kommen. Sie erscheint im Palast in der Nationaltracht, lüftet ihren Schleier, und Iwan ist derart geblendet, daß er auf der Stelle beschließt, sie zu heiraten. Der Metropolit Makarij tauft sie und gibt ihr den Vornamen Maria. Die Hochzeit wird am 21. August 1561 gefeiert, vier Tage vor Iwans einunddreißigstem Geburtstag. Mit dem nächsten Tag nach dieser Vereinigung bereut er seine Wahl. Dieses Naturkind ist ungebildet, rachsüchtig und barbarisch und kann ihren Stamm nicht vergessen. Ihre asiatische Erziehung hat sie nicht darauf vorbereitet, die Stiefmutter der Kinder des Zaren zu sein. Ganz ohne Zweifel wäre die Polin Katharina eine bessere Partie gewesen.

Inzwischen hat Sigismund August mehr denn je die Absicht, das darniederliegende Livland zu besetzen. Die Bewohner von Rewal haben sich dem König von Schweden, Erich XIV., dem Nachfolger Gustaf Wasas, ergeben. Und mit dem Vertrag vom 21. November 1561 hat Kettler, der Großmeister des Schwertbrüderordens, Livland an den König von Polen abgetreten und ist zum Vasallen Sigismund Augusts geworden. Der beeilt sich, eine Heiratsallianz mit Schweden zu schließen. Seine Schwester Katharina, die er unlängst dem Zaren verweigert hat, gibt er nun dem schwedischen Thronerben Johann, Herzog von Finnland, zur Frau.

Dieser neuerliche Affront veranlaßt Iwan, die Eröffnung der Feindseligkeiten zu beschleunigen. Da er einige seiner besten Generäle in die Verbannung oder in den Tod geschickt hat, ersetzt er sie durch sirkassische und tatarische Fürsten. An ihre Spitze stellt er seinen Vetter Wladimir Andrejewitsch und Andrej Kurbskij, die bisher verschont blieben. Ein ungeheures Heer von zweihundertachtzigtausend Mann, von denen die Hälfte Asiaten sind, fällt über Litauen her. Der Zar reitet inmitten dieser wunderlichen Truppe, die trotz der heiligen Banner eher einer wilden Horde gleicht. Er läßt einen leeren Sarg voraustragen, der, wie er sagt, für Sigismund August bestimmt ist. Auf dessen Befehl rückt sein Verwandter Radziwill mit vierzigtausend in Minsk mobilisierten Soldaten und zwanzig Kanonen vor. Das Mißverhältnis der einander gegenüberstehenden Truppen ist derartig groß, daß die Litauer nach der ersten Berührung mit den Russen die Flucht ergreifen. Am 15. Februar 1563 fällt die große Handelsstadt Polozk Iwan ohne nennenswerte Gegenwehr in die Hände. Er schreibt an den Metropoliten Makarij: »Heute erfüllt sich die Prophezeiung des heiligen Metropoliten Peter, der da sagte, daß Moskau seinen Arm über die Schultern seiner Feinde erheben werde.« Und er sendet ihm ein reich mit Diamanten besetztes Kreuz. Die Beute ist übrigens enorm. Mengen von Gold und Silber, die von den reichsten Bürgern beschlagnahmt wurden, gehen nach Moskau. Die zahlreichen Juden, die in Polozk wohnen, werden zwangsweise getauft. Die Widerstand leisten, werden in der Dwina ertränkt. »Die Juden«, sagt Iwan, »bringen meine Untertanen vom christlichen Glauben ab, mehr noch, sie trachten uns mit giftigen Kräutern nach dem Leben.« Die tatarischen Soldaten töten gleichfalls einige katholische Mönche. Die römischen Kirchen werden gereinigt oder einfach zerstört. In der St.-Sophien-Kathedrale wird ein *Te Deum* gefeiert, mitten im Herzen der unterworfenen Stadt. Und Iwan fügt seinen zahlreichen Titeln den des Großfürsten von Polozk hinzu. Höhnisch bietet er dem König von Polen Frieden an, unter der Bedingung, daß dieser ihm ganz Livland und, als Reueprämie, seine Schwester Katharina ausliefere. Es mache wenig aus, präzisiert er, daß sie die Gemahlin des Herzogs von Finnland sei und er selbst wieder geheiratet habe: er werde sie als Geisel hüten und dabei die größte Achtung vor ihrer Person wahren.

Sigismund August antwortet nicht, doch während die russische Armee weiter das Land verwüstet und sogar Wilna bedroht, schickt er einen Boten zu Dewlet Girai, dem Khan von der Krim, um ihm zu raten, er solle die Gelegenheit nützen, um sich mit seinen Tataren auf Moskau zu werfen, das ohne Verteidigung zurückgelassen worden sei. Den Khan erheitert dieses Ansinnen eines christlichen Königs an einen Mohammedaner, doch nach reiflicher Überlegung verzichtet er auf das Abenteuer. Zu Sigismund Augusts großem Glück versteht Iwan, den der Feldzug ermüdet hat, es nicht, seine Überlegenheit zu nutzen. Er faßt den Entschluß, nach Moskau zurückzukehren und einige Garnisonen in den eroberten Städten zurückzulassen. Die kriegführenden Parteien schließen einen sechsmonatigen Waffenstillstand. Auf dem Rückweg trifft der Zar einen strahlenden Boten: die sirkassische Zarin ist gerade mit einem Jungen niedergekommen, Wassilij.

In Moskau wird Iwan vom Klerus mit Kreuzen und Bannern vor der Kirche der Heiligen Boris und Gleb empfangen, das Volk jubelt ihm zu, doch hat er den Eindruck, daß die Begeisterung seiner Untertanen nicht so echt, nicht so warmherzig ist wie nach der Eroberung von Kasan vor rund zehn Jahren. Inmitten der Siegesfeiern schickt er einen Brief an die Mutter des Fürsten Wladimir Andrejewitsch, die ehrgeizige Fürstin Elfrosinia, um ihr zu den Erfolgen zu gratulieren, die ihr vielgeliebter Sohn in Litauen errungen hat. Dann besinnt er sich eines andern, zwingt die alte Frau, den Schleier zu nehmen, verbannt sie nach Bjelozersk und läßt sie im See ertränken. Hatte sie einst nicht einen Wechsel der Dynastie erhofft? Niemand erhebt Einspruch. Man spricht von einem natürlichen Tod. Für den Zaren markieren andere Tote das Jahr 1563. Zu Beginn des Monats Mai verliert er seinen letztgeborenen Sohn, Wassilij, im Alter von wenigen Wochen. Dann ist es sein jüngerer Bruder Jurij, der einer Krankheit erliegt. Dieser Arme im Geiste hat Iwan niemals bei seiner Karriere gehindert, ist ein ergebener Freund Anastasias gewesen. Seine Frau Juliana ist eine im Hintergrund lebende, fromme Frau, deren Vorzüge an die der verstorbenen Zarin erinnern. In seiner großen Rührung veranstaltet Iwan prächtige Trauerfeierlichkeiten für seinen Bruder und richtet seine Schwägerin prachtvoll in einem Kloster ein. Einige Zeit später wird er sie, da er meint, sie führe ein allzu einsiedlerisches Leben und bekunde ihm nicht genügend Dank für seine Wohltaten, in einem Anfall von Raserei umbringen lassen. Weiteres Opfer seines Grolls wird Fürst Wladimir Andrejewitsch höchstpersönlich. Die glänzenden Dienste dieses Kriegsherrn und Beraters können Iwan nicht die Verschwörung vom März 1553 vergessen lassen, als er, dem Tode nahe, rings um sein Bett die Bojaren sich um seine Nachfolge streiten hörte. Nach einer langen Frist steigt der Zorn in ihm auf, er bezichtigt den Fürsten der Falschheit, verbannt ihn auf sein

Gut Stariza und umgibt ihn mit Spitzeln. Die Berichte, die er von ihnen empfängt, müßten ihn beruhigen. Doch er will sich lieber persönlich von dem Seelenzustand des Geächteten überzeugen. Von Zeit zu Zeit stattet er ihm einen Besuch auf seinen Ländereien ab. Und dort findet er in seltsamer Folgewidrigkeit zu seiner einstigen Zuneigung zurück und feiert und scherzt mit dem Mann, den er ohne Skrupel verbannt hat.

Gegen Ende des Jahres 1563 betrübt ein letzter Trauerfall den Herrscher: der des verehrungswürdigen und berühmten Metropoliten Makarij. Er war zu alt, um sich dem Willen des Zaren zu widersetzen oder ihm auch nur die Unstimmigkeit und Grausamkeit seiner Herrschaft vorzuwerfen, und hat sich seit langem damit begnügt, für die Zukunft Rußlands zu beten. Hat er vielleicht bei Iwan das Walten einer übernatürlichen Macht in Menschengestalt gefühlt? Hat er sich vielleicht gefragt, ob dieser Gesalbte des Herrn in Wahrheit der Gesandte des Teufels sei? Er wiederholte stets mit meckernder Stimme: »Ich weiß nur um die Angelegenheiten der Kirche. Redet mir nicht von den Angelegenheiten des Staates!« Bei seinem Tod empfindet Iwan eine große Leere. Das letzte Band, das ihn mit der Vergangenheit verknüpft hat, ist gerissen. Wenn er um sich schaut, sieht er keine Zeugen seiner Kindheit mehr.

Alle Bischöfe von Rußland begeben sich nach Moskau, um zur Wahl des neuen Kirchenhirten zu schreiten. Die Wahl fällt auf Afanasij, den Abt des Klosters von Tschudow und Beichtvater des Zaren. Nachdem der Gottesdienst beendet ist, entkleiden die Prälaten den neuen Metropoliten seiner priesterlichen Gewänder, legen ihm das goldene Gottesbildnis von der Pforte des Altarraums auf die Brust, kleiden ihn wieder mit einer Soutane und setzen ihm eine weiße Mitra auf das Haupt. Afanasij empfängt die Glückwünsche des Zaren, erteilt ihm den Segen und betet zum Allmächtigen, daß er Iwan Gesundheit und Sieg gewähren möge. In seiner Rede wagt er es nicht, von Tugend zu sprechen.

Der Zar weiß ihm dafür Dank. Er kann nicht mehr dulden, daß ihn ein Priester wegen seiner Sitten schilt. Seine neue Frau, die Sirkassin Maria, ist von Natur aus wild und grausam und klatscht seinen Exzessen Beifall. Man sagt, sie selbst sei sinnlich, lasterhaft, verlogen, böse und vielleicht auch eine Hexe. Die Segnungen des Taufwassers sind nicht bis in ihre Seele gedrungen. Iwan liebt sie nicht, stets denkt er an Anastasia, und seine Trauer steigert seine Raserei. Seit einiger Zeit trennt er sich nicht mehr von einem langen Holzstock, der mit einer Stahlspitze abschließt. Dieser schwere Spieß hat einen geschnitzten Griff; er streichelt ihn mit den Fingerspitzen, während er seine Gesprächspartner anstarrt. Wenn die Wut ihn packt, schlägt er die Leute mit dieser Pike. Oft begnügt er sich damit, sie zu verwunden, und betrachtet mit stillem Vergnügen, wie das Blut fließt. Manchmal tötet er sie. Er ist derart jähzornig in seiner Gewalttätigkeit, daß »sein Mund wie bei einem Pferde schäumt«, behauptet sein Zeitgenosse Daniel Prinz von Bruchau. Nach jedem seiner Verbrechen rennt er zur Beichte. Er klagt sich sogar öffentlich vor den Bojaren als einen »stinkenden Hund«, »Verdammten« und »Mörder« an. Doch aus seinem Mund wirken diese Worte der Reue erschreckender als Drohungen. Seine Angehörigen wissen, daß es sich nur um eine einfache Übung von Gewissenshygiene handelt und daß er sich, während er sich demütigt, darauf vorbereitet, von neuem anzufangen. Er gleicht den Vielfräßen, die von einem schwerverdaulichen Mahl aufstehen, sich zwei Finger in den Hals stecken, sich erbrechen, um den Magen zu entleeren, und mit neuem Appetit an die Tafel zurückkehren. Wenn er sich in Demütigung zusammenkrümmt, so nur, um desto besser hochzuschnellen. Wehe dem, der gehört hat, wie er sich erniedrigte! Seit dieser Zeit geben ihm schon manche im Volk den Beinamen »der Schreckliche«[1].

[1] Im Russischen bedeutet das Wort *groznyi*, das Iwan IV. kennzeichnet, nicht genau »schrecklich«, sondern eher »gefürchtet«, mit einem Nebenton von Macht und Majestät. Dennoch ist der Zar der deutschsprachigen Öffentlichkeit unter dem Beinamen »der Schreckliche« bekannt. Und in der Tat entspricht dieses Beiwort recht gut der Persönlichkeit.

Neuntes Kapitel

Die Affäre Kurbskij

Die unberechenbaren Ausbrüche des Zaren veranlassen einige Bojaren, die um ihr Leben fürchten, den Gang der Dinge vom Ausland aus zu beobachten. So weigert sich der sehr fromme Fürst Dimitrij Wischnewetskij, die Launen eines Tyrannen zu ertragen, und flieht nach Polen. Sigismund August empfängt ihn wohlwollend, doch verlangt er, daß er ihm in der litauischen Armee gegen die Russen, seine ehemaligen Waffenbrüder, diene. Als ein Ehrenmann lehnt Wischnewetskij ab. Er wird an den Sultan der Türkei ausgeliefert, der ihm den Kopf abschneiden läßt. Andere Bojaren mit weniger Bedenken finden im Exil Sicherheit und persönliche Vorteile. Eine große Zahl Russen verrät Iwan, um sich dem Hof Sigismund Augusts anzuschließen; der berühmteste unter ihnen ist Andrej Kurbskij. Er stammt aus dem Herrschergeschlecht Wladimirs des Monomachen, Fürst von Smolensk und Jaroslawl, und hat sich in den Schlachten von Tula, Kasan, den Wüsten der Baschkiren und Livland ausgezeichnet. Doch 1562 ist als Folge eines unvorsichtigen Manövers sein vierzigtausend Mann starkes Heer bei Newel, in der Nähe von Witebsk, von fünfzehntausend Polen vernichtet worden. Diese beschämende Niederlage trägt ihm Iwans Vorwürfe ein, und Andrej Kurbskij hegt die Überzeugung, daß er in Lebensgefahr schwebt. Wenn er auch bereit ist, im Kampf umzukommen, kann er den Gedanken einer Hinrichtung nicht ertragen. Nachdem er seine Frau und seinen neunjährigen Sohn umarmt hat, nutzt er die Nacht, um sich aus dem Haus zu stehlen, verläßt Dorpat, ohne gesehen zu werden, und reitet nach Wolmar, einer von Polen besetzten Stadt. Er wird von Sigismund August mit offenen Armen empfangen, erhält Dörfer, Ländereien und Gold zum Geschenk und nimmt ohne Gewissensbisse das Kommando über polnische Truppen an, die gegen die Russen kämpfen sollen.

Ein solcher Wechsel vom einen ins andere Lager geschieht in jener Zeit recht häufig, denn der Begriff des Patriotismus hat unter den Völkern noch nicht seinen geheiligten Charakter erlangt. Dennoch empört sich Iwan über Andrej Kurbskijs Treuebruch wie über Speichel im Antlitz Jesu. Um die Kühnheit auf die Spitze zu treiben, schreibt der Flüchtling, als er in Sicherheit ist, an Iwan, um sein Verhalten zu rechtfertigen. Frömmelnd, gebildet und haßerfüllt taucht er seine Feder in Essig. Sein Stallmeister Schibanow wird damit beauftragt, dem Zaren den Brief nach Moskau zu bringen. Als Iwan den Boten empfängt, setzt er die Eisenspitze seiner Pike auf den Fuß des Unglücklichen und nagelt ihn am Boden fest. Während er sich dann mit beiden Händen auf den Griff des Spießes stützt, belauert er mit unverwandtem Blick das Gesicht des Dieners, dessen Blut auf die Steinfliesen strömt. Der beißt jedoch die Zähne zusammen und läßt nicht eine Klage über die Lippen kommen. Ein Schreiber verliest mit schlecht beherrschter Stimme den Brief:
»Vormals durchlauchter, einst vom Herrn gesegneter Monarch, der sich jetzt für die Bestrafung unserer Sünden in höllischem Zorn verzehrt und bis auf den Grund seines Gewissens verderbt ist, Schreckensherrscher, der unter den ungläubigsten Herrschern dieser Erde seinesgleichen sucht, höre mich an!... Warum hast Du unter fürchterlichen Martern die Starken Israels zerrissen, die erlauchten Krieger, die der Himmel Dir gegeben hat? Warum hast Du ihr kostbares und heiliges Blut vergossen in den Tempeln des Allerhöchsten? Waren sie nicht in Eifer entbrannt für ihren Herrn und für ihr Vaterland? Mit Deinem Geschick für Verleumdungen nennst Du die Getreuen Verräter, Christen, Zauberer. In Deinen Augen sind Tugenden Laster, wird das Licht zur Finsternis. Und wodurch haben diese würdigen Schutzherrn Rußlands Dich beleidigt? Sind nicht sie die Helden, die das Tatarenreich zerstört haben? Haben nicht sie Deine Macht und Deinen Namen mit Ruhm bedeckt, als sie vor Dir die deutschen Städte einstürzen ließen? Was ist der Dank für diese Unglücklichen? Der Tod! Wie denn, wähnst Du Dich etwa unsterblich? Gibt es für die Könige keinen Gott und kein Jüngstes Gericht? In meiner Seelenpein vermag ich

nicht all das Leid zu nennen, das Du mir angetan. Ich werde nur eins sagen: Du hast mich gezwungen, das heilige Rußland zu verlassen. Mein für Dich vergossenes Blut schreit nach Rache zum Allmächtigen, der auf dem Grund der Herzen liest. Ich habe nachgeforscht, womit ich Schuld auf mich geladen habe, sei es in meinen Werken, sei es in meinen geheimsten Gedanken. Ich habe peinlich mein Gewissen erforscht und weiß nicht, was ich gegen Dich verbrochen habe. Niemals haben Deine Bataillone unter meiner Führung dem Feind den Rücken gekehrt. Mein Ruhm strahlte auf Dich zurück. Doch beschränken sich meine Dienste nicht auf ein oder zwei in solcher Mühsal verbrachte Jahre, die den Heldentaten des Krieges geweiht waren. Während einer großen Zahl von Jahren habe ich, fern von meiner Mutter, meinem Weib und meinem Vaterland, Entbehrung und Krankheit erlitten. Zähle meine Kämpfe und Verwundungen. Dies will ich mir nicht zur Eitelkeit gereichen lassen, doch Gott weiß alles. Ihm vertraue ich mich auch an, voller Hoffnung auf die Fürsprache der Heiligen und meines Ahnen, des Fürsten Fjodr von Jaroslawl!... Lebe wohl! Wir sind auf ewig geschieden, und Du wirst mich nicht wiedersehen bis zum Tage des Jüngsten Gerichts. Aber die Zähren der unschuldigen Opfer bereiten die Martern des Tyrannen. Fürchte selbst die Toten! Jene, die Du niedergemetzelt hast, stehen am Throne des Allerhöchsten und fordern Rache. Deine Heere werden Dich nicht retten. Verächtliche Schmeichler, diese unwürdigen Bojaren, Kumpane Deiner Gelage und Ausschweifungen, Verderber Deiner Seele – führen Dir ihre Kinder zu, um Deine wollüstigen Begierden zu befriedigen. Doch sie verhelfen Dir nicht zur Unsterblichkeit. Möge man mir diesen Brief, den ich mit meinen Tränen benetzt habe, mit ins Grab legen, damit ich mit ihm vor den Richterstuhl Gottes trete. Amen. Geschrieben in der Stadt Wolmar, Besitztum des Königs Sigismund August, meines Herrn, von dem ich durch Gottes Gnade Wohltaten erhoffe und Tröstungen erwarte.«
Nachdem Iwan der Verlesung des Briefes mit versteinertem Gesicht zugehört hat, befiehlt er, daß man den Boten fortführe und unter die Folter nehme, um von ihm noch weitere Auskünfte zu erlangen. Selbst unter den Zangen des Folterknechts gibt Schibanow

nicht einen Verschwörernamen preis und fährt fort, seinen Herrn zu loben. Der Zar bewundert die Charakterstärke des Gemarterten, läßt ihn töten, wie auch einige Hausdiener Andrej Kurbskijs, die verdächtig waren, ihm bei seiner Abreise geholfen zu haben. Was die Mutter, die Frau und den Sohn des Flüchtlings betrifft, so werden sie ins Gefängnis geworfen. Dort werden sie ein paar Jahre später zugrunde gehen.[1]

Iwans lange angestaute Wut entlädt sich in der Antwort, die er in einem Brief seinem ehemaligen General zustellt. Als Liebhaber der glühenden Rede vermischt er in seiner Klageschrift Beleidigungen, Verhöhnungen, Anschuldigungen, Schwüre und falsche Bibelzitate miteinander. Sein Haß und sein Wissen, seine Frömmigkeit und seine Grausamkeit strömen als eine Flut von Worten auf das Papier, aus seiner Feder fließen die Namen Moses, Leo der Armenier, Johannes Chrysostomos und Jesaja. Ganz offensichtlich ist diese Epistel, ebenso wie die Andrej Kurbskijs, nicht nur für ihre Adressaten bestimmt; sie soll eine weite Verbreitung bei Hofe und im Volk haben. Es ist ein offener Brief, ein Zeugnis für die Richter der Nachwelt. Über die Grenzen hinweg entwickelt sich ein literarisches Duell zwischen dem autokratischen Zaren und dem abtrünnigen Fürsten.

»Warum, Unglückseliger, willst Du als Verräter Deine Seele verlieren, um durch die Flucht Deinen vergänglichen Leib zu retten?« schreibt Iwan. »Bist Du wirklich gerecht und tugendhaft, warum hast Du dann nicht auf Befehl Deines Herrn sterben und Dir so die Märtyrerkrone verdienen wollen?... Das Verhalten Deines Dieners Schibanow muß Dich schamrot werden lassen... Getreu seinem Schwur, hat er auch am Rande des Grabes seinen Herrn nicht verraten. Und Du, um ein einziges Wort, das meinem Grimm entsprang, hast Du den Fluch auf Dich gezogen, der Verrätern zukommt, nicht nur auf Dich, sondern auch auf die Seelen Deiner Vorfahren, die meinem berühmten Ahnen einst schworen, uns nicht nur durch sich selbst, sondern auch durch ihre Nachkommen

---

[1] Andrej Kurbskij selber wird erst 1583 sterben und in Polen die Erinnerung an einen grausamen, brutalen und undankbaren Mann hinterlassen.

in Treue zu dienen. Das Gift der Natter ist im Munde des Eidbrüchigen… Du beklagst Dich über die Verfolgungen, die ich Dir angetan habe, doch Du wärst jetzt nicht bei unserem Feind, wenn ich nicht zu nachsichtig mit euch allen gewesen wäre, Undankbare, die ihr seid.«
Um ihn von seiner Schmach zu überzeugen, erinnert Iwan Andrej Kurbskij weiter unten an alle Gelegenheiten, wo der glänzende General sich als schlechter als sein Ruf erwiesen hat: Als der Khan von Tula geschlagen war, feierte der Fürst, anstatt den Feind auf dem Rückzug zu verfolgen; als vor den Mauern von Kasan der Sturm die Schiffe brach und alle Munition verschlang, dachte er nur an Flucht, »wie ein Feigling«; als die russischen Truppen Astrachan einnahmen, war er nicht unter den Kämpfern; als es darum ging, Pskow zu erobern, schützte er vor, krank zu sein. »Ohne euren Ungehorsam, Adaschows und Deinen«, schreibt Iwan, »wäre Livland in unserer Gewalt. Euch selbst zum Trotz habt ihr gesiegt, ihr handeltet wie Sklaven, dem Zwang gehorchend.«
Dann kommt der Zar zur Rechtfertigung seiner eigenen Verbrechen gegen die Menschlichkeit. Im zufolge braucht ein Herrscher niemandem Rechenschaft abzulegen. Seine Straflosigkeit ist göttlicher Natur:
»Was Du über meine angeblichen Grausamkeiten sagst, ist eine schamlose Lüge. Ich lasse nicht die Mächtigen Israels umkommen. Ich gieße nicht ihr Blut über das Volk des Herrn.… Nur gegen die Verräter bin ich mit aller Strenge vorgegangen. Doch an welchem Ort werden sie verschont?… Ich habe viel Strafen verhängt, und diese mühselige Pflicht hat mir das Herz zerrissen. Dennoch weiß jedermann, daß die Fälle von Verrat noch zahlreicher sind… *Bis zum heutigen Tage waren Rußlands Herrscher frei und unabhängig. Sie haben ihre Untertanen belohnt oder gestraft, wie es ihnen gefiel, und ohne jemandem, wer immer es auch sei, Rechenschaft zu geben. Niemals wird sich an dieser Ordnung der Dinge etwas ändern.* Ich bin kein Kind mehr: Ich bedarf der Gnade Gottes, des Schutzes der Jungfrau Maria und aller Heiligen, aber *ich frage nicht die Menschen um Belehrung.* Dank dem Allerhöchsten ist Rußland reich. Meine Bojaren leben in Frieden und Freundschaft. Allein Deine

Freunde und Berater beschwören sich in der Finsternis, Du drohst mir mit dem Richterspruch Christi in der anderen Welt. Glaubst Du also, daß die göttliche Macht nicht auch in dieser Welt regiert? Das ist manichäische Ketzerei! Dir zufolge regiert Gott im Himmel, Satan in der Hölle und die Menschen auf Erden. Irrtum! Lüge! Die Macht des Herrn erstreckt sich auf alles, in diesem Leben wie in dem anderen. Du kündigst mir an, ich sähe Dein äthiopisches Gesicht nicht mehr wieder! O Himmel! Welch ein Unglück für mich! Du umgibst den Thron des Allerhöchsten mit denen, die ich zugrunde gerichtet habe. Wieder Ketzerei! Niemand, so sagt der Apostel, kann Gott schauen... Um den Verrat vollzumachen, behauptest Du, Wolmar, eine Stadt in Livland, sei ein Besitztum König Sigismunds, und Du wartest auf die künftigen Wohltaten dieses Fürsten, nachdem Du Deinen rechtmäßigen Herrscher im Stich gelassen hast, den Herrn, den Gott Dir gegeben hat... Dein großer König ist der Sklave der Sklaven. Ist es denn verwunderlich, wenn die Sklaven ihn preisen? Doch will ich schweigen, denn Salomo verbietet es, seine Worte an Dummköpfe zu verschwenden, und Du bist einer.«

Andrej Kurbskij antwortet verächtlich, daß der Zar sich erniedrige durch die Lügen und Beschimpfungen, mit denen sein Brief gespickt sei: »Du solltest Dich schämen, wie ein altes Weib zu schreiben und einen so schlecht verfaßten Brief in ein Land zu schicken, dem es nicht an Leuten mangelt, welche in der Grammatik, Rhetorik, Dialektik und Philosophie wohlbewandert sind... Ich bin unschuldig und seufze in der Fremde... Warten wir ab, die Stunde der Wahrheit ist nicht mehr fern.«

Darauf folgt wieder ein Brief des Zaren an Kurbskij, den er einen »feigen Abtrünnigen« nennt: »Ich weiß um meine Verderbnis, doch das himmlische Erbarmen ist grenzenlos. Es wird mich erretten... Ich preise mich nicht meiner Herrlichkeit. Diese Herrlichkeit steht mir nicht zu, sondern Gott allein... Worin habe ich mich an euch schuldig gemacht, ihr Freunde Adaschows und Sylvesters? Seid ihr nicht selbst, als ihr mich meines geliebten Weibes beraubtet, die wahren Verursacher meiner menschlichen Schwächen geworden? Euch steht es wohl an, von der Grausamkeit eures Herr-

schers zu sprechen, euch, die ihr ihm nach dem Leben und nach dem Thron getrachtet habt!... Dieser Fürst Wladimir Andrejewitsch[1], Gegenstand eurer Zuneigung, besaß er aufgrund seiner Herkunft oder persönlichen Vorzüge irgendeinen Anspruch auf die Krone?... Bewundere die göttliche Vorsehung! Gehe in Dich, denke über Deine Werke nach. Nicht Hochmut drängt mich, Dir zu schreiben, sondern christliche Nächstenliebe, damit Dir diese Ermahnung helfe, Dich zu bessern und Deine Seele zu retten.«
Dieser überspannte Briefwechsel wird sich mit langen Unterbrechungen über die Jahre 1564 bis 1579 erstrecken. Mit jedem Brief entwickeln die zwei Verfasser dieselben Argumente und dieselben Vorwürfe. Als berühmter Vertreter der Bojaren betrachtet Andrej Kurbskij diese Aristokratenkaste als von Gott dazu auserwählt, den Zaren zu beraten. Außerhalb dieser Oligarchie, die den Thron umgibt, kann es für Rußland kein Heil geben. Dadurch, daß Iwan Alexej Adaschows und Sylvesters Freunde, die ihm stets weise Ratschläge gegeben haben, vernichtete, hat er die Rechte des Herrschers übertreten und einen verbrecherischen Despotismus an den Tag gelegt, von dem sich das Volk nicht erholt. Iwan seinerseits behauptet den göttlichen Charakter seiner Mission, weigert sich, die wesentliche Rolle der Bojaren in der *Rada* zuzugeben, und betrachtet sich allein Gott gegenüber verantwortlich. »Alle russischen Herrscher sind Alleinherrscher, und niemand darf ihnen Vorhaltungen machen«, verfügt er. »Der Monarch darf seinen Willen vollziehen an den Sklaven, die Gott ihm gegeben hat... Falls ihr eurem Herrscher, wenn er eine Ungerechtigkeit begeht, nicht gehorcht, so macht ihr euch nicht nur das Verrats schuldig, sondern ihr verdammt eure Seele, denn Gott selbst hat euch befohlen, eurem Fürsten blind zu gehorchen.« Kurz und gut, der von Gott erwählte Zar besitzt grenzenlose Macht, der gegenüber Auflehnung oder auch nur Kritik gottlos sind. Seine unsinnigsten, grausamsten und ungerechtesten Entscheidungen müssen von seinen Untertanen geachtet werden, als strömten sie durch ihn von Gott aus, der

---

[1] Der leibliche Vetter des Zaren.

ihn auf den Thron gesetzt hat. Sich gegen den Herrscher zu empören, bedeutet nicht ein politisches Verbrechen, sondern eine Todsünde wider den Allerhöchsten zu begehen. Wenn der Zar an den »Wahl«- und nicht »Erbkönig« von Polen schreibt, unterzeichnet er seinen Brief mit: »Wir, der demütige Iwan, Zar und Großfürst von ganz Rußland – durch Gottes Gnade und nicht durch den unsteten Willen der Menschen.«

Inzwischen ist Andrej Kurbskij zum intimen Berater Sigismund Augusts geworden. Sein Haß auf den Zaren ist so stark, daß er seinen neuen Beschützer dazu drängt, seine Verbindung zu den Tataren enger zu knüpfen. Der Gedanke, daß die so ermutigten Ungläubigen vielleicht in sein Heimatland einfallen und die Kirchen schänden werden, in denen er unlängst gebetet hat, macht ihm wenig Kopfzerbrechen. Ihn leitet ein einziger Gedanke: daß die russische Niederlage einige Bojaren dazu verleiten könnte, Iwan umzubringen, was den Flüchtlingen erlauben würde, erhobenen Hauptes in ihr vom Tyrannen befreites Vaterland zurückzukehren.

Schließlich eröffnet der Khan von der Krim, Dewlet Girai, den Feldzug und belagert Rjasan. Die Stadt wird heldenhaft verteidigt; sie hält den Angriffen stand, und die Bojaren Alexej und Fjodr Basmanow, die mit frischen Truppen herbeigeeilt sind, beschleunigen den Rückzug der Tataren. Doch kaum ist die Gefahr im Süden abgewendet, bahnt sich im Westen eine neue an. Eine polnisch-litauische Armee unter dem Kommando von Radziwill und Andrej Kurbskij setzt alle Kräfte daran, Polozk zurückzuerobern, eine Stadt, die kürzlich von den Russen eingenommen worden ist. Dieser Versuch endet wie der voraufgegangene mit einem Mißerfolg.

Iwan sollte sich über den zweifachen Sieg seiner *Woiwoden* freuen. Und gewiß, er schickt Goldmedaillen an seine tapferen Hauptleute. Doch seit Kurbskijs Verrat nagen Zweifel an ihm, die sich von Monat zu Monat verstärken. Trotz der Hinrichtung oder Verbannung von Alexej Adaschows und Sylvesters wichtigsten Freunden ist ihm, als sei er der Spielball einer fürchterlichen Verschwörung. Ängstlich forscht er in den Gesichtern seiner Bojaren: Wenn sie aus dem Stegreif reden, lügen sie ihn an. Wenn sie schweigen, gehen sie in seinen Augen mit einem heimtückischen Plan um. Er

Iwan der Schreckliche, nach einem zeitgenössischen Stich (1554). Paris, Bibliothèque Nationale, Estampes. Photo Roger-Viollet.

Iwan der Schreckliche, deutscher Stich aus dem 16. Jahrhundert. Paris, Bibliothèque Nationale, Estampes. Photo B. N.

hofft auf weitere Denunziationen und beklagt sich, daß ihm zu wenige zu Ohren kommen. Der Metropolit Afanasij hat weder die erforderliche Energie noch Autorität, um ihn zu ermahnen oder zu trösten. Die Günstlinge der Stunde, Alexej Basmanow, Michail Saltijkow, Afanasij Wiasemskij und Iwan Schibatowy trachten nur danach, ihn in seinem Mißtrauen, seiner Grausamkeit und seiner Wollust zu bekräftigen. Plötzlich, bei Einbruch des Winters 1564, beschließt Iwan, die Hauptstadt zu verlassen, um aufs Geratewohl fortzugehen, ohne eine Richtung, und Gott die Sorge zu überlassen, ihm den Weg vorzuzeichnen. Am 3. Dezember kommen auf dem verschneiten Kremlplatz eine große Anzahl Schlitten zusammen. Bedienstete des Palastes stapeln darauf Truhen voller Gold und Silber, Ikonen, Kreuze, wertvolle Kelche, Geschirr, Kleider und Pelze. Das ist keine schlichte Abreise, das ist ein Umzug. In der Himmelfahrts-Kathedrale segnet der Metropolit Afanasij in Abwesenheit der verblüfften Bojaren den Zaren für eine Reise, deren Ziel niemand kennt. Iwan, die Zarin und seine zwei Söhne im Alter von sieben und zehn Jahren besteigen den Schlitten an der Spitze des Zuges. Die Hofsekretäre, einige hohe Beamte, mehrere Günstlinge und Diener setzen sich ihrerseits in die Wagen und mummen sich ein. Das herbeigeströmte Volk fragt sich: »Wohin fährt der Zar? Warum läßt er uns im Stich? Und für wie lange?« Schließlich setzt sich der endlose Zug in Bewegung und läßt eine angsterfüllte Menge hinter sich zurück. Tauwetter zwingt Iwan zu einem zweiwöchigen Aufenthalt in dem Dorf Kolomenskoje, dann begibt er sich, sobald der Straßenzustand es erlaubt, in das Dreifaltigkeits-Kloster. Auf Heiligabend kommt er mit seinem Gefolge und Gepäck in Alexandrowskaja Sloboda, nördlich von Wladimir, an. Dreißig Tage lang erhalten die Duma-Bojaren, die in Moskau zurückgeblieben sind, keinerlei Nachricht von ihrem spurlos verschwundenen Herrscher. Endlich, am 3. Januar 1565, bringt der Offizier Konstantin Poliwanow dem Metropoliten Afanasij zwei Briefe von Iwan. In dem ersten zählt Iwan die Unruhen, den wiederholten Verrat und die Verbrechen des Dienstadels, der hohen Beamten und Generäle auf, die alle den Staatsschatz geplündert, die Bauern mißhandelt und sich geweigert hätten, den Boden des

Vaterlandes gegen die tatarischen, polnischen und deutschen Feinde zu verteidigen. »Wenn ich«, fährt er fort, »wie nicht anders billig, meinen Unmut über diese unwürdigen Diener bekunde, ergreifen der Metropolit und die Geistlichen Partei für die Schuldigen, um uns zu mißfallen und zu belästigen. Daher, und weil wir eure Heimtücke nicht länger ertragen wollen, haben wir mit kummervollem Herzen darauf verzichtet, das Land zu regieren, und sind abgereist, um uns dort niederzulassen, wo Gott es uns sagen wird.«

Der zweite Brief ist an die »ausländischen Kaufleute und Russen und alles christliche Volk von Moskau« gerichtet. Der Zar bestätigt darin, daß, wenn er über die Bojaren, Kirchenmänner und hohen Beamten »seinen Zorn ergießt«, er väterliches Wohlwollen für die kleinen Leute seines Reiches empfinde. Die Schreiber Seiner Majestät verlesen diese Botschaft auf dem Marktplatz vor einer fassungslosen Menschenmenge. Kein Zar mehr! Ist es möglich? Ist die Tyrannei nicht immer noch besser als das Chaos? Rufe steigen in der Menge auf: »Der Zar hat uns im Stich gelassen! Wir sind verloren! Wie können die Lämmer ohne den Hirten sein?« Sehr bald schlägt die Bestürzung in Wut um: Wenn der Zar vom Thron gestiegen ist, so liegt die Schuld bei den Adligen, die ihn verraten haben. Die Geschäfte schließen, die Häuser leeren sich, eine Flut von Demonstranten strömt aufgrund einer plötzlichen Eingebung zum Kreml, heult vor Verzweiflung und fordert die Bestrafung der Schuldigen. Vom Widerhall des Aufstands zu Tode erschrocken, hält der Metropolit Afanasij eine Beratung des Klerus und der Bojaren ab. »Der Staat muß einen Herrn haben«, entscheiden die Mitglieder dieses Notrates. »Wir bieten dem Zaren unsere Köpfe an. Wir werfen uns, mit dem Gesicht zur Erde, vor ihm nieder. Wir werden ihn mit unseren Tränen erweichen.«

Eine Abordnung von Fürsten, Bischöfen, Offizieren und Kaufleuten reist unter der Führung des Erzbischofs von Nowgorod, Pimen, unverzüglich nach Alexandrowskaja Sloboda ab. Vom Wind gepeitscht, schleppt sich die lange Prozession in einem außergewöhnlichen Wettstreit von Priestergewändern, Brokatkleidern, Pelzmänteln, Bannern, Weihrauchgefäßen und Kreuzen über ihre verschneite Bahn. Das sind nicht mehr Abgesandte, die zu ihrem Oberhaupt gehen, sondern Pilger auf dem Weg zu einer wundertätigen Ikone. Zwei Tage später, am 5. Januar 1565, treffen sie an ihrem Bestimmungsort ein. Der Zar empfängt sie mit erzürnter und abwesender Miene. Nachdem der Erzbischof Pimen ihn mit Tränen in den Augen gesegnet hat, sagt er zu ihm: »Vergiß nicht, daß du nicht nur der Herr des Staates, sondern auch der Kirche bist, der oberste Monarch der orthodoxen Christenheit. Wenn du fortgehst, wer wird dann die Wahrheit und Reinheit unseres Glaubens wahren? Wer wird all die Millionen Seelen vor der Verdammnis retten?«

So erstreckt sich, sogar mit dem Eingeständnis der Kirche, die Macht des Zaren nicht nur auf das vergängliche Fleisch seiner Untertanen, sondern auch auf ihre unsterbliche Seele. Er herrscht auf Erden wie im Himmel; die Kirche weicht vor seiner Macht zurück. Alle, Prälaten wie Bojaren, haben sich vor ihm niedergekniet. Er bleibt allein mit dem Spieß in der Hand stehen. Er kostet seinen Sieg von ganzem Herzen aus: Die Überraschung seiner plötzlichen Abreise ist vollauf geglückt. Erschreckt von der Vorstellung, ihren Herrn zu verlieren, kriechen die Großen des Reiches zu seinen Füßen. Einmal mehr hat er bei diesen Feiglingen alles auf eine Karte gesetzt. Wenn sie ihn beim Wort genommen hätten, wäre er in dieser Minute nur noch ein Herrscher ohne Krone. Doch nun, da sie sich vor ihm erniedrigen, bestärken und erhöhen sie ihn. Mit bebender Stimme hält er diesen Gesandten der Zerknirschung eine Ansprache, mit seiner ganzen Redegabe und dem üblichen Schwall von Worten. Er wirft ihnen ihre aufrührerische Haltung, Lüsternheit und Feigheit vor und behauptet sogar – als unausgesprochene Anschuldigung –, daß sie ihm, seiner Frau und seinem ältesten Sohn nach dem Leben getrachtet hätten. Obwohl alle von der Ungeheuerlichkeit dieser Anklage bestürzt sind, wagt keiner der anwesenden Bojaren, Einspruch zu erheben. Besser, einen ungerechtfertigten Tadel einzustecken, als dem Monarchen zu mißfallen, indem man die Tatsachen leugnet. Während er voller Ungestüm und mit funkelnden Augen spricht, spürt jeder, wie sich die Tyrannei auf ihn senkt. Schließlich enthüllt Iwan seine wahren Absichten: »Aus Achtung vor dem Metropoliten Afanasij und aus Wertschätzung für euch, ehrwürdige Erzbischöfe und Bischöfe, will ich nachgeben und mein Zepter unter gewissen Bedingungen wieder ergreifen.« Diese Bedingungen lauten einfach: Künftig steht es dem Zaren frei, Verräter mit Ungnade, Tod oder Einziehung der Güter zu bestrafen, ohne den Einspruch des Klerus hinnehmen zu müssen. Eine solche Entscheidung nimmt der Kirche ganz offensichtlich ihr angestammtes Recht, sich zugunsten der Unschuldigen und selbst der Schuldigen, die Milde verdienen, zu verwenden. Doch die Abgesandten sind derart glücklich, den vorgetäuschten Widerwillen des Zaren, wieder auf den Thron zu steigen, gebeugt zu haben, daß sie ihm mit schluchzenden Stimmen danken. Zufrieden mit ihrer Unterwürfigkeit lädt er einige von ihnen ein, mit ihm in Alexandrowskaja Sloboda das Epiphanie-Fest zu feiern. Trotz der Ungeduld seines Volkes hat er es nicht eilig, nach Moskau zurückzukehren: Je mehr man ihn herbeisehnt, desto mehr kann er fordern.

Zehntes Kapitel

Die Opritschniki

Am 2. Februar 1565 findet der große Aufzug von Iwans Rückkehr nach Moskau statt, das unterm Schnee begraben liegt. Seit dem Morgengrauen ist eine ungeheure Volksmenge herbeigeströmt, die nun an seinem Weg kniet und weinend dem Himmel dankt, daß er ihr ihren Herrscher zurückgegeben hat. Doch jene, die untertänig die Augen zu ihm erheben, sind bestürzt über seine traurige und verstörte Miene; nach Ansicht aller Zeugen gleicht dieser vierunddreißigjährige Mann einem Greis. Seine Gesichtshaut ist fahl und zerknittert, sein Blick düster, sein Haar schütter, sein Mund ein dünner, gespannter Strich, und die Stirn ist von vielen Querfalten zerfurcht. Da er die Angewohnheit hat, sich in Anfällen von Wut und Verzweiflung den Bart zu raufen, sprießen nur noch wenige Haare an seinem Kinn. Mit gekrümmtem Rücken und eingefallener Brust läßt er seinen irren Blick über die Anwesenden wandern. Sieht er sie überhaupt, die ihm dort zujubeln? Hört er die Kirchenglocken, die über ihm mit voller Kraft läuten? Es ist ihm so geläufig, gepriesen, in Weihrauchwolken verherrlicht und bewundert zu werden, daß ihn kein Begeisterungsausbruch erfreuen kann.

Als er im Palast ankommt, erklärt er den versammelten Bojaren, daß er nicht mehr im Kreml eingeschlossen wohnen will und daß für ihn dringend ein weiträumiges, befestigtes Haus mitten in der Stadt gebaut werden soll. Nachdem er ein weiteres Mal seine Beschuldigungen gegen den Adel aufgezählt hat, verlangt er von der Kirche, daß sie ihm ihre uneingeschränkte Billigung all der Maßnahmen ausspricht, deren Anwendung er gegen die schlechten Diener seiner Herrschaft für richtig erachten wird. Da er seine Reise aufgrund ihrer Schuld unternommen hat, wird er eine Summe von hunderttausend Rubel als Vergütung für den Umzug und den Aufenthalt in Alexandrowskaja Sloboda erhalten. Darüber hinaus wird das Land in zwei Teile geteilt: die *Opritschnina*[1], die den persönlichen Grundbesitz des Zaren bildet, den er nach seinen Vorstellungen verwalten wird und über den er unumschränkte Macht besitzt, und die *Zemschtschina*[2], die das restliche Territorium umfaßt, das seine Bojaren-Duma und alten Beamten behalten wird, obwohl es auch der Macht des Herrschers unterliegt. In die *Opritschnina*, Iwans persönlichen Besitz, eine Art Staat im Staate, gehen durch einseitigen Beschluß Seiner Majestät einige Viertel von Moskau, siebenundzwanzig Städte, achtzehn Distriktbezirke und die Hauptverbindungsstraßen ein. Diese gigantische Enteignungsaktion soll unter der Aufsicht einer neu eingerichteten Miliz, der *Opritschniki*, die der Zar ausgewählt hat und die seinen Befehlen ergeben sind, durchgeführt werden. Als der Plan vorgelegt wird, begreifen die Bojaren, daß der Zar, wenn es ihm gelingt, ihre Dörfer, Bauern und Güter einzuziehen, sie endgültig zur Ohnmacht verdammt. Doch sie können sich nicht mehr gegen ihn auflehnen, ihn, den sie angefleht haben, zurückzukommen, und dem das Volk ein fanatisches Vertrauen schenkt. Unter Androhung der Strafe, wegen Ungehorsams ins Gefängnis geworfen zu werden, müssen sie ihre Erbdomänen hergeben, die nun zu Lehensgütern der Krone werden. Die lebenslängliche und bedingte Nutznießung dieser Domänen – doch nicht ihr Besitz – wird den *Opritschniki* zum Dank übertragen. Was die ehemaligen Eigentümer anbelangt, so erhalten sie im Tausch irgendwelche unfruchtbaren und weit entfernt liegenden Ländereien, die zur *Zemschtschina* gehören. So wird eine breite Aussonderungs- und Auswanderungsbewegung in Gang gesetzt, die Brutstätten der Erbprinzen werden zerstört und ihre Vertreter bis an die Grenzen

---

[1] *Opritschnina*, ein vom Zaren eingeführtes Wort, soll von *opritsch* (getrennt) stammen und nach Miliukow ursprünglich bedeuten: »eine besondere militärische Organisation, die von der allgemeinen russischen Organisation abgetrennt ist und von den Einkünften eines gesonderten Territoriums unterhalten wird.«

[2] *Zemschtschina*, von *zemlia* (Erde), kennzeichnet das Land, die Gesamtheit der Kommunen.

des Staates zurückgedrängt. Zwölftausend Aristokratenfamilien werden umgesiedelt und verlieren mit einem Schlag ihr Vermögen und ihren Einfluß. Losgerissen von dem Boden, der seit Jahrhunderten ihnen gehörte, abgeschnitten von ihren Wurzeln und ihrer Umgebung beraubt, werden diese aufgrund einer administrativen Entscheidung umgepflanzten Menschen zu Wesen ohne Vergangenheit, ohne Halt und ohne Schutz. Die Bildung der *Opritschnina* von 1565 ist, im ganzen betrachtet, lediglich die radikale Ausweitung des Programms, den Adel kaltzustellen, wie es vom Zaren und seinen Beratern seit 1550 ausgearbeitet worden ist. Mit dieser Veränderung der Besitzverhältnisse in ganz Rußland hofft er, seine Thronfolge auf immer gefestigt zu haben. Anstelle der hochmütigen und standesbewußten Bojaren gründet er einen neuen Adel, der sich aus bezahlten Dienern zusammensetzt. Eine neue privilegierte Kaste wächst heran, die *Opritschniki*, die mit dem Zaren eng verbunden sind und denen für alle Verbrechen, die sie in seinem Namen begehen, Straffreiheit zugesichert ist. Unter den *Opritschniki* sind die Rechte verschwunden, allein die Ergebung für die eine Sache zählt. Die wenigen Fürsten von hoher Geburt, die dieser Prätorianergarde angehören, gehen in der Masse neuer Männer unter, die aus einfachen Familien stammen und dem Zaren allein wegen ihres Aufstiegs verpflichtet sind. Die anderen, die Entrechteten, verlassen mitten im Winter ihre Häuser und machen sich in langsamen Karawanen auf den Weg zu den Aufenthaltsorten, die man ihnen zugewiesen hat. Manche erfrieren unterwegs. Doch Iwan schert sich wenig um die Tränen und Seufzer, die diese notwendige Aufräumungsarbeit begleiten. In einer ersten Phase hat er tausend *Opritschniki* unter den jungen Leuten von niederem Adel ausgewählt, um seine Leibwache zu bilden und die Verräter zu entlarven. Bald werden es sechstausend sein. Maliuta Skuratow, Wiasemskij und Basmanow, die Günstlinge des Zaren, achten darauf, daß alle Mitglieder dieser Miliz lustige Kerle und bekannt für die Grobheit und Grausamkeit ihrer Sitten sind. Die »auserwählten Legionäre« schwören Iwan folgenden Eid: »Ich schwöre, daß ich dem Zaren und seinem Reich, dem jungen Zarewitsch und der Zarin treu sein werde und alles aufdecke, was ich weiß oder wissen

kann von einem jeglichen Unternehmen, das von den einen oder den anderen gegen sie gerichtet ist. Ich schwöre, daß ich meine Herkunft verleugnen und Vater und Mutter vergessen werde. Ebenso schwöre ich, daß ich mit den Männern der *Zemschtschina* weder essen noch trinken oder jemals mit ihnen in Verbindung treten werde. Zur Beglaubigung dessen küsse ich das Kreuz.«
Die *Opritschniki* leben in Häusern, die eigens für sie bestimmt sind, und erhalten eine Leibrente. Gestern waren sie noch arm. Doch von einem Tag auf den anderen sind sie große Herren geworden und mit einer immensen Machtfülle ausgestattet. Sie tragen schwarze Kleider und an ihrem Sattel einen Hundekopf und einen Besen, Sinnbilder ihres Amtes, die Feindes ihres Herrn zu beißen und davonzujagen. Ihre Aufgabe stellt sie über das Gesetz, eine an sie gerichtete Beleidigung ist ein Majestätsverbrechen, das mit der Todesstrafe geahndet wird. Die *Zemschtschina* ist ihr Betätigungsfeld. Dort können sie Geldstrafen erheben, Männer foltern, Frauen vergewaltigen, Kindern die Augen ausstechen, Häuser plündern, Wälder und Ernten niederbrennen, ohne daß jemand etwas dagegen zu sagen hätte. Sie werden in ihrer Gewalttätigkeit vom Zaren ermutigt, der sie nach allen ihren Großtaten damit belohnt, daß er ihnen die Güter, die sie den Verrätern entrissen haben, überträgt. »Je heftiger das Volk sie verabscheut, um so mehr bezeugte der Herrscher ihnen sein Vertrauen«, schreiben Taube und Kruse[1]. Und tatsächlich wirkt auf Iwan der Haß, den sie im Lande schüren, beruhigend. Wenn sie so gefürchtet und verhaßt sind, bedeutet dies, daß sie ihm treu sind. Er hat sich gewissermaßen in sie einverleibt. Das sind sechstausend kleine Iwans, die das Volk schröpfen und zur Ader lassen. Was er in seinem Palast ersinnt, führen sie mit ihren Händen aus, in Moskau wie in der Provinz.
Im 4. Februar, noch am selben Tag, an dem er die *Opritschnina* gründet, beginnen die Hinrichtungen. Die Exekutionen finden ganz in der Nähe der Kirche zur Fürbitte der Heiligen Jungfrau (St.-Basilius-Kathedrale) statt, die gerade vollendet worden ist

---

[1] Taube und Kruse, Deutsche aus Livland.

und deren zurechtgestutzte, bunte Kuppeln fröhlich blinken. Der berühmte Fürst Alexander Schuiskij, der Held der Eroberung von Kasan, befindet sich mit seinem achtzehnjährigen Sohn Peter unter den ersten Opfern. Beide werden angeklagt, gemeinsam mit Andrej Kurbskij dem Monarchen, der Zarin und ihren Kindern nach dem Leben getrachtet zu haben. Zuerst soll dem Sohn der Hals durchgeschnitten werden, doch bittet der Vater um die Gnade, als erster sterben zu dürfen. Der Henker macht keine Schwierigkeiten, und Alexander Schuiskij legt seinen Kopf auf den Richtblock. Das Beil fährt nieder. Der Sohn hebt das Haupt seines Vaters vom Boden, küßt es zärtlich und kniet dann selber hin, um den Streich zu empfangen. Sechs weitere Bojaren werden am selben Tag geköpft; ein siebter, Fürst Dimitrij Tschewirew, wird gepfählt. Vierundzwanzig Stunden dauert sein Todeskampf, und mit durchbohrtem After und schmerzverzerrtem Gesicht singt er Loblieder zum Ruhme Gottes. Andere Bojaren entkommen dem Beil und werden einfach in Klöster gesteckt oder in die Ferne verbannt. Für manche fordert Iwan eine Bürgschaft von fünfundzwanzigtausend Rubeln, um sicherzugehen, daß sie das Land nicht verlassen. Um schließlich zu beweisen, daß er ebenso gut zu vergeben wie zu strafen weiß, läßt er die Bojaren Michail Worotijnskij, der nach Bjelozersk verbannt worden war, und Jakowlew, einen nahen Verwandten Anastasias, nach Moskau zurückkehren.

Diesen Gnadenakt feiert der Klerus wie eine vom Himmel gefallene Huld. Doch je mehr Iwan das Land unterdrückt, desto mehr fühlt er sich gehaßt, und je mehr er sich gehaßt fühlt, desto versessener ist er darauf, diejenigen zu entlarven, die ihm ans Leben wollen. Eine krankhafte Ängstlichkeit hindert ihn am Schlaf. Das Anschlagen einer Uhr bei Nacht erfüllt ihn mit solchem Entsetzen wie eine unheilvolle Weissagung, und der Anblick einer Sternschnuppe am Himmel wirft ihn auf die Knie und läßt ihn vor den Ikonen zittern. Die neue Burg, die er sich in Moskau hat bauen lassen, scheint ihm kein sicherer Zufluchtsort vor seinen Feinden zu sein. Da seine Hauptstadt Widerwillen in ihm erzeugt, läßt er sich in Alexandrowskaja Sloboda nieder, in einem von Gräben und Wällen umgebenen Palast. Die Innenausstattung dieses finsteren

Bauwerks erinnert an die vier Gemütslagen des Herrschers: Einige Säle sind prunkvoll geschmückt, andere mit wertvollen Pergamenten und Büchern vollgestopft, wieder andere, niedrig und gewölbt, sind von klösterlicher Kahlheit, noch andere schließlich, im Untergeschoß, sind in eine Reihe von Verliesen aufgeteilt, in denen Gefangene verwesen. So sind Prunk, Studium, Gebet und Folter gleichermaßen in dem Lieblingsaufenthalt des Zaren vertreten. In jedem dieser Abteile fühlt er sich wohl. Die Offiziere seines Hofes haben gesonderte Wohnsitze. Ganze Straßen des Fleckens sind den *Opritschniki* vorbehalten, die kleine Ansiedlung, die sich in dunklen Wäldern verliert, wimmelt von bewaffneten Männern. Eilig werden Häuser und Kirchen gebaut, Kaufleute lassen sich von der reichen Herrenkundschaft anziehen und strömen herbei. Für die Muttergottes-Kirche läßt Iwan Reliquien verzieren. Auf seinen Befehl wird in jeden Ziegel des Tempels ein Kreuz eingeritzt. Doch diese Frömmigkeitsbekundung reicht nicht aus, um ihm ein gutes Gewissen zu verleihen. Plötzlich beschließt er, seinen Palast in ein Kloster und die *Opritschniki* in Mönche zu verwandeln. Dreihundert von ihnen, die er unter den verderbtesten aussucht, verleiht er die Namen von »Brüdern«. Sich selbst erkennt er den Titel des Priors zu, Fürst Afanasij Wiasemskij wird Schatzmeister, Maliuta Skuratow Küster. Jeder Bruder trägt eine schwarze Soutane über seinem goldbestickten und mit Marderpelzen verbrämten Gewand. Was sonst nur eine Maskerade wäre, erlangt in Iwans Vorstellung den Rang einer Huldigung an Gott. Er glaubt allen Ernstes, einen neuen Mönchsorden gegründet zu haben, verfaßt die Regeln und wacht über ihre Einhaltung. Um drei Uhr in der Frühe begibt er sich mit seinen Kindern in den Glockenturm, um zur Frühmesse zu läuten. Wer diese Pflicht versäumt, wird mit acht Tagen Gefängnis bestraft. Während des Gottesdienstes, der gut und gerne drei oder vier Stunden dauert, singt der Zar, betet, wirft sich zu Boden und schlägt seinen Kopf gegen die Steinfliesen. Er trägt nun eine lange schwarze Kutte, die in der Taille von einer Kordel zusammengeschnürt wird, einen Mantel aus grobem, grauem Wollstoff und ein Holzkreuz auf der Brust. Von Zeit zu Zeit vertauscht er seinen Spieß mit dem Krummstab.

Um acht Uhr versammelt man sich noch einmal, um die Messe zu hören, und um zehn geht man zu Tisch, wo ein reichliches Mahl geboten wird, das der Zar nicht anrührt. Im Stehen verliest er vor seinen Brüdern mit lauter Stimme eine Glaubensschrift. Dann speist er abseits und allein, während er die Berichte seiner Günstlinge anhört. Nach einem Schläfchen besucht er am liebsten die Gefängnisse, um der Folterung einiger Häftlinge beizuwohnen. Die verschiedenen Werkzeuge, von der Knute bis zum angespitzten Pfahl, den Nadeln bis zu den Zangen, den glühenden Kohlen bis zu dem Tau, das den Körper durch Reibung teilt, sind ihm keine Geheimnisse. Als ein Kenner weiß er die Geschicklichkeit des Folterknechts und die Widerstandsfähigkeit der Opfer zu schätzen. Beim Verlassen der Messe, im Geist noch erfüllt von Engelsgesängen, verspürt er ein Vergnügen am Gegensatz, den langsamen Todeskampf der Leidenden mit dem Aufspritzen von Blut, dem Krachen der Knochen, dem Heulen und Röcheln geifernder Münder zu verfolgen. Diese gräßliche Küche mit dem Geruch von Eiter, Exkrementen, Schweiß und verbranntem Fleisch schmeichelt seiner Nase. Jedesmal, wenn einer dieser menschlichen Fetzen seinen letzten Atemzug tut, kostet er wunderlicherweise die Wonnen der Liebeszuckungen. Seine Freude daran, im Blut zu waten, ist so groß, daß der Herr ihm in diesen Minuten des Schreckens und der Ekstase ganz offenbar zur Seite steht. Seine angenommene Gewohnheit, sich mit Gott in eins zu setzen, reicht aus, um ihn davon zu überzeugen, daß dieses Schlachtopfer dem Himmel ebenso liebenswert erscheint wie ihm selber. Gebet und Folter sind für ihn die zwei Gesichter der Frömmigkeit. Wenn er zu seinem Bedauern diese Leidenskammern wieder verläßt, hat er nach Aussagen von Augenzeugen ein »vor Zufriedenheit strahlendes Aussehen«, scherzt mit seiner Umgebung und plaudert »mit größerer Heiterkeit als gewöhnlich«. Dies ist die Entspannung nach dem Nervenkrampf, die Ruhe nach der Liebe.

Um acht Uhr abends begibt er sich mit all seinen Leuten zum Nachtmahl. Anschließend verwandelt sich das gemeinsame Essen zumeist in ein Saufgelage. Man ißt, bis die Mägen platzen, Hechtköpfe mit Knoblauch, Hasen in Sonnenblumenöl, Ingwer-Nier-

chen, Pfefferhühnchen, und alles wird mit Met, Wein, Kwass und Wodka begossen. Bevor man sie dem Zaren reicht, wird jede Speise, jedes Getränk von einem seiner Kumpane gekostet, um Vergiftungen zu verhüten. Narren beleben das Mahl mit ihren Grimassen. Tanzbären werden vorgeführt. An manchen Abenden bringen die falschen Mönche sogar Frauen von niederem Stand mit und ergötzen sich daran, sie vor dem Zaren zu entblößen, zu peitschen und zu vergewaltigen. Maliuta Skuratow, der Grausamste und Ausschweifendste der Bruderschaft, zwingt die nackten Bäuerinnen, mit aufgelöstem Haar und hüpfendem Busen Hühnern hinterherzulaufen, während die *Opritschniki* die zu Tode erschrockenen Unglücklichen mit Pfeilen durchbohren werden. Nach diesen Orgien zieht Iwan sich in seine Kammer zurück, wo drei blinde Greise auf ihn warten. Ihre Aufgabe ist es, ihm einer nach dem anderen Sagen und Legenden zu erzählen, bis er einschläft. Er liegt ausgestreckt auf seinem Bett in dem Zimmer, das von Ikonenlämpchen nur spärlich erleuchtet ist, und lauscht mit Wonne den Geschichten von Paladinen, Zauberern und unerreichbaren Prinzessinnen. Der Erzähler mit langem Bart und leerem Blick spricht leise, seine gleichtönende Stimme nebelt den Zaren ein, der glaubt, noch einmal seine Kindheit zu durchleben. Für einen Moment erleichtert, schließt er die Augen, sein Schlaf dauert nicht lange. Um Mitternacht begibt er sich zur Kirche, um noch einmal zu beten. Während er seine Seele erhebt, hört er Gott, der ihm die Namen weiterer Opfer ins Ohr flüstert, die er abschlachten soll. Gerade auf den Knien, zwischen zwei Gebeten, gibt er seinen Gefolgsleuten die blutigsten Befehle. Ebenso wie es bei Tauchern den Tiefenrausch gibt, so gibt es bei Monarchen von Gottes Gnaden einen Rausch der Machtvollkommenheit. Bei manchen ist er leicht, bei anderen, wie bei Iwan, führt er in den Wahnsinn.
Der Ruf von diesem seltsamen Leben verbreitet sich rasch im Ausland, und Sigismund August schließt daraus, daß der Zar verrückt geworden ist. Ist das der Anfang vom Untergang Rußlands? Der König von Polen hofft es sehnlichst und bittet den russischen Gesandten in Warschau, ihm zu sagen, was die *Opritschnina* eigentlich sei. Der Diplomat befolgt die empfangenen Weisungen und

antwortet kategorisch: »Wir wissen nicht, was ihr meint. Es gibt keine *Opritschnina.* Der Zar weilt in der Residenz, die zu wählen ihm gefiel, und diejenigen seiner Diener, die ihm Freude bereitet haben, befinden sich bei ihm. Die anderen sind ein wenig weiter fort. Das ist alles! Wenn Bauern in Unkenntnis der Dinge von einer *Opritschnina* reden, so darf man ihrem Geschwätz in keiner Weise Beachtung schenken.« Doch jeden Tag kommen Flüchtlinge nach Polen, um Iwans Tyrannei zu entfliehen. Ihre Berichte bestärken Sigismund August in seiner Meinung. Über Geheimboten korrespondiert er mit einigen entrechteten Bojaren der *Zemschtschina.* Diese wagen kaum zu antworten. Sie leben enteignet und verbannt, in der Furcht vor dem nächsten Tag. Auch die Kirche ist mundtot gemacht und schweigt. Der Metropolit Afanasij, der von vornherein darauf verzichtet hat, die Handlungen des Zaren zu kritisieren oder im Namen der Opfer einzuschreiten, ist kein geistiger Führer mehr, sondern nur noch ein vornehmer, diensttuender Priester. Indem er Iwan über die Kirche stellte, hat er das Evangelium verhöhnt und das Reich Cäsars mit dem Reich Gottes verwechselt. Obwohl er über alle Verbrechen, die die *Opritschniki* begangen haben, informiert war, hat er seine Stimme nicht zugunsten der unschuldig Hingerichteten erhoben. Ebensowenig hat er gegen die Einrichtung jener Klosterkarikatur in Alexandrowskaja Sloboda mit ihren in Kutten gekleideten Hurenböcken, blutigen Messen und Orgien protestiert.

In der Umgebung des Zaren gibt es nur Schwäche und Feigheit. Sein Gefallen an theologischen Erörterungen verleitet ihn zu einer Annäherung an den Protestantismus. Als er deutsche Gefangene aus Livland ausfragt, ist er von der Freizügigkeit ihres religiösen Denkens fasziniert. Er nimmt die Deutschen Kalb, Taube, Kruse und Eberfeld[1] in seinen Dienst. Letzterer beweist ihm schriftlich und mit lebhafter Stimme die Reinheit der Lehre der Augsburger Konfession. Der Zar ist angeblich erschüttert. Er fragt sich, ob der orthodoxe Glaube wohl derjenige sei, der Rußland gebührt. Eine

---

[1] Nachdem sie zu Iwans nächsten Vertrauten zählen, werden Taube und Kruse ihn verraten, um in polnische Dienste überzuwechseln.

aberwitzige Idee überkommt ihn: Was, wenn er, mit einem einzigen Federstrich, sein Land zum Protestantismus übertreten ließe? Schnell verzichtet er darauf, erschreckt von seiner eigenen Kühnheit. Doch genehmigt er den Lutheranern, einen Tempel in Moskau zu eröffnen. Diese Entscheidung bestürzt den Metropoliten Afanasij, er erlaubt sich, die Stimme vor einem dieser ausländischen Ketzer zu erheben. Sogleich verurteilt Iwan ihn zu einer hohen Geldbuße. Der Metropolit wird darüber krank und zieht sich in ein Kloster zurück.

Die Eingenommenheit des Zaren für die deutschen Handwerker ist jedoch nichts im Vergleich zu seiner Eingenommenheit für englische Kaufleute. Der waghalsige Jenkinson, der zugleich Unterhändler, Geschäftsmann und Forscher ist, durchstreift Rußland, geht nach Astrachan, in die Bucharei und nach Persien, besteht tausend Gefahren, kommt nach Moskau zurück, berichtet Iwan von seinen Reisen, bringt ihm Geschenke mit vom Sultan und von Schahs und zeichnet für ihn eine Karte der Länder, die er durchquert hat. Überwältigt von dieser Persönlichkeit, behandelt er ihn als einen Freund, gewährt seiner *Gesellschaft* eine Ausweitung des Monopols, bevollmächtigt ihn sogar, Münzen schlagen zu lassen und stellt ihn mit den Kaufleuten seiner Schar unter den unmittelbaren Schutz der *Opritschniki.* Von nun an führt Rußland nach England Fisch, Salz, Felle, Teer, Holz für den Schiffsbau, Hanf, Flachs, Talg und Wachs aus, während es von England zu hohen Preisen Seide, Geschirr, Kupfer, Blei, Gewürze, Waffen und Munition einführt. Dieser doppelte Strom des Handelsaustausches ist so mächtig, daß Iwan an England mehr und mehr wie an einen natürlichen Verbündeten Rußlands denkt. Doch im Verlauf einer seiner Schreckensnächte kommt ihm ein anderer Plan in den Sinn. Da er ständig von der Vorstellung einer Verschwörung gegen seine Person geplagt wird, erwägt er die Möglichkeit, für den Fall, daß er flüchten müßte, um sein Leben zu retten, in England um Asyl zu bitten. Dieses für den Herrn von Rußland demütigende Gesuch scheint ihm eine göttliche Erleuchtung zu sein. Im Jahre 1567 beauftragt er Jenkinson, eine Geheimbotschaft von ihm zu Elisabeth I. zu bringen. Diese Königin, die auf ihre Halbschwester Maria Tudor gefolgt ist, soll eine schöne, intelligente, gebildete und eigenwillige Frau sein, ihre Beziehungen zu Iwan waren stets von großer Höflichkeit. Sie ist vierunddreißig Jahre alt und unverheiratet. Er ist siebenunddreißig, und seine Frau, die Sirkassin, gefällt ihm schon lange nicht mehr. Warum sie nicht verstoßen und die Königin von England heiraten? Jenkinson erhält den Befehl, Ihrer Majestät diesen zweiten Vorschlag zu unterbreiten. Insgesamt tut Iwan sich vor ihr zugleich als möglicher politischer Flüchtling und als selbstsicherer Freier wichtig. Er bittet sie gleichzeitig um ihre Hand für heute und ihren eventuellen Schutz für morgen. Sicher, er weiß sehr wohl, daß sie schon unzählige Heiratsbewerber abgewiesen hat. Aber sie hatten nicht, denkt er, das politische Format des Zaren. Einmal in die Enge getrieben, wird sie nicht widerstehen können.

Jenkinson bricht als Anwalt dieser zwei außergewöhnlichen Anliegen nach London auf. Unmittelbar nach seiner Ankunft hat er mit der Herrscherin eine lange und vertrauliche Unterredung. Wichtiges steht auf dem Spiel. England ist im wesentlichen eine Handelsnation und kann es sich nicht erlauben, den Zaren zu enttäuschen, der seinen Kaufleuten so viele Privilegien erteilt hat. Dies um so weniger, als die Vertreter anderer Staaten Druck auf ihn ausüben, die den Engländern vorbehaltenen Begünstigungen aufzuheben. Andererseits hat Elisabeth keineswegs die Absicht zu heiraten. Als vorsichtige Geschäftsfrau versucht sie, Zeit zu gewinnen. Das heißt, nicht mit dem Ungestüm ihres neuen Freiers zu rechnen. Als Iwan keine Antwort auf seine Anträge erhält, ärgert er sich und öffnet den Hafen von Narwa auch für andere Ausländer. Beunruhigt wendet sich die *Gesellschaft* an die Königin. Da Jenkinson verhindert ist, schickt sie unverzüglich Thomas Randolph, den Herrn ihres Postwesens, als Botschafter nach Rußland.

Der neue Gesandte geht in St. Nikolaus am Weißen Meer von Bord und gelangt über Cholmogory und Wologda im Oktober 1568 nach Moskau. Er ist beauftragt, »die Ordnung im Englandhandel wiederherzustellen«, indem er dem Zaren das Asylrecht verspricht, dabei jedoch nach Möglichkeit die Frage der Heirat vermeiden soll. Für das Asylrecht legt Iwan übrigens die Gegenseitigkeit als

Bedingung fest. Anders ausgedrückt, daß die Ehre es ihm verbietet, etwas anzunehmen, ohne irgend etwas dafür im Austausch zu bieten, verlangt er, daß die Königin ihr Einverständnis erklärt, sich für den Fall, daß Verschwörer ihr Leben gefährden, sich im Kreml niederzulassen. Natürlich braucht die Tochter Heinrichs VIII. diesen seltsamen Gang nicht in Erwägung zu ziehen und hat weder irgendeinen Grund noch in irgendeiner Weise Lust, ihr Land zu verlassen.

Als Thomas Randolph in Moskau ankommt, hat er unter der schlechten Laune des Monarchen zu leiden, der über das zu lange Schweigen der Königin erzürnt ist. Er wird vier Monate lang in dem Haus gefangengehalten, das als seine Residenz vorgesehen war. Wachtposten hindern Besucher daran, sich ihm zu nähern. Schließlich erlangt er ein Audienz, doch entgegen den Gepflogenheiten schickt man ihm keine Pferde, um in den Kreml zu fahren. Er geht den Weg zu Fuß und stapft dabei durch den Schnee. Im Palast wird ihm keinerlei Ehrbezeugung zuteil. Beleidigt setzt er sich vor dem Zaren den Hut auf. Die Würdenträger sehen einen Wutausbruch voraus. Doch Iwan, der stets unberechenbar in seinen Reaktionen ist, wendet sich gütig an Thomas Randolph und versichert ihn der Freundschaft, die er für »seine liebe Schwester« Elisabeth hegt. Als er ihn verabschiedet, ohne ihn zum Essen geladen zu haben, sagt er zu ihm als eine Art Trost: »Ich werde euch Speisen von meiner Tafel schicken.« Wenig später erscheint ein Hofoffizier mit fünf Dienern im Gefolge bei dem Gesandten mit allen Sorten von Wein und Lebensmitteln. Der Offizier kostet sie alle, bevor er sie Thomas Randolph auftragen läßt, um zu beweisen, daß sie nicht vergiftet sind. Einige Zeit danach wird Thomas Randolph gebeten, bei Nacht, allein und »als Russe verkleidet«, in den Palast zu kommen. Vermutlich macht er dem Zaren bei dieser geheimnisvollen Unterredung, die fast drei Stunden dauert, gewichtige Versprechungen, denn er erwirkt neue Vorteile für die *Gesellschaft:* das Exklusivrecht, mit Persien Handel zu treiben, Eisen aus bestimmten Minen abzubauen und Jagd auf ausländische Schiffe im Weißen Meer zu machen.

Im August 1569 kehrt Thomas Randolph in Begleitung eines russi-

schen Adligen, Sawins, zurück, dessen Aufgabe wahrscheinlich darin besteht, von der Königin die Unterschrift unter einen militärischen Angriffs- und Verteidigungspakt zu erlangen. Nach einem zehnmonatigen Aufenthalt am Ufer der Themse bringt Sawin dem Zaren nur einen auf Pergament in unklaren und freundlichen Worten geschriebenen Brief Elisabeths zurück: »Wenn es Euch eines Tages aufgrund unglücklicher Umstände, geheimer Verschwörung oder ausländischer Feindseligkeiten widerfährt, daß Ihr gezwungen seid, das Land zu wechseln, und Ihr in unser Reich kommen wollt, ebenso die edle Kaiserin, Eure Gemahlin, und Eure geliebten Kinder, werden wir Euch empfangen und Eure Hoheit und ihr Gefolge mit aller Ehre und Ritterlichkeit behandeln, wie es sich für einen so großen Fürsten geziemt, und Euch mit all denen, die Ihr mit Euch nehmt, ein freies und ruhiges Leben führen lassen. Es wird Euch freistehen, Eure christliche Religion in der Weise auszuüben, wie es Euch am meisten gefällt... Wir werden in unserem Reich einen Ort bestimmen, wo Ihr *auf Eure Kosten* so lange wohnen werdet, wie Ihr bei uns zu bleiben wünscht[1].« Abschließend erklärt Elisabeth, daß sie im Kriegsfall die Streitkräfte Englands mit den russischen »gegen ihren gemeinsamen Feind«, vereinen werde, und dies »so lange, wie Gott sie am Leben erhält«. Die Urkunde ist von den vornehmsten Peers der Krone, mit dem Lordkanzler Francis Bacon an der Spitze, gegengezeichnet.
Diese Botschaft versetzt Iwan in rasende Wut. Anstelle des erträumten Angriffs- und Verteidigungsbündnisses erhält er als Almosen ein verschwommenes Beistandsversprechen gegen »ihren gemeinsamen Feind«. Anstelle eines politischen Asylrechts auf Gegenseitigkeit erlangt er die Versicherung, man sei entzückt ihn auf seine Kosten zu empfangen, wenn er Ärger mit seinem Volk habe. Anstelle einer, zumindest verschleierten, Anspielung auf eine eventuelle Heirat mit dem Zaren – Schweigen! Darüber hinaus berichtet Sawin ihm, daß im Verlauf seiner Gespräche mit den Beratern der Königin die Rede vor allem von den Handelsvorteilen

---

[1] Brief vom 18. Mai 1570.

gewesen sein soll, auf die die Engländer zusehends begieriger seien. Er glaubte, sich an Staatsmänner zu wenden, und wurde von Kaufleuten angehört. Entrüstet greift Iwan zu seiner Feder, und als er sich an Ihre britische Majestät wendet, findet er zu dem beißenden Stil seiner Briefe an Kurbskij zurück:

»Die Hauptsache hast Du beiseite gelassen, und Deine Bojaren haben mit unserem Gesandten nur von Handel gesprochen. Wir hatten geglaubt, Du wärst eine Herrscherin in Deinen Landen, Herrin Deines königlichen Willens, und würdest über die Interessen Deines Reiches wachen. In dieser Meinung wollten wir über Angelegenheiten von größter Tragweite mit Dir verhandeln. Doch tatsächlich üben Deine Staatsmänner die Macht ohne Deine Zustimmung aus. Das sind nicht Berater, sondern vielmehr Muschiks, schlichte Krämerseelen, die sich nicht um die Interessen des Herrschers und des Landes sorgen, sondern um ihre Handelsprofite. Und Du, Du bleibst bei Deiner Rolle als Schlampe[1] und benimmst Dich auch so… Moskowien mangelte es an nichts, als es noch keine englischen Waren hatte. Und was das Schreiben betrifft, das wir Dir wegen der Handelsprivilegien geschickt hatten, so wirst Du es uns bitte zurückschicken wollen. Selbst wenn Du es nicht zurückschickst, werden wir befehlen, daß man es in keiner Weise berücksichtigt. Damit sind alle Vorteile, die wir bis heute gewährt haben, erloschen.«

Der beleidigende Ton des Briefes belustigt Elisabeth mehr, als daß er sie erzürnt, weil sie ihren Briefpartner für einen Verrückten hält. Doch als sie erfährt, daß der Zar seine Drohung wahr gemacht, die Waren der *Gesellschaft* beschlagnahmt und ihr jeglichen Handel untersagt hat, denkt sie nur daran, wie sie das Unheil abwenden soll. Nur ein einziger Mann, meint sie, sei imstande, den Tyrannen zu beschwichtigen. Rasch stellt sie einen neuen Botschafterstab zusammen, der zwar von Robert Best angeführt wird, doch dessen treibende Kraft der unersetzliche Jenkinson sein wird. In Moskau erholt sich unterdessen der Zar nach und nach wieder von seinem

---

[1] Der Ausdruck lautet auf russisch *pochlaja djewitsa* (dt. etwa »schlechtes Frauenzimmer«, A.d.Ü.)

großen Zorn auf Elisabeth. Bestimmt sind es die Berater der Königin, die an allem schuld sind. Nicht sie. Hat er nicht selbst schlechte Berater gehabt? Hat es nicht auch ihn großen Mut gekostet, diesem Pack ein Ende zu setzen? Elisabeth besitzt wahrscheinlich nicht sein Durchsetzungsvermögen, doch sie ist intelligent und gebildet. Welch ein Paar würden sie beide abgeben! Vielleicht hat sie in ihrem Herzen noch nicht darauf verzichtet, Zarin zu werden. Der Gedanke an das anglikanische reiche, arbeitsame England läßt Iwan nicht los. Er hat jedoch im Augenblick zu viele Sorgen in Rußland selbst, um sich näher mit der Außenpolitik zu befassen. Er leiht nun einem neuen Vertrauensmann sein Ohr: einem holländischen Abenteurer, Eliseus Bomelius. Er kommt aus Deutschland und gibt sich als ein Doktor der magischen Wissenschaften aus. Im Verlauf seiner Unterredung mit dem Zaren hält er ihn dazu an, sich gegenüber seiner Umgebung wachsamer zu zeigen. Seiner Rede nach hat Iwan trotz der Hinrichtungsserien der letzten Jahre noch viele Feinde unter den Bojaren der *Zemschtschina*, dem Hochadel und sogar im Volke. Die Wurzeln des Übels sind noch nicht alle ausgerottet, das Unkraut wächst wieder und breitet sich aus. Man müsse, sagt er, die Reinigungsarbeit verstärkt vorantreiben. Dieser gelehrte Rat weckt wieder in Iwan das Mißtrauen, das begonnen hatte, sich zu legen. Vor diesem eifrigen Diener seiner Sache gesteht er ein, daß Rußland krank ist. Doch nichts kommt einem guten Abführmittel gleich, um dem Körper die Gesundheit zurückzugeben. Man soll nur auf ihn vertrauen; er wird die gehörige Dosis verabreichen und das Land von der Heimtücke kurieren!

Elftes Kapitel

Der Metropolit Philipp

Der Metropolit Afanasij hat sich in ein Kloster zurückgezogen – durch wen soll man ihn ersetzen? Iwan denkt zuerst an German, den Erzbischof von Kasan. Man läßt den Kandidaten nach Moskau kommen, die Bischöfe treten zusammen, die Ernennungsurkunde wird aufgesetzt, und der zukünftige Metropolit bereitet sich auf die Salbungszeremonie vor. Doch im Verlauf einer geheimen Unterhaltung mit dem Zaren wagt er, ihn zu ermahnen, seine Sünden zu bereuen und den himmlischen Zorn zu fürchten. Wütend trägt Iwan seinen Günstlingen die Worte des Erzbischofs vor und fragt sie, was sie davon halten. »Wir sind der Meinung, daß German ein neuer Sylvester werden will«, antwortet ihm Alexej Basmanow. »Er versucht, deine Einbildungskraft zu erschrecken, um dich zu beherrschen. Hüte dich vor einem solchen Hirten!« Diese Ansicht trifft sich so genau mit der des Zaren, daß er German aus dem Palast jagt, die zu seinen Ehren vorgesehenen Feierlichkeiten absagt und sich auf die Suche nach einem anderen Metropoliten macht. Seine Wahl fällt auf Philipp, den Prior des Solowetskij-Klosters auf einer Insel im Weißen Meer. Dieser Mann wird als einer der gebildetsten und frömmsten Eiferer Rußlands betrachtet. Bei ihm, in jener öden und eisigen Abgeschiedenheit, hält sich der von Iwan verbannte Sylvester auf; wahrscheinlich hat der in Ungnade Gefallene dem Prior seine stürmischen Erfahrungen als geistiger Führer des Herrschers erzählt. Philipp weiß, was er von den Forderungen des Zaren zu halten hat. Wenn er trotz allem einwilligt, so heißt dies, daß er die harten Bedingungen der ihm angetragenen Aufgabe akzeptiert. Das ist zumindest Iwans Ansicht, der in der Vergangenheit mit Philipp in regem Briefwechsel gestanden hat. Er hegt eine hohe Wertschätzung für diesen großen Mann von adeliger Herkunft, der in seiner Jugend dem leichten und glänzenden

Leben der Bojaren entsagt hat, um sich der Andacht zu weihen, er weiß, daß Philipp in sich auf glückliche Weise eine erhabene Seele und einen gesunden Menschenverstand miteinander verbindet. Er gibt den Gläubigen das Beispiel strengster Moral und verwaltet zugleich auf bewunderungswürdige Art die Güter der Gemeinschaft, er baut auf der Insel Steinkirchen und Dämme, lichtet Wälder, legt Wege frei, trocknet Sümpfe aus, richtet eine Hirsch- und Viehzucht ein, legt Fischereien und Salzsiedereien an... Diese praktische Klugheit findet Iwans volle Zustimmung.

Nach langem Zögern macht sich Philipp auf den Weg. Unterwegs trifft er eine Abordnung von Städtern, die ihn anflehen, sich für sie beim Zaren zu verwenden, dessen Zorn sie fürchten. Je mehr er sich Moskau nähert, desto unterwürfiger und bedrückter klingen die Klagen der Untertanen Seiner Majestät. Der Prunk seines Empfanges in der Hauptstadt kann die Angst, die ihn bedrückt, nicht beschwichtigen. Der Zar empfängt ihn an seinem Tisch und verkündet ihm, daß er ihn zum Oberhaupt der Kirche ernennt. Bei diesen Worten bricht der fromme Einsiedler in Tränen aus und beschwört den Herrscher, »eine so gewaltige Last nicht einem so schwachen Schiff« anzuvertrauen.

Da Iwan unabänderlich an seiner Meinung festhält, sagt er ihm: »So sei es. Ich unterwerfe mich deinem Willen. Doch beruhige mein Gewissen durch die Aufhebung der *Opritschnina!* Es soll nur ein Rußland sein, denn nach den Worten des Allerhöchsten wird jedes geteilte Reich zu einer Wüste. Es ist mir unmöglich, dir aufrichtig meinen Segen zu geben, solange ich das Land in Trauer sehe!«

Iwans erste Regung ist es, diesen Verrückten in sein Kloster zurückzuschicken. Doch gleich darauf besinnt er sich: Darf er sich erlauben, ein weiteres Mal einen Prälaten zu verabschieden, den er selbst ausgewählt hat, um die Kirche zu lenken? Ist es nicht besser, Philipp zu ködern, bis er unbewußt zum Komplizen seiner politischen Handlungsweise geworden ist? Auf diese Weise hätte er als moralische Bürgschaft einen Heiligen hinter sich, den das ganze Land verehrt. Anstatt zu explodieren, rechtfertigt er sich voller Leidenschaft. »Weißt du nicht«, sagt er, »daß die Meinen mich verschlingen wollen, daß meine Angehörigen meinen Untergang vorbereiten?« Und vor diesem Greis, der ihn auffordert, zumindest die Umverteilung der Domänen aufzuheben und die Erbgüter an ihre ehemaligen Besitzer zurückzugeben, entwickelt er die Notwendigkeit des umfassenden Umgestaltungsplans, den er für sein Land ersonnen hat. Verwirrt von diesem ersten Gespräch mit Iwan, stellt Philipp sich sodann den Bischöfen, die ihn allesamt anflehen, den Vorschlag des Zaren bedingungslos zu akzeptieren. Ihrer Meinung nach muß sich der Metropolit zum Wohle der Kirche und der Nation hüten, den Monarchen durch seine Vorhaltungen zu erzürnen, und statt dessen Milde walten lassen, um ihn besser zu überzeugen. Nachdem Philipp nachgedacht hat, fügt er sich ihren Gründen, nicht aus Hoffart, sondern aus Opfermut. Man setzt ein Dokument auf, in dessen Worten der Metropolit von vornherein darauf verzichtet, das Vorgehen der *Opritschniki* zu kritisieren, und verspricht, niemals seinen Stuhl zum Zeichen des Protestes gegen die Führung des Zaren aufzugeben. Das Gebiet des Zeitlichen entfällt somit von allein seiner Zuständigkeit, und auf dem Gebiet des Geistigen ist das Feld einzigartig geschrumpft. Die Salbungszeremonie findet im Beisein des Zaren, seiner zwei Söhne, des Fürsten Wladimir Andrejewitsch, der Erzbischöfe und Bischöfe statt. In seiner Hirtenrede mahnt Philipp Iwan, wieder zum Vater seiner Untertanen zu werden, den Schmeichlern, die sich um seinen Thron drängen, zu mißtrauen, Gerechtigkeit in seinem Land herrschen zu lassen und »eine Liebe ohne Waffen« den »Triumphen des Krieges« vorzuziehen.

Für den Moment scheint der Zar von den Worten des Metropoliten gerührt. Doch die Windstille ist von kurzer Dauer. Nachdem er sich in seinen Schlupfwinkel von Alexandrowskaja Sloboda zurückgezogen hat, wird er wieder vom Gift des Zweifels gepackt. Ist Philipp nicht in den Händen der Bojaren? Hat er nicht, um ihnen zu gehorchen, es gewagt, von ihm die Auflösung der *Opritschnina* zu verlangen? Iwans Einbildungskraft geht im Galopp mit ihm durch. Wie um seine Vorstellung von einer breit angelegten Verschwörung zu bestätigen, erhält er Nachricht von mehreren Briefen, die Sigismund August an verschiedene Bojaren der *Zemschtschina* gerichtet hat, um sie zur Empörung gegen den Zaren anzustiften. Wahrscheinlich denkt der König von Polen, daß die Zahl der unzufriedenen Adligen groß genug sei, um einen Bürgerkrieg auszulösen! Es sind die Adressaten dieser Geheimbotschaften selber, die, zu Tode erschrocken, sie freiwillig ihrem Herrscher als ein Unterpfand der Treue zugestellt haben. Unter ihnen sind die Fürsten Belskij, Mstislawskij, Worotijnskij und der Oberstallmeister Fjodorow. Iwan diktiert ihnen eine spöttische Antwort an Sigismund August. Nachdem sie sich gegen diesen schändlichen Aufruf zum Verrat verwehrt haben, erklären sich die Briefpartner des Königs von Polen bereit, sich seinem Hof anzuschließen, wenn er ihrem Zaren »ganz Litauen, ganz Weißrußland, Galizien, Preußen, Wolhynien und Podolien« gebe. Der alte Fürst Fjodorow schreibt auf Befehl seines Herrn sogar: »Wie konntet Ihr Euch einbilden, daß ich, mit einem Fuß im Grabe, meine unsterbliche Seele für einen ruchlosen Verrat verlieren möchte? Und was sollte ich bei Euch machen? Ich bin nicht mehr imstande, Heere zu führen, ich mag keine Feste, habe Eure Tänze nicht gelernt und verstehe mich nicht auf die Kunst, Euch zu amüsieren.« Nachdem er diese Angelegenheit mit Würde und Humor geregelt hat, bereut Iwan, zu großzügig gewesen zu sein. Wenn der König von Polen bestimmten Bojaren geschrieben hat, so deshalb, weil er sie für fähig hielt, seinen Vorschlägen ein geneigtes Ohr zu leihen. Sein Ziel ist zweifellos, die *Zemschtschina* gegen die *Opritschnina* aufzuwiegeln, den Zaren zu entthronen und jemand anderen an seine Stelle zu setzen. Aber wen? Warum nicht ausgerechnet den alten Fjodorow, einen Mann, der den alten Bräuchen treu ist, den seit neunzehn Jahren die Würde des Oberstallmeisters ziert und die Wertschätzung all derer, die den vergangenen Zeiten nachtrauern, umgibt? Ja, ja, er ist es, ganz gewiß, der Anführer der Verschwörung. Eines Tages zwingt Iwan Fjodorow in Anwesenheit des ganzen Hofes, sich seinen eigenen Mantel anzuziehen, setzt ihm die Krone auf den Kopf, läßt ihn auf dem Thron sitzen, verbeugt sich vor ihm und spricht mit kräftiger Stimme: »Heil dir, großer Zar von Rußland! Ich verleihe dir die Ehre, nach der du gestrebt hast!« Verwirrt weiß Fjodorow nicht, wie er sich verhalten soll. Um ihn herum glauben einige Bojaren an eine Posse und brechen in Gelächter aus. Doch Iwan selber lacht nicht. Er fährt in seiner Rede fort und erklärt: »So wie ich die Macht gehabt habe, dich zum Zaren zu machen, so habe ich sie auch, dich vom Thron zu stürzen.« Und er hebt seinen Dolch und stößt ihn ihm bis ans Heft in die Brust. Fjodorow bricht zusammen. Die *Opritschniki* stürzen sich wild auf ihn, geben ihm den Rest, schleifen seinen Leichnam aus dem Palast und werfen ihn den Hunden vor. Fjodorows Frau wird ebenfalls ermordet. Mühelos werden ein paar angebliche Komplizen ausfindig gemacht, die sofort hingerichtet werden. Die Fürsten Belskij, Mstislawskij und Worotijnski können – man weiß nicht recht, warum – der Rache des Herrschers entgehen. Doch die drei Fürsten Rostowskij büßen für die andern mit. Der eine von ihnen, *Woiwode* in Nischni-Nowgorod, sieht in der Kirche, wo er gerade zum Gebet weilt, dreißig *Opritschniki* kommen, die ihm im Namen des Zaren den Befehl gegen, ihnen zu folgen. Sie ziehen ihm die Kleider aus und führen ihn, vollständig nackt, zwanzig Werst vor der Stadt an das Ufer der Wolga. Dort wird er von einem geköpft und man wirft seinen Leib in den Fluß. Der Kopf wird Iwan gebracht. Er stößt ihn mit dem Fuß zurück und sagt mit haßerfülltem Lächeln: »Unlängst liebte er es, auf dem Schlachtfeld im Blut seiner Feinde zu baden. Endlich hat er in seinem eigenen gebadet.« Fürst Peter Tschenjatow, der in ein Kloster geflüchtet ist, wird dort gefaßt und auf die Folter gelegt; man schmort ihn langsam auf einem Bratrost und treibt ihm Nadeln unter die Nägel. Iwan Pronskij, der ruhmreiche General, wird ertränkt. Tjutin, der Schatzmeister des Reiches, wird mit seiner Frau, seinen zwei Töchtern und seinen beiden kleinen Söhnen in Stücke gehackt. Andere Familien erleiden dasselbe Schicksal. Die Marter wird unter der Leitung des sirkassischen Prinzen, des Bruders der Zarin, durchgeführt.

Die *Opritschniki* plündern anschließend die Häuser und Dörfer ihrer Opfer. Die Frauen aus dem Volk werden vergewaltigt, bevor man sie in den Tod schickt. Leichen liegen so ziemlich an allen Kreuzungen herum, da niemand es wagt, den »Feinden des Zaren« ein christliches Begräbnis zu geben. Die meisten sind nackt, denn man hat sie vor dem Massaker ausgezogen, um zu vermeiden, daß das Blut die Kleider besudelt, die einen erheblichen Teil der Beute ausmachen. Manche sind verstümmelt und nicht zu erkennen. Die Einwohner von Moskau vergraben sich in ihren Häusern und zittern, wenn sie das Brüllen und Lachen der Henker hören, die draußen ihre Opfer jagen, erdolchen, zusammentreten und umbringen. Als Zeuge dieser blutigen Wirren kann der Metropolit Philipp in seiner Ohnmacht und Verzweiflung den Zaren nur zur Milde ermahnen. Er findet kein Gehör. Bald weigert Seine Majestät sich sogar, ihn zu empfangen.

Eines Sonntags dringt Iwan zur Stunde der Messe mit einer Kutte gekleidet und mit einer hohen Haube auf dem Kopf in die Himmelfahrts-Kathedrale ein. Eine große Zahl der *Opritschniki*, gleichfalls als Mönche angezogen, umgeben ihn. Philipp, der sie hat eintreten sehen, geht ihnen nicht entgegen und fährt in der Feier des Gottesdienstes fort. Nun bewegt sich der Zar auf ihn zu und bittet ihn um seinen Segen. Der Metropolit läßt sich nicht beirren. Verblüfft murren die *Opritschniki*, einer von ihnen schreit: »Heiliger Vater, Seine Majestät wartet auf deinen Segen!«

Philipp senkt seinen Blick zu dem Zaren herab, der sich als ein Glaubensmann verkleidet hat, und sagt: »In dieser seltsamen Vermummung erkenne ich meinen Herrscher nicht wieder. Ich erkenne ihn auch nicht mehr an seinen Taten… O mein Fürst! Hier an diesem Ort opfern wir dem Herrn, und hinter dem Altar fließt das Blut unschuldiger Christen in Strömen. Seit die Sonne begonnen hat, am Himmel zu scheinen, hat man noch nie einen Monarchen gesehen, der vom wahren Glauben erleuchtet war und sein Volk auf so grausame Weise zerfleischte. Selbst bei den Heiden gibt es ein Gesetz, Gerechtigkeit und Mitleid mit den Menschen. Dies alles gibt es nicht in Rußland. Die Güter und das Leben der Bürger sind nicht mehr sicher, wohin man sieht, nur Mord und Raub, und all diese Verbrechen geschehen im Namen des Zaren. Wie erhaben du auf dem Thron auch sein magst, es gibt ein höheres Wesen, unseren Richter und deinen! Wie willst du vor seinem Stuhl erscheinen, bedeckt mit dem Blut der Gerechten und betäubt von ihrem Schmerzensgeheul, denn die Steine dieser Kathedrale, auf denen du mit deinen Füßen stehst, schreien zum Himmel nach

Rache. O Fürst, ich spreche als Seelenhirte zu dir und fürchte niemanden außer Gott!«
Iwan bebt vor Wut, stampft mit seinem eisenbeschlagenen Spieß auf die Fliesen und schreit: »Elende Mönche, bis zum heutigen Tag habe ich euch zu sehr geschont, Rebellen, die ihr seid! Von nun an werde ich der sein, als den ihr mich hinstellt!« Und er verläßt die Kirche, gefolgt von seinen mordbereiten Handlangern. Doch da er es noch nicht wagt, den Metropoliten direkt anzugreifen, begnügt er sich damit, einige Mitglieder des Klerus festnehmen und foltern zu lassen. Seine *Opritschniki* weiten rasch das Feld der Repressalien aus. Im Juli 1568 brechen um Mitternacht Iwans Günstlinge Afanasij Wiasemskij, Maliuta Skuratow und Griasnoj an der Spitze einer Truppe von *Opritschniki* in einigen reichen Bojaren- und Kaufmannswohnungen ein, entführen die Frauen, die für ihre Schönheit bekannt sind, und bringen sie zur Stadt hinaus. Bei Sonnenaufgang schließt sich ihnen der Zar an. Er sucht sich die verführerischsten Gefangenen aus und vergewaltigt sie; sie anderen werden seinen getreuen Offizieren ausgeliefert. Danach vergnügt man sich noch ein wenig damit, Meierhöfe niederzubrennen und Rinder abzuschlachten. Dann kehrt die ganze Gesellschaft nach Moskau zurück, die Frauen werden wieder nach Hause gebracht, und »mehrere«, schreibt der Chronist, »starben vor Scham und Schmerz«.[1]
Wenige Tage später, am 28. Juli 1568, finden sich der Zar und seine Häscher im Kloster zur Heiligen Jungfrau ein, während Philipp die Messe zelebriert. Wie der Metropolit einen *Opritschniki* mit einer Mütze auf dem Kopf erblickt, wirft er dem Zaren vor zu dulden, daß einer seiner Männer im Gotteshaus das Haupt bedeckt läßt. Nun ist es zuviel! Iwan beschließt, Philipp den Prozeß zu machen. Er schickt Boten zum Solowetskij-Kloster, um dort einige Enthüllungen über die Scheinheiligkeit und Unzüchtigkeit seines »Feindes« zu sammeln. Die meisten der Mönche, die ihrem einstigen Prior aufrichtig ergeben sind, rühmen ihn als ein Vorbild an

---

[1] Taube und Kruse, zitiert nach Karamsin.

Heiligkeit. Doch der neue Abt, der Philipp abgelöst hat, ein gewisser Paissij, den die Hoffnung leitet, Bischof zu werden, läßt sich auf die Beschuldigungen seines Vorgängers ein. Man läßt ihn nach Moskau kommen. Vor einem Tribunal, das sich aus dem Zaren, Bischöfen und Bojaren zusammensetzt, wiederholt er seine Verleumdungen mit ruhigem Nachdruck. Philipp verschmäht es, sich zu rechtfertigen und beschränkt sich darauf, ihm zu sagen, daß »der schlechte Same keine guten Früchte tragen wird«. Er will auf sein Amt verzichten. »Lieber als ein unschuldiger Märtyrer umkommen, als schweigend mit der Würde des Metropoliten die Schrecken und Ruchlosigkeiten dieser unglückseligen Zeiten dulden«, erklärt er. »Tut an mir, was euch beliebt. Hier, nehmt den Hirtenstab, die weiße Mitra und den Mantel, die Ehrenzeichen, mit denen ihr mich bekleidet habt!« Doch der Zar ist auf diesem Ohr taub. »Du hast nicht selbst über dich zu richten!« erwidert er ihm. Und er befiehlt ihm, bis zur Verkündigung des Urteilsspruches, seine Amtstracht wieder anzuziehen und weiter die Messe wie zuvor zu feiern.
Am 8. November 1568, auf Michaeli, stürzen bewaffnete *Opritschniki* in die Himmelfahrts-Kathedrale, als Philipp gerade in den Priestergewändern vor einer großen Menschenmenge die Messe zelebriert. Alexej Basmanow unterbricht den Gottesdienst, schwenkt ein Papier und verliest mit lauter Stimme das Urteil, das den Metropoliten seiner Ämter enthebt. Sofort rauben die *Opritschniki* dem Pontifex die Kleider, streifen ihm eine zerrissene Kutte über, legen ihn in Ketten, jagen ihn mit den Schlägen ihrer Besen aus der Kirche und bringen ihn im Schlitten zum Dreikönigs-Kloster. Das erschreckte Volk läuft heulend und schreiend dem Gespann hinterher und versammelt sich in der Hoffnung auf ein Wunder vor dem Kloster. Doch das Wunder geschieht nicht. Philipp wird der Zauberei für schuldig befunden und zu lebenslänglicher Haft verurteilt. Er beschwört Iwan ein letztes Mal, Mitleid mit Rußland zu haben. Alles, was er erreicht, ist eine Verschlimmerung der Behandlung, die ihm zugedacht ist. Während er in einem Verlies angekettet und frierend hungert, drängen sich immer zahlreichere Pilger um das St.-Nikolaus-Kloster am Ufer der

Moskwa, wohin man ihn gebracht hat. Die Augen gebannt auf die hohen Mauern gerichtet, spüren die einfachen Leute eine Art geistiges Strahlen in ihre Seelen dringen. Sie sammeln sich vor dem Zufluchtsort eines »lebendigen Heiligen«, der sich für den Glauben opfert. Iwan hat geglaubt, sich einer lästigen Person zu entledigen, und nun muß er feststellen, daß er einen Märtyrer geschaffen hat. Das kann er nicht dulden, und läßt Philipp entfernen, der sich im Otrotsch-Kloster im Gouvernementsbezirk von Twer wiederfindet. Danach wird ein neuer Metropolit gewählt, Kirill, ein schwacher und verbindlicher Mann.

Da Philipp keine Gefahr mehr bedeutet, beruhigt sich Iwan. Eben bereitet er eine Strafexpedition nach Nowgorod vor. Er denkt, der Segen des Greises könnte den besten Einfluß auf die Truppen ausüben, er schickt Maliuta Skuratow, seinen brutalsten und sadistischsten Günstling, ins Otrotsch-Kloster, um zu erreichen, daß der Gefangene Gottes Gnade für das Unternehmen Seiner Majestät anruft. Philipp betet gerade in seiner Zelle, als der Bote des Zaren erscheint. Mit dem ersten Blick auf diesen ungeschlachten Rüpel errät er die Gefahr, die ihm droht. Maliuta Skuratow wiederholt ihm Wort für Wort die Forderung des Herrschers. Mit Hoheit und ohne zu stocken weigert sich der Priester, sich mit einer weiteren Gewalttat zu verschwistern. »Ich gebe meinen Segen«, sagt er, »nur Menschen, die guten Willens sind und gute Werke tun. Mag der Wille des Herrn in Erfüllung gehen. Ich erwarte schon lange den Tod.« Da stürzt sich Maliuta Skuratow rasend vor Wut auf ihn, krampft seine Hände um seinen Hals und erwürgt ihn. Dann erklärt er dem Abt, daß Philipp tot in seiner Zelle liege. »In der Hitze erstickt.« – Verängstigt schweigen die Glaubensmänner, und Iwan ist der Ansicht, daß alles in allem dieser Mord zur Linie seiner Politik passe, also ist für ihn keine Rede davon, Maliuta Skuratow zu tadeln. Um seinen Beifall recht deutlich zu bekunden, läßt er sogar einige Verwandte des Verstorbenen hinrichten.[1]

---

[1] Nach Iwans Tod wird Philipps Leichnam im Solowetskij-Kloster ausgestellt. Im Jahre 1652 wird der Metropolit heiliggesprochen und seine sterbliche Hülle in die Himmelfahrts-Kathedrale nach Moskau überführt.

Am 1. September 1569 erfährt Moskau voller Verwunderung vom Tod der Zarin Maria, Iwans zweiter Gemahlin. Vermutlich ist sie vergiftet worden. Von wem? Alle Verdachtsmomente weisen auf den Zaren, der sich seit langem von seiner Frau gelöst hat. Wenn sie auch bei Hofe keine Rolle spielte, so hat sie zumindest das Leben des Zaren nicht belastet – er betrog sie mit Mädchen, wie sie ihm über den Weg liefen –, aber er konnte es nicht mehr ertragen, sie in seinem Palast zu sehen. Darüber hinaus störte sie ihn in seinen Plänen zu einer englischen Heirat; eine Prise Pulver oder ein paar Tropfen eines kunstvollen Tranks, und der Weg für ihn wäre frei. In der Umgebung des Zaren zittert man jedoch in der Erwartung, wen er des Mordes bezichtigen wird. Die Bojaren tragen tiefe Zerknirschung zur Schau und kleiden sich in Trauergewänder, die aus Samt- und Damastmänteln ohne Goldverzierungen bestehen. Nach den Trauerfeierlichkeiten, die in Moskau stattfinden, zieht Iwan sich einmal mehr in die schlimme Einsamkeit von Alexandrowskaja Sloboda zurück, ohne einen Schuldigen bestimmt zu haben. Dort läßt er, inmitten seiner *Opritschniki*, in Gedanken die Großen seines Reiches Revue passieren und fragt sich, wen er in den Tod schicken soll. Von all den einstigen Verschwörern sitzt nur noch einer im Sattel, sein Vetter Fürst Wladimir Andrejewitsch. Iwan hat ihm sechs Jahre zuvor vergeben, ein Strafaufschub, der ihm heute unverdient erscheint. Es ist an der Zeit, diesem großspurigen Kerl, der einst den Thron an sich reißen wollte, ein Ende zu machen. Dennoch wird Iwan ihn nicht beschuldigen, die Zarin vergiftet zu haben. Nein, als viel schwereres Verbrechen wird er behaupten, Wladimir Andrejewitsch habe einen der Palastköche gedungen, den Zaren selber zu vergiften. Der Fürst wird mit seiner Familie nach Alexandrowskaja Sloboda gerufen. In Iwans Anwesenheit wiederholt der Koch, daß er fünfzig Silberrubel bekommen habe, um ein bestimmtes Pulver unter die Speisen Seiner Majestät zu mengen. Wladimir Andrejewitsch, seine Frau Ewdokia und seine zwei Söhne fallen dem Herrscher zu Füßen, beteuern ihre Unschuld und bitten darum, in ein Kloster eintreten zu dürfen. »Verräter«, schreit der Zar, »ihr habt mir Gift bereitet, nun gut, ihr werdet es trinken!« Und er läßt einen Kelch voll mit einem tödli-

Iwan der Schreckliche läßt einen seiner Berater ergreifen und hinrichten. Nach einer Miniatur aus dem 16. Jahrhundert. Photo Collection Viollet.

Massaker an den Einwohnern von Nowgorod 1570. Photo Collection Viollet.

chen Gebräu bringen. Der Fürst zögert, ihn zu nehmen, doch seine Frau ist gefaßt und sagt zu ihm: »Immer noch besser, durch die Hand des Zaren zu sterben als durch die Hand des Henkers.« Bei diesen Worten umarmt Wladimir Andrejewitsch seine Gemahlin zum Abschied, segnet seine Söhne und nippt an dem Kelch. Ewdokia und die beiden Jungen tun es ihm nach, alle vier beginnen zu beten, während das Gift sein Werk vollendet. Iwan wohnt ihren letzten Zuckungen bei. Dann ruft er die Zofen der Fürstin zu sich, und als sie vor den Leichnamen wehklagen, befiehlt er, sie auszuziehen und zu erschießen. Um das Maß vollzumachen, verlangt er gleichfalls, daß auch der verleumderische Koch, dessen Aussage so nützlich gewesen ist, erschossen werden soll, und man Wladimir Andrejewitschs Mutter, die ehrgeizige Fürstin Elfrosinia, die sich seit langem mit dem Ordensschleier von der Welt zurückgezogen hat, im Fluß ertränkt.[1]
Zu Iwans großer Überraschung ruft der Tod Wladimir Andrejewitschs und seiner Familie allgemeines Mitleid hervor. Niemand schenkt dem Märchen von dem Anschlag auf das Leben des Monarchen Glauben, in der Hinrichtung des Fürsten sieht man nur einen abscheulichen Brudermord, der mehr vom Haß als vom Verdacht eingegeben war. Der Zar jedoch schert sich kaum um die öffentliche Meinung. Auf die Stimmen anderer zu hören, heißt für ihn, schon nicht mehr regieren. Er stützt sich nicht auf das Volk, er stützt sich auf Gott. Und Gott ist in seinen Augen kein Richter, sondern ein Partner. Vielleicht sogar ein Komplize. Je älter er wird, um so mehr ist er von der Bedeutung des Ritus überzeugt, sein Glaube ist peinlich auf Äußerlichkeiten bedacht. Er zweifelt nicht an der magischen Wirkung, von Bekreuzigungen, Kniefällen und Weihwasserbesprengungen auf einen nach Ehrungen lechzenden Gott. Um den Allerhöchsten zum Einlenken zu nötigen, genügt es, ihn nach bestimmten Vorschriften anzuflehen. Die penible Einhaltung dieses Zeremoniells verschafft Iwan ein gleichsam sinnliches Vergnügen; er betet gerne, so wie er gerne eine Frau besitzt. Die mysti-

---

[1] Taube und Kruse; bestätigt von dem dänischen Gesandten Ulfeld, der 1578 in Rußland eintraf.

sche und die fleischliche Ekstase ergänzen sich in ihm und gehen bisweilen ineinander über. Seine Nasenflügel lassen sich gleichermaßen vom Duft des Weihrauchs wie vom Geruch schwitzender Haut kitzeln, es genügt, daß er irgendeine Lust mit Intensität verspürt, um daraus die Zustimmung oder gar den ausdrücklichen Willen Gottes abzuleiten. In diesem ständigen Gespräch unter vier Augen zwischen Gott und dem Zaren spielt die Kirche eine völlig zweitrangige Rolle. Sie ist lediglich dazu da, die Botschaften, die vom Thron zum Himmel und vom Himmel zum Thron gehen, mit Ergänzungen zu versehen. Häufig verzichtet Iwan auch auf diese ehrwürdige Vermittlung, um sich direkt und vertraulich mit dem Ewigen zu unterhalten. Sein Bündnis mit Gott ist nie so augenfällig bestätigt worden wie am Palmsonntag. An diesem Tag versammelt sich traditionsgemäß die ganze Bevölkerung von Moskau vor der Messe am Kreml. Durch die Straßen gleitet ein Schlitten, der einen Baum trägt, an dem verschiedene Früchte hängen, hauptsächlich Äpfel. Fünf kleine, in Weiß gekleidete Jungen, stehen unter den Zweigen und singen Gebete. Andere gehen hinter dem Gespann und schwenken Kerzen und Laternen. Es folgen, inmitten eines Waldes von Bannern und Heiligenbildern, mehr als hundert Priester in ihren von Gold und Edelsteinen funkelnden Meßgewändern, die Bojaren und bedeutende Persönlichkeiten. Endlich erscheint in einer Wolke von Weihrauch der Metropolit, der auf einem Esel mit weißer Schabracke reitet. In seiner linken Hand hält er ein in Gold gebundenes Evangelium, mit der rechten segnet er das Volk. Der Zar schreitet neben ihm zu Fuß und hält das Reittier ehrerbietig am Zaum. So stellt Iwan sich vor aller Augen als gläubiger Büßer der Kirche dar. Im Volk weiß jeder, wer von beiden, der Kirchenfürst oder der Zar, Macht auf den andern ausübt. Die Menge wirft sich zugleich vor der himmlischen wie vor der irdischen Herrschaft nieder. Nachdem die Prozession an den wichtigsten Kirchen vorübergezogen ist, kehrt sie zur Himmelfahrts-Kathedrale zurück, wo der Metropolit selber die Messe liest. Nach dem Gottesdienst gibt er für den Zaren und die Bojaren ein Gastmahl. Und so endet die symbolische Aufführung von Jesu Einzug in Jerusalem mit einem Gelage.

ZWÖLFTES KAPITEL

Das Martyrium von Nowgorod

Iwan treibt das Verlangen, seine Allmacht zu beweisen, immer weiter. Er kann sich nicht mehr damit begnügen, einzelne Personen zu strafen, er muß jetzt Städte strafen. Seit langem ist er über die Anmaßung von Groß-Nowgorod und Pskow erzürnt. Diese zwei bedeutenden Städte, die erst kürzlich der Krone unterworfen worden sind[1], erinnern sich noch der Zeiten, da sie unabhängig waren und nach eigenem Gutdünken mit den Litauern und Schweden Handel trieben. Die Kriege, die der Zar im Norden führte, haben diesen Handel beeinträchtigt, die britischen Kaufleute haben ungeheure Privilegien erhalten, und die Überfälle der *Opritschniki* auf das Land haben Panik unter eine Bevölkerung gesät, die ängstlich auf ihre letzten Freiheiten bedacht ist. Iwan spürt die Unzufriedenheit in diesem Teil des Reiches gären und beginnt, Geiseln zu nehmen, um das Wohlverhalten der zwei Städte zu sichern: Im Frühjahr 1569 werden fünfhundert Familien von Pskow und einhundert von Nowgorod nach Moskau zwangsdeportiert. Diejenigen, die man aus ihren Häusern gerissen hat, jammern über ihre Verbannung, diejenigen, die man darin gelassen hat, zittern in der Erwartung noch schrecklicherer Ereignisse. Einige Monate später verläßt ein Sträfling namens Peter, der aus Wolhynien gebürtig ist, das Gefängnis von Nowgorod und sinnt auf Rache an den Einwohnern, die ihn verurteilt haben. Da er weiß, wie sehr Iwan gegen sie eingenommen ist, verfaßt er unter dem Namen des Erzbischofs von Nowgorod und einiger bedeutender Männer einen Brief an Sigismund August, daß die ganze Bevölkerung der Mißhandlungen des

[1] Nowgorod ist 1471 und dann 1478 von dem Großherzog Iwan III., dem Großvater Iwans des Schrecklichen, erobert worden, und Pskow 1510 von dem Großherzog Wassilij III., dem Vater Iwans des Schrecklichen.

Zaren überdrüssig sei und bereit, sich Polen zu unterwerfen. Diesen Brief versteckt er hinter der Jungfrauen-Ikone in der St.-Sophien-Kathedrale. Dann begibt er sich nach Moskau, und zeigt die angebliche Verschwörung an. Es wird unverzüglich Befehl gegeben, die verbrecherische Botschaft an dem bezeichneten Ort zu suchen. Dort wird sie natürlich entdeckt, und die Unterschriften des Erzbischofs Pimen und zahlreicher Magistrate werden für echt erklärt. Iwan trampelt vor Freude mit den Füßen: Endlich hat er einen Vorwand.

Im Dezember 1569 bricht er von Moskau an der Spitze des Heeres mit seinen *Opritschniki* und eintausendfünfhundert *Strelitzen* zu einer Strafexpedition auf; sein Herz schlägt vor ausgelassener Freude wie in der Erwartung einer Vergnügungsfahrt. Er wird von seinem älteren, fünfzehnjährigen Sohn begleitet, der in einem Klima der Grausamkeit aufgewachsen ist und mit seinem Vater den Geschmack an gemeiner Wollust und vergossenem Blut teilt. Für diesen Jüngling bedeutet die Folter eine Zerstreuung wie die Jagd. Nicht der Anflug von Gewissensbissen angesichts der Gewalt, die an einem wehrlosen Menschen verübt wird, denkt er, bestimmte Menschen seien dazu ausersehen, Opfer zu sein, und andere Henker. Alles hängt von der Klasse ab, in der Gott einen zur Welt kommen ließ.

Auf dem Weg nach Nowgorod vergnügen sich die bewaffneten Horden damit, die Einwohner von Klin zu massakrieren, auch wenn man ihnen nicht vorwerfen kann, sich an den König von Polen verkauft zu haben. In Twer betet der Zar fünf Tage lang in einem Kloster, während die *Opritschniki* von Haus zu Haus ziehen und foltern, wie es ihnen gefällt. Dasselbe Schicksal erwartet Mednoje, Torjok, Wischnij, Waldai... Alle russischen Städte, die zwischen Moskau und Nowgorod liegen, werden bestraft. Man tötet sogar die Bauern, die man unterwegs trifft, unter dem Vorwand, Iwans Expedition müsse geheim bleiben. Nach dem Durchzug der »Rächer« bleiben nur verkohlte Mauern, Berge von Leichen, Gehängte an den Ästen der Bäume und aufgeschlitztes Vieh zurück.

Am 2. Januar 1570 kommt die Vorhut des Heeres vor den Mauern von Nowgorod an. Es ist eine schöne, wohlhabende und stark bevölkerte Stadt, die stolz ist auf ihre europäische Tradition. Die Soldaten beginnen, um die Stadt hohe Palisaden zu errichten, damit niemand entkommen kann. Die Kirchen werden verriegelt, damit darin niemand Zuflucht sucht. Die Mönche müssen ihre Klöster verlassen, deren Tore man zumauert, die Bürger und Kaufleute von Rang werden in ihren Wohnungen festgehalten. Man verhaftet alle Beamten und Mitglieder des niederen Klerus. Die Kirchenmänner werden in großer Zahl auf einer Koppel zusammengepfercht und aufgefordert, ein Lösegeld von zwanzig Rubeln pro Kopf zu zahlen. Diejenigen, die nicht imstande sind, diese Summe zu entrichten, werden jeden Tag die Bastonade[1] bekommen. In der ausgestorbenen Stadt wissen die Einwohner immer noch nicht die Gründe dieser Unterdrückung und warten voller Furcht auf die Ankunft des Zaren.

Am 6. Januar, dem Dreikönigstag, bleibt er mit seiner Truppe zwei Werst vor Nowgorod stehen. Am nächsten Tag werden auf seinen Befehl hin alle Glaubensmänner getötet, die nicht die Geldbuße haben zahlen können. Man erschlägt sie mit Keulen und bringt sie in ihre jeweiligen Klöster, um sie dort zu begraben. Am 8. Januar dringt der Zar mit seinem Sohn und Gefolge in die verwüstete und stille Stadt ein. Der Erzbischof Pimen erwartet ihn mit Kreuzen und Ikonen an der großen Wolchowbrücke. Anstatt sein Haupt zu verbeugen, lehnt Iwan den Segen des Prälaten ab und ruft: »Ruchloser Mensch, das ist nicht das lebenspendende Kreuz, das ich in deinen Händen sehe, das ist eine tödliche Waffe, die du mir ins Herz stoßen willst. Ich kenne deine heimtückischen Absichten und die der schändlichen Bevölkerung dieser Stadt. Ich weiß, daß ihr bereit seid, mich an Sigismund August auszuliefern! Von diesem Moment an bist du in meinen Augen nicht mehr der Hirte der Christenheit, sondern ein reißender Wolf, ein wildes Tier, ein erbitterter Gegner der Krone des Monomachen!« Sodann befiehlt er dem Erzbischof, mit seiner Prozession wieder in die St.-Sophien-Kathedrale zurückzukehren. Er selbst begibt sich in Begleitung sei-

[1] Stockschläge auf die Fußsohlen (A.d.Ü.).

nes Sohnes dorthin und lauscht Pimen, nachdem er gegen ihn gewettert hat, bei der Lesung der Messe. Seine Kniefälle und Bekreuzigungen sind von beispielhafter Demut. Sollte er seinen Wutanfall vergessen haben? Sollte er im Begriff sein zu verzeihen? Schon fassen die Priester, die den ehrwürdigen Pimen umgeben, zögernd neue Hoffnung. Nach dem Gottesdienst gibt Iwan seine Zusage, im erzbischöflichen Palast zu speisen. Bei Tisch plaudern seine Bojaren fröhlich mit den Mitgliedern des Klerus. Mitten während der Mahlzeit richtet der Zar sich auf und stößt einen furchterregenden Schrei aus. Sofort stürzen die *Opritschniki* in den Saal, packen Pimen, ziehen ihm die priesterlichen Gewänder aus, fesseln die anderen Priester und die Bediensteten und schleppen sie ins Gefängnis. Dann plündern sie das Haus des Erzbischofs, verwüsten die St.-Sophien-Kathedrale und nehmen die Schätze und geweihten Kelche mit fort.

Vom nächsten Tag an kniet sich Iwan munter in sein Werk der Gerechtigkeit. Jeden Tag führt man ihm und seinem Sohn auf dem großen Platz an die tausend Einwohner vor, Honoratioren, Kaufleute und einfache Bürger. Kein Verhör, keine Zeugenvernehmung, keine Verteidigungsrede, keine Verurteilung. Allein aufgrund der Tatsache, daß diese Leute aus Nowgorod, der verdammten Stadt stammen, sind sie schuldig. Aus Raffinement foltert man die Ehemänner vor ihren Frauen, die Mütter vor ihren Kindern. Man knebelt, zerschmettert Gliedmaßen, schneidet Zungen ab, schlitzt Nasenflügel auf, kastriert und brät die Körper auf kleiner Flamme. Dann werden die Unglücklichen blutig und zerschlagen mit dem Kopf oder den Füßen an Schlitten gebunden, die in frischer Gangart zum Wolchow hinabfahren. An einer Stelle, wo der Fluß selbst mitten im Winter nicht zufriert, treibt man ganze Familien, Frauen mit ihren Männern, Mütter mit ihren Säuglingen, in das eiskalte Wasser. Denen, die sich schwimmend retten können, wird von den *Opritschniki*, die in Kähne gestiegen sind, mit Lanzen, Pfählen und Äxten der Rest gegeben. Dieses systematische Massaker dauert fünf Wochen. Iwan und sein Sohn werden dieses Schauspiels nicht überdrüssig. Dem Zaren zufolge ist für einen Geist, der auf menschliche Geheimnisse begierig ist, nichts lehrreicher, als die Reaktionen eines wehrlosen Opfers in den Klauen von Schmerz und Tod zu beobachten. Selbst für den, der die Folterkammern kennt, bleibt es ein immer neues Vergnügen. Unter der Einwirkung des Leids brechen die Gesichtszüge, die daran gewöhnt sind, Gleichgültigkeit, Hochmut, Höflichkeit oder Mut zu heucheln, zusammen. Die Masken fallen. Das Tier kommt hinter dem Menschen zum Vorschein. Das ist so erregend wie die Entblößung einer zappelnden und kreischenden Jungfrau. Die Gemarterten winden sich, heulen, verzerren das Gesicht und vergessen jegliche Würde. Schuldige und Unschuldige sind sich darin gleich. Mit einem Wort ließen sich ihre Qualen beenden. Doch dieses Wort fällt nicht. Vielmehr steigt die Lust, in dem Maße, wie der andere erniedrigt wird. Perlmuttweiße Sehnen, bläuliche Eingeweide, schleimig grüne Sekrete und vor allem das fröhliche Aufspritzen des Blutes mit seinem warmen, schalen, betäubenden, unvergleichlichen Geruch! Welche bessere Vorbereitung auf Liebe oder Gebet? Wenn man Menschen geprügelt, gehäutet, gepeinigt, gevierteilt und gebraten hat, taucht man mit neuer Kraft in die Frau oder in Gott ein. So finden sich Iwan und sein Sohn nach jeder Hinrichtungsserie wieder in der Kirche zu frommen und friedfertigen Verrichtungen ein. Die Schlächterei und der Gottesdienst ergänzen sich. Die Gesamtzahl der Opfer wird sich nach Kurbskij auf fünfzehntausend belaufen, nach der *Dritten Chronik von Nowgorod* auf achtzehntausend, nach Taube und Kruse auf siebenundzwanzigtausend und nach dem Verfasser der *Ersten Chronik von Pskow* auf sechzigtausend. Der Wolchow ist mit Leichen zugeschüttet, und in seinen Fluten treiben das Blut und die Reste von Menschen bis zum Ladoga-See.

Nicht zufrieden damit, die Bevölkerung von Nowgorod auszulöschen, läßt Iwan seine Schergen zu einer systematischen Plünderung übergehen. Es ist, als habe ihn eine unbezähmbare Wut gepackt, in der er eine der größten Städte seines Landes zugrunde richten wollte, um zu verhindern, daß sie Moskau gleichkommt. Er streift durch die Straßen und spornt seine *Opritschniki* an, die Häuser und Geschäfte belagern, Türen einrammen, Fenster erklimmen, sich um Berge von Stoff und Pelzen, Geschirr und Ikonen streiten. Alle Kirchen werden verwüstet. Unter der Führung des Zaren greift die »Bestrafung« auf das umliegende Land in einem Radius von zweihundertfünfzig Werst über[1]: Ermordete Bauern, in Brand gesteckte Häuser, geschlachtetes Vieh, niedergebrannte Kornspeicher – das Ausmaß der Zerstörung zeigt Iwan, was sein Genius vermag.

Endlich, am 12. Februar, dem Montag der zweiten Fastenwoche, befiehlt er beim Aufgang der Sonne, daß man einen Überlebenden aus jeder Straße zu ihm bringe. Eingefallen, zerlumpt und erschöpft von Schrecken und Verzweiflung, erscheinen sie und warten auf den Todesstoß. Doch der Zar, den sie nun vor sich haben, macht ein mildes Gesicht. Er taucht aufgeheitert und verjüngt aus dem Blutbad auf. »Einwohner von Nowgorod, die ihr am Leben geblieben seid«, sagt er sanft, »betet zu Gott, daß er uns eine glückliche Herrschaft gewährt, betet, daß Christi Armee über ihre sichtbaren und unsichtbaren Feinde triumphiert. Gott möge euren Erzbischof und seine abscheulichen Komplizen richten. Das Blut, das an dieser Stätte vergossen worden ist, soll über sein Haupt kommen. Nun, da Tränen und Wehklagen ein Ende haben... Kehret heim in Frieden!« Im Anschluß an diese Rede wird Erzbischof Pimen, in Lumpen gehüllt und mit einer Musette und Trommel in den Händen, als Histrione[2] auf einer weißen Stute durch die Stadt geführt. Die wenigen Schaulustigen an seinem Weg sind stumm vor Schmach, senken die Köpfe und bekreuzigen sich. Nach dieser Parade bringt man ihn unter Geleit nach Moskau.

Iwan verläßt Nowgorod und nähert sich mit seiner beuteschweren Armee der zweiten schuldigen Stadt, Pskow. Der deutsche Abenteurer Heinrich von Staden, der bei den *Opritschniki* angemustert hat, wird sich rühmen, mit einem einzigen Pferd in die Stadt Nowgorod eingezogen zu sein und sie mit neunundvierzig Reittieren und zweiundzwanzig, mit geplünderten Reichtümern belade-

---

[1] Nowgorod wird sich niemals von dem Massaker von 1570 erholen. Es bleibt eine zweitrangige, arme und wenig bevölkerte Stadt.

[2] Histrione: Schauspieler der Komödie im antiken Rom. (Anm. d. Übers.)

nen Fuhrwerken im Gefolge verlassen zu haben.[1] Als die Pskowiter erfahren, daß der Zar sich ihrer Stadt nähert, erstarren sie vor Angst und stürzen in die Kirche. Um Mitternacht läuten düster die Glocken. Ist dies ein Willkommensgruß oder die Sturmglocke? Vom St.-Nikolaus-Kloster bei Lubotow, wo er Halt gemacht hat, hört der Zar das dumpfe Läuten, und angeblich ist sein Herz davon gerührt. Am nächsten Tag erblickt er beim Einzug in die Stadt vor jedem Haus einen gedeckten Tisch, und die Einwohner bieten ihm auf den Knien das Brot und Salz der Gastfreundschaft an. Ihr Wortführer spricht zu ihm mit Tränen in den Augen: »Verfüge über unser Leben und unsere Güter, denn alles, was wir besitzen, gehört dir, wie auch wir selbst!« Diese Sprache gefällt Iwan, und er geht in die Dreifaltigkeits-Kirche, um ein *Tedeum* zu hören. Als er sie verläßt, beschließt er, die Zelle eines erleuchteten Mönches, Nikolaus, aufzusuchen. Er sieht sich einem halbnackten, abgezehrten Mann mit irrem Blick, struppigem Bart und einer Kette um den Hals gegenüber, der ihn hochmütig mißt und ihm ein Stück rohes Fleisch hinhält. »Ich bin ein Christ«, sagt der Zar zu ihm, »ich esse kein Fleisch in der Fastenzeit.« Der Einsiedler erwidert mit kräftiger Stimme: »Du tust Schlimmeres: Du nährst dich von menschlichem Fleisch und Blut und vergißt nicht nur die Fastenzeit, sondern Gott selber.« Und er prophezeit dem Zaren, daß ihn das himmlische Flammenschwert treffen wird, wenn er auch nur einem Kind in Pskow ein Haar krümmt. Inzwischen hat sich der Himmel mit dunklen Wolken bedeckt. Donner rollt in der Ferne. Sollte der Wundertäter recht haben? Fast hätte Iwan Nikolaus mit seinem eisenbeschlagenen Spieß durchbohrt, da besinnt er sich. Er hat es gewagt, Hand an einen Erzbischof zu legen und einen Metropoliten erdrosseln zu lassen, doch dieser Irre im Herrn macht auf ihn einen großen Eindruck. Teilt Gott seine Wünsche nicht lieber durch den Mund eines Einfachen im Geiste als durch den der Prälaten mit? Diese zerlumpten und stammelnden Fürsprecher muß man fürchten wie das Feuer. Vorsichtig geworden, befiehlt Iwan

---

[1] Heinrich von Staden: *Aufzeichnungen.*

seinem Heer, die Stadt zu räumen; man wird sich damit begnügen, ein wenig die Vororte zu plündern. Wenige Tage später machen der Zar und seine Männer sich wieder auf den Weg nach Moskau, hinter ihnen strömt das Volk, das auf so wunderbare Weise verschont blieb, in die Kirchen. Wälder von Kerzen brennen vor den Ikonen, Weihrauch steigt auf. Tausend Gebete zu Gott, um den Mut des Mönches Nikolaus zu preisen, der die Stadt gerettet hat.
Iwan gönnt sich das Vergnügen, in Moskau eine Rückkehr zu veranstalten, die etwas von einem Triumphzug und etwas von einer Maskerade an sich hat. Um das Volk fröhlich zu stimmen, läßt er einen seiner Possenreißer voranziehen, der oben auf einem Ochsen hockt. Doch nachdem die Schaulustigen über die Verrenkungen des Hanswurst gelacht haben, erblicken sie voller Furcht ihren allmächtigen Zaren, der an der Spitze seiner *Opritschniki* reitet. Um deutlich zu zeigen, daß er der Anführer dieser Mörderbande ist, trägt auch er am Sattel die Zeichen der Bruderschaft: einen Besen und einen Hundekopf. Ihm folgt das Heer mit kriegerischem Schritt, als kehre es von einem siegreichen Feldzug gegen die Polen oder die Tataren zurück. Fuhrwerke mit der in russischen Städten angehäuften Beute beschließen den Zug.
Iwans erste Sorge ist nun, eine gerichtliche Untersuchung gegen die vermeintlichen Komplizen der Leute von Nowgorod und Pskow zu eröffnen. Der Prozeß dauert fünf Monate. Man unterzieht die von der Expedition mitgebrachten Gefangenen der Folter, gebrochen von den Qualen, beschuldigen sie jeden Beliebigen des Verrats. Diese Verleumdungen betreffen sogar einige Günstlinge des Zaren. Das reicht aus, daß er beschließt, sie umbringen zu lassen. So sieht sich Afanasij Wiasemskij, ein zynischer und hartgesottener Mann, der bis zu diesem Tag sein volles Vertrauen besaß, für ihn die von seinen Ärzten verschriebenen Mittel probierte, ihn jede Nacht in sein Schlafgemach begleitete, um seine Vertrauten zu empfangen, plötzlich dem Verdacht ausgesetzt, die Nowgoroder vor dem Schicksal, das sie erwartete, gewarnt zu haben. Iwan bestellt ihn in den Palast und unterhält sich freundlich mit ihm über Staatsangelegenheiten, während dieser Zeit plündert man auf seinen Befehl das Haus des Fürsten und tötet alle seine Diener. Als

der Fürst, selber ein Fachmann für diese Art von Besorgungen, nach Hause zurückgekehrt ist, nimmt er die Sache nicht weiter übel. Er ist sich sicher, bei dieser Gelegenheit seinem Herrn die Ergebenheit seiner Absichten zu beweisen. Doch am selben Abend wird er festgenommen und in ein Verlies geworfen. Dort findet er zwei andere Günstlinge wieder: Alexej Basmanow und seinen Sohn, Fjodr, die Kumpane der Orgien und Gewalttaten des Zaren. Iwan Wiskowatij, Mitglied der Bojaren-Duma, Simeon Jakowlew, der Schatzmeister Nikita Funikow sowie die Sekretäre Wassiljew und Stepanow werden gleichfalls trotz ihrer Unschuldsbeteuerungen eingekerkert; man foltert sie, doch ohne ihnen ein Ende zu machen. Etwa dreihundert Menschen werden so für eine Massenhinrichtung in der Hauptstadt vorbereitet.

Auf dem weiten Kremlplatz richten Arbeiter siebzehn Galgen, einen gewaltigen Kessel voll Wasser, der über einem Stapel Brennholz hängt, eine Bratpfanne von der Größe eines Menschen sowie gespannte Seile, um die Körper durch Reibung entzweizusägen. Am 25. Juli 1570, dem für das große Blutfest angesetzten Tag, trauen sich die von diesen unglaublichen Folterapparaten zu Tode erschrockenen Moskowiter nicht zu den Hinrichtungsstätten. Sie, die gewöhnlich so gierig auf große Sensationen sind, vergraben sich in ihren Häusern. Die Ladenbesitzer lassen ihre Geschäfte im Stich, die Straßen leeren sich. Jedermann fürchtet, der Zar werde sich an Moskau rächen, wie er sich an Nowgorod gerächt hat. Vor dem schauerlichen Umzug liegt eine verlassene Stadt. Die Sonne scheint, und es ist warm. Ein Trommelwirbel verkündet die Ankunft des Zaren. Er rückt zu Pferde heran, in Paradeuniform, mit einem Köcher, den zwei kreuzweise übereinandergelegte Pfeile zieren, und einem Sattel, der mit Perlen und Smaragden besetzt ist; sein älterer Sohn begleitet ihn. Dahinter marschieren in Reihen die *Opritschniki.* Sie gehen dem langsamen Zug der Verdammten voran, mehr als dreihundert an der Zahl, die sich geschunden, zerrissen und blutüberströmt dahinschleppen und auf den Tod wie auf eine Erlösung warten.

Als der Zar bei den Galgen ankommt, wundert er sich, daß der Platz leer ist. Er hat ein so großes Schauspiel vorbereitet, daß er Pu-

blikum braucht, um es zu beginnen. Sofort befiehlt er den Wachen, die Bevölkerung zusammenzutreiben. Ungeduldig über ihr langsames Vorgehen, läuft er selbst durch die Straßen und ruft mit lauter Stimme die Moskowiter zu dem Schauspiel. Um ihnen Mut zu machen, versichert er ihnen, daß ihnen kein Leid geschehen wird. Halb beruhigt kommen die Einwohner aus ihren Löchern hervor. Langsam wächst die Menschenmenge an. Ein paar Neugierige klettern auf die Dächer. Als ihm das Publikum zahlreich genug erscheint, ruft Iwan: »Leute von Moskau, ihr werdet jetzt Hinrichtungen beiwohnen, doch die ich strafe, sind Verräter! Antwortet mir: Scheint euch mein Urteil gerecht?« Folgsam heult die Menge: »Es lebe der Zar! Mögen seine Feinde zugrunde gehen!« Der Zar schaudert vor Zufriedenheit. Die große Aufführung beginnt mit einer Verteilung von Gnadenerlassen; etwa hundert Gefangene aus Nowgorod kommen mit dem Leben davon. Unter ihnen Pimen, der ehemalige Erzbischof der Märtyrerstadt: Er wird in ein fernes Kloster verbannt. Afanasij Wiasemskij kann nicht hingerichtet werden, da er ungeschickterweise unter der vorangegangenen Folter gestorben ist. Alexej Basmanow befindet sich nicht mehr in der Schar der Verdammten: Iwan hat den jungen Fjodr Basmanow gezwungen, seinen eigenen Vater im Gefängnis zu töten, um seinen Kopf zu retten, und Nikita Prosorowskij aus demselben Grund, seinen Bruder zu erdolchen. Danach erklärt er ihnen: »Du bist ein Vatermörder! Und du ein Brudermörder! Also habt ihr beide den Tod verdient.« Und er gibt dem Henker ein Zeichen, sie zu ergreifen, während die *Opritschniki*, von diesem gelungenen Scherz erheitert, ihrem Herrscher, der ganz ohne Zweifel unübertrefflich ist im Raffinement der Grausamkeit, Beifall klatschen.
Ein Sekretär des inoffiziellen Rates entrollt ein Pergament und verliest die Namen der Opfer. Der Hauptgefangene ist Fürst Iwan Wiskowatij. Unter der Anklage, er habe Nowgorod an Sigismund August ausliefern wollen, er habe an den Sultan geschrieben, um ihn zu bewegen, Astrachan und Kasan an sich zu reißen, und schließlich den Khan von der Krim aufgefordert, Rußland zu verwüsten, hebt er die Augen zum Himmel und beteuert: »Alles, was ich soeben vernommen habe, ist nichts als ein Geflecht von ab-

scheulichen Verleumdungen! Es ist unnütz, daß ich mich zu rechtfertigen suche, denn mein irdischer Richter ist taub für die Stimme der Wahrheit! Doch der im Himmel regiert, sieht meine Unschuld!« Die *Opritschniki* stürzen sich auf ihn, knebeln ihn, hängen ihn an den Füßen auf und ziehen ihm die Haut in Streifen ab. Der Schatzmeister Funikow wird mit kochendem und eiskaltem Wasser übergossen, »so gut, daß sich die Haut wie bei einem Aal ablöst«. Die anderen werden erdrosselt, gehängt oder in Stücke zerlegt. Ohne vom Pferd zu steigen, durchbohrt Iwan mit seinem eisenbeschlagenen Spieß einen Greis. Im Zeitraum von vier Stunden werden zweihundert Menschen von den *Opritschniki* getötet. Erschöpft vom Morden und mit blutbespritzten Kleidern, jubeln sie dem Zaren zu und stoßen ihr Freudengeheul aus: »Hoijda! Hoijda!«[1] Er überquert den Platz, untersucht neugierig die Leichen, von denen er manche in ihrer Haltung komisch findet. Dann begibt er sich zu Funikows Witwe, einer jungen und schönen Frau, Schwester des Fürsten Afanasij Wiasemskij, und fordert, daß sie ihm verrät, wo ihr Mann seinen Schatz versteckt hat. Weil sie schwört, es nicht zu wissen, zieht man sie vor ihrer Tochter, einem Kind von elf Jahren, nackt aus, und nachdem man sie mit Gewalt rittlings auf ein gespanntes Seil gesetzt hat, fügt man ihr die langsame Marter der Reibung zu. Einem Zeitgenossen, Jerome Horsey zufolge, wird der Fürst Telepnew gepfählt und kämpft auf diese Weise lange Stunden mit dem Tod, während vor seinen Augen Soldaten seine Mutter vergewaltigen.
Im Anschluß an diese Hinrichtungen ruht Iwan sich drei Tage lang aus; die Zeit, um die Leichen zu begraben und den Platz zu reinigen. Danach bringt man neue Opfer herbei. Maliuta Skuratow, der Anführer der Henker, wächst bei dem Werk über sich selbst hinaus. Achtzig Frauen von Gefangenen werden in der Moskwa ertränkt; die Körper ihrer Männer liegen auf abscheuliche Weise verstümmelt auf offenem Feld umher, verwesen in der Julihitze und strömen einen pestilenzialischen Gestank aus. Iwan befiehlt seinen

---

[1] Laut Karamsin Schrei der Tataren, um ihre Pferde anzufeuern.

Opritschniki, dieses tote Fleisch in kleine Stücke zu schneiden, um die Beseitigung der Reste zu erleichtern. Fast eine Woche lang balgen sich die Hunde Moskaus um Fetzen von verfaulendem Fleisch. Der Staub auf dem Platz ist vom Blut getränkt, wenn die Einwohner ihr Haus verlassen, haben sie den Eindruck, in ein Massengrab unter freiem Himmel zu treten.

Auf die Massenhinrichtungen vor versammelter Menge folgen die standrechtlichen Hinrichtungen hinter verschlossenen Türen. Als der *Woiwode* Golochwastow begreift, daß er in Gefahr schwebt, versteckt er sich in einem Kloster am Ufer der Oka. Die *Opritschniki* spüren ihn auf, Iwan läßt ihn auf ein Faß Schießpulver setzen und jagt ihn in die Luft. »Die Zönobiten[1] sind Engel, die zum Himmel auffliegen müssen«, sagt er und lacht. Ein anderes Mal ist er unzufrieden über einen Witz des Fürsten Gwozdew und schüttet ihm eine Schüssel kochende Suppe über den Kopf. Der Unglückliche heult vor Schmerz und will die Flucht ergreifen, doch Iwan stößt ihm sein Messer in die Brust. Man ruft auf der Stelle den Arzt Arnold Lenzey herhei. »Rette meinen guten Diener«, sagt Iwan zu ihm. »Ich habe mit ihm etwas zu derb gescherzt.« – »So derb«, antwortet Arnold Lenzey, »daß Gott allein ihm das Leben zurückzugeben vermag. Er atmet nicht mehr.« Einige Zeit später, wieder bei Tisch, schneidet der Zar zum Spaß dem *Woiwoden* Boris Titow ein Ohr ab. Dieser dankt Seiner Majestät, ohne das Gesicht zu verziehen, für diese »gnädige Strafe« und wünscht ihm eine glückliche Herrschaft. Als Iwan von der Abendmahlzeit aufsteht, um der Folterung einiger livländischer Gefangener beizuwohnen, entreißt einer von ihnen, der Edelmann Dikowskij, ihm seinen Spieß und will ihn damit durchbohren. Schnell wie der Blitz wendet der Zarewitsch den Hieb ab und erdolcht den Angreifer. Iwan ist zufrieden mit seinem Sohn; mit einem Bürschchen dieses Schlages, abgebrüht, mutig und flink, ist er sicher, daß seine Nachfolge auf würdige Weise gesichert ist. In Wein, Ausschweifung und Blut sind beide innig miteinander verbunden. Es genügt, daß der junge

---

[1] Zönobiten: gr.-lat. im Kloster lebende Mönche. (Anm. d. Übers.)

Mann an der Seite seines Vaters erscheint, um den Russen die Hoffnung auf eine mildere Regierung in der Zukunft zu nehmen. Manchmal, wenn sie einige friedliche Bürger auf dem Platz versammelt sehen, vergnügen sie sich damit, wütende Bären auf die Menge loszulassen. Die überstürzte Flucht der Moskowiter, ihre Schreie, ihr ungeschickter und ungleicher Kampf gegen die wilden Tiere sind ein Leckerbissen für diese zwei Liebhaber der Posse. Wenn das Leid komisch wird, ist der Gipfel des Vergnügens erreicht.

Was Iwan in seinem Glauben, dem rechten Pfad zu folgen, bestärkt, ist die verängstigte Fügsamkeit seines Volkes. Die er in den Tod schickt, nehmen seine Entscheidung nicht nur mutig an, sondern scheinen ihm nicht einmal böse zu sein, daß er sie zu Unrecht straft. Darin kommt eine gläubige Achtung vor der Person des Zaren, des Gesalbten des Herrn, zusammen mit einer blinden Unterwerfung vor dem Schicksal zum Ausdruck. Je weniger der Russe den Grund der Strafe, die ihn trifft, begreift, desto mehr neigt er zu dem Glauben, sie sei von Gott gesandt. Er lehnt sich nicht gegen das Unglück auf, sondern öffnet ihm die Tore, alles, was ihm widerfährt, das Gute wie das Schlechte, kommt notwendigerweise von oben. Man berichtet den typischen Fall eines gepfählten Bojaren, der während eines vierundzwanzigstündigen Todeskampfes sich mit seiner Frau und seinen Kindern unterhält und mit den Augen gen Himmel immer wieder sagt: »Großer Gott, schütze den Zaren!«

Die Unruhen aller Art, die Sauf- und Freßgelage und die sexuellen Exzesse haben Iwans Erscheinungsbild sichtlich gezeichnet. Mit vierzig Jahren schwimmt er im Fett; seine langen Haare und sein verfilzter Bart werden grau. Die Augen in seinem aufgedunsenen Gesicht drücken solches Mißtrauen und solche Grausamkeit aus, daß allein die *Opritschniki* seinem Blick standhalten können. Bei ihnen fühlt er sich am wohlsten. Nur sie, denkt er, würden ihn nicht hassen. Im Lande bleiben jedoch aufgrund der Verwüstungen, die die *Opritschnina* begangen hat, weite Ländereien unbebaut. Die ausgeraubten Bauern richten ihre in Trümmern liegenden Höfe nicht wieder auf. Da auch noch der Sommer 1570 völlig verregnet ist, fehlt es ab Herbst an Weizen und Roggen. Den Winter über herrscht Hungersnot. Die Bauern essen Baumrinde. Menschen sterben vor Hunger und Erschöpfung auf den Straßen; in manchen Bezirken werden Fälle von Kannibalismus gemeldet. Iwan braucht nicht mehr seine eiserne Hand niederfahren zu lassen, um die Bevölkerung zu dezimieren: Gott kümmert sich darum. Auf die Hungersnot folgt die Pest. Der Zar befiehlt, alle Zufahrtswege zur Hauptstadt abzuschneiden. Verdächtige Reisende werden ergriffen und mit Sack und Pack verbrannt, um Ansteckung zu verhüten. Im Volke macht sich die Meinung breit, daß die Seuche als Strafe für die Plünderung Nowgorods vom Himmel gesandt ist.

Dreizehntes Kapitel

Die Tataren und der Brand von Moskau

Die Angelegenheiten im Westen kommen nicht voran. Der Krieg um Livland schleppt sich seit Monaten dahin in einer Folge von Einzelgefechten, Belagerungen, Rückzügen, unbeständigen Feuerpausen und müde wiederaufflackernden Feindseligkeiten. Im vorausgegangenen Jahr, am 1. Juli 1569, haben nach langen Verhandlungen Polen und Litauen die Lubliner Union unterzeichnet, die beide Länder unter der Herrschaft desselben Königs (Sigismund August), desselben Reichstags und desselben Senats für alle auswärtigen Fragen zusammenschließt; allein Litauens Innenpolitik wird ihre Unabhängigkeit bewahren. Die reiche litauische Ukraine wird mit Kiew, der orthodoxen Mutter aller russischen Städte, an Klein-Polen abgetreten. Das ist für Iwan eine große diplomatische Niederlage. Er versucht, ihre Wirkung dadurch auszugleichen, daß er seine in Livland eroberten Gebiete durchorganisiert. Schon bevor er es ganz eingenommen hat, begreift er, daß er gegebenenfalls Mühe haben wird, diese weit entfernte Provinz von Moskau aus zu verwalten. Er beschließt also, es in einen gesonderten Staat unter äußerst strenger russischer Kontrolle zu verwandeln. Zum König dieses Landes, dessen gesamtes Territorium er sich noch nicht hat aneignen können, erwählt er Magnus, den Herrn der Insel Ösel und Bruder des Königs von Dänemark, Friedrich II. Ein Vertrag, der mit diesem abenteuerlichen Fürsten unterzeichnet wird, sieht vor, daß Livland, wenn es einmal ganz »befreit« ist, Lehensstaat Moskaus sein wird, aber die Hoheit über seine Verwaltung, seine Rechtsprechung und seinen Glauben behält. Im Gegenzug würde es die russischen Truppen durchziehen lassen und ihnen helfen, Reval und Riga zu erobern.

Im Mai 1570 kommt Magnus mit einem Gefolge von vierhundert Personen nach Moskau. Als theoretischer Herr eines unvollständig unterworfenen Landes wird er mit großem Prunk gekrönt und erhält des Zaren eigene Nichte, Euphemia, zur Braut. Im vorausgegangenen Jahr hat Iwan den Vater des Mädchens, Wladimir Andrejewitsch, umbringen lassen; ein Grund mehr, der Waise eine Chance zu geben. Er bewilligt ihr sogar eine Mitgift von fünf Fässern Gold. Doch vergißt er, sie ihr auszuzahlen. Kaum ist Magnus verheiratet, bricht er auf, um Reval zu belagern. Es wird ein Fehlschlag. Iwan begreift, daß der Krieg lang und schwierig werden wird. Da er fürchtet, daß der türkische Sultan, Selim II., die Scharmützel im Westen ausnutzen wird, um im Süden anzugreifen, macht er ihm über seine Gesandten weitreichende Friedensangebote. Selim schließt daraus, daß für die Tataren die Stunde gekommen ist, sich für letzten Niederlagen zu rächen. Er verlangt die Rückgabe von Kasan und Astrachan oder die Zahlung eines jährlichen Tributs von Moskau an die Pforte[1]. Während die Verhandlungen stagnieren, fallen zu Beginn des Jahres 1571 die Krimtataren, einhunderttausend an der Zahl, in die südlichen Gebiete von Moskau ein. Dort treffen sie einige flüchtige Bojaren, die von Iwan aus Moskau verbannt worden sind. Diese ermuntern sie, furchtlos auf die Hauptstadt zu marschieren, denn der Großteil des russischen Heeres, sagen sie, sei in Livland gebunden und das Volk sei überdrüssig, die Schrecken zu ertragen, die der Zar und seine *Opritschniki* ihm zumuten. Und in der Tat bedeuten die an der Oka stationierten Regimenter nur einen dünnen Schutzvorhang. Iwan begibt sich an den Ort des Geschehens und erhält zwei beleidigende Botschaften von Dewlet Girai, der ihn zum Zweikampf herausfordert und droht, ihm die Ohren abzuschneiden, um sie dem Sultan zu schicken. Ganz ohne Zweifel, die Lage ist ernst. Der Khan und seine Horde umgehen die Truppen, die die Oka verteidigen, und rücken auf Serpuchow vor, wo sich der Zar und sein älterer Sohn aufhalten. Er wird bei dem Gedanken, im Kampfgetümmel getötet oder von einem unerbittlichen Feind gefangengenommen zu werden, von Panik ergriffen. Er läßt sein Heer im Stich und flieht mit

---

[1] Pforte: Regierung des Osmanischen Reiches. (Anm. d. Übers.)

dem Zarewitsch, seinem Schatz und seinen getreuen *Opritschniki* nach Alexandrowskaja Sloboda. Doch er fühlt sich dort nicht in Sicherheit, sucht Zuflucht bei seinen Regimentern im Nordwesten und setzt seinen Rückzug in Richtung Jaroslawl fort. In seinen Augen ist Moskau verloren. Angesichts der zahlenmäßigen Unterlegenheit ihrer Streitkräfte weichen die Generäle zurück und besetzen die Umgebung der Hauptstadt. Sie wissen jedoch bereits, daß sie den bewaffneten Horden des Khan nur schwachen Widerstand entgegensetzen können. Mit rascher Geschwindigkeit nähern sie sich und zerstören alles an ihrem Weg.
Am Morgen des 24. Mai 1571, am Himmelfahrtstag, stecken die Tataren die Holzhäuser von Moskaus Vorstädten in Brand. Ein heftiger Wind schürt die Feuerbrunst. In wenigen Augenblicken tost ein Flammenmeer über der Stadt. Hinter diesem lodernden Vorhang verfolgen die Tataren die Einwohner und plündern die aufgebrochenen Häuser. Bei ihrer Flucht vor den Flammen suchen die Moskowiter Schutz in der Zitadelle des Kreml, die Wachen haben die Tore von innen verbarrikadiert. Die Welle der Nachdrängenden stößt und hemmt diejenigen, die in die anliegenden Straßen zurückströmen; es ist eine Springflut gegeneinander drängender Leiber. Die Leute können weder vor noch zurück und kommen in einem fürchterlichen Durcheinander beim Geläut der Sturmglocken um, erstickt von der Hitze und zermalmt unter den herabstürzenden Balken. Lebende Fackeln rennen in alle Richtungen, Leichen türmen sich vor den verrammelten Eingängen. Um sich zu retten, stürzen sich manche in die Moskwa und ertrinken. »Wer diese Katastrophe gesehen hat, wird sich ihrer stets mit Schaudern erinnern und zu Gott beten, ihm ein solch gräßliches Schauspiel zu ersparen«, wird ein Augenzeuge schreiben.
In weniger als drei Stunden ist die gewaltige Holzstadt nur noch ein Haufen von rauchenden Trümmern und Asche, ein Massengrab, über dem die Pest schwebt. Allein der Kreml, den seine hohen Steinmauern schützen, ist dem Unheil entgangen. Dort hat der Metropolit Kirill mit seinem Meßgerät Zuflucht gesucht und seine Schafe in dem Glutofen schmoren lassen. Die Zahl der Opfer übersteigt angeblich eine halbe Million. Arnold Lenzey, der Leibarzt

des Zaren, und fünfundzwanzig britische Unterhändler verkohlen und gehen zugrunde. Der Fluß und die Gräben von Moskau quellen von Leichen über.
Die Tataren, die mit der Plünderung der Stadt begonnen haben, werden schnell von den Flammen davongejagt. Doch nehmen sie alle Russen gefangen, die in die nördlichen Vorstädte geflohen sind, um dem Feuer zu entkommen. Von dem Worobjew-Hügel (Sperlingshügel) herab betrachtet Dewlet Girai voller Genugtuung die verbrannte Landschaft, über der Funken tanzen. Gewiß, er könnte das Ende des Brandes abwarten und den Angriff auf den Kreml befehlen, doch eine Falschmeldung beirrt ihn bei seiner Entscheidung. Es hat sich das Gerücht verbreitet, daß Magnus, der König von Livland, an der Spitze eines ungeheuren Heeres im Eiltempo heranrücke. Da scheint es dem Khan sicherer zu sein, mit seinen Truppen zur Krim zurückzukehren. Kuriere unterrichten davon den Zaren, der inzwischen Jaroslawl in Richtung Rostow verlassen hat. Sofort befiehlt er Michail Worotijnskij, den Feind auf dem Rückzug zu verfolgen. Doch die Tataren haben einen zu großen Vorsprung und sind zu zahlreich, als daß man sie ängstigen könnte. Auf ihrem Rückzug verwüsten sie das Land, wie sie es auf dem Hinweg getan haben. Ihre Beute ist enorm. Sie nehmen einhunderttausend Gefangene mit, deren Schicksal es ist, auf dem Sklavenmarkt von Theodosia (Kafa) verkauft zu werden. Die schönsten Frauen sind für den Sultan selbst bestimmt, die anderen gehen in die Harems der Fürsten. Angekettet, verängstigt und ausgehungert werden die Gefangenen mit Peitschenhieben wie Vieh vorangetrieben; die stolpern und fallen, werden auf der Stelle umgebracht.
Iwan hält es nicht für nötig, die Ruinen seiner Hauptstadt in Augenschein zu nehmen, und kehrt direkt nach Alexandrowskaja Sloboda zurück. Von dort aus befiehlt er den überlebenden Moskowitern, ihre Stadt wieder aufzubauen. Ihre erste Sorge besteht darin, die Leichen von den Straßen zu räumen, die die Luft verpesten. Da es an Händen fehlt, um sie zu begraben, wird nur den vornehmen Toten eine christliche Bestattung zuteil. Die anderen werden in so großer Zahl in die Moskwa geworfen, daß sich die Strömung des

Flusses verlangsamt. Diese Berge von faulendem Fleisch vergiften die Fluten. Selbst die Brunnen sind verseucht, niemand wagt mehr, von ihrem Wasser zu trinken. Die Menschen verdursten. Um das Unheil zu lindern, ruft man die Einwohner der benachbarten Städte und Dörfer an. Gewaltsam herbeigeholt, werden sie zu Totengräbern. Die in der Moskwa aufgehäuften Leiber werden nachträglich beigesetzt. Danach beginnt man, die Holzhäuser auf den geschwärzten Fundamenten wieder aufzubauen.

Am 15. Juni endlich nähert sich Iwan Moskau. Unterwegs empfängt er zwei Gesandte Dewlet Girais. Sie fordern ihn im Namen des Khan einmal mehr auf, Kasan und Astrachan herauszugeben, und reichen ihm symbolisch einen Dolch für den Fall, daß er sich vor Verzweiflung töten will. Doch sie übergeben ihm auch einen Brief ihres Herrn. »Ich verbrenne, ich verwüste Rußland«, schreibt Dewlet Girai, »aus keinem anderen Grund, als um Kasan und Astrachan zu befreien, ohne an das Geld und die Reichtümer zu denken, die ich wie Staub erachte. Ich habe dich überall gesucht, in Serpuchow und in Moskau selber, ich wollte deine Krone und deinen Kopf. Doch du bist aus beiden Städten geflohen und wagst es, dich deiner Größe zu rühmen, du Fürst ohne Mut und Ehre! Ich kenne nun die Straßen deiner Länder. Ich werde bald dorthin zurückkehren, wenn du meinem Botschafter, den du unnötig gefangen hältst, nicht die Freiheit wiedergibst, wenn du nicht tust, was ich von dir verlange, und wenn du dich schließlich weigerst, mir in deinem, deiner Kinder und deiner Nachkommen Namen Treue zu schwören.«

Iwans natürlicher Hochmut würde ihn dazu drängen, dieser herausfordernden Botschaft mit biblischen Flüchen zu entgegnen, doch der Augenblick scheint ihm für eine weitere Konfrontation schlecht gewählt. Er bezwingt seinen Stolz und richtet an Dewlet Girai ein »demütiges Bittgesuch«. In seiner Antwort fragt er um einen Waffenstillstand nach, verspricht, die Abtretung Astrachans zu erwägen, und willigt darin ein, den Botschafter von der Krim freizulassen. Was Astrachan betrifft, so könnte, sagt er, einer der Söhne des Khans mit einem vom Zaren bestimmten Bojaren an seiner Seite zum Statthalter ernannt werden. Diese Schaukellösung befriedigt Dewlet Girai nicht; er fordert Kasan und Astrachan ohne jede Gegenleistung – und eine Vorauszahlung von zweitausend Rubeln auf den jährlichen Tribut. Iwan macht Ausflüchte. In Wirklichkeit will er nur die Verhandlungen hinauszögern, um in der Zwischenzeit alle verfügbaren Reserven zu mobilisieren. Er ist zwar voller Dünkel, sobald er sich als der Stärkste fühlt, aber er versteht es, sich als geduldig, unterwürfig und durchtrieben zu erweisen, wenn er an seinen Möglichkeiten zweifelt.

Vierzehntes Kapitel

Das Bett des Zaren und die Krone von Polen

Iwans Streitigkeiten mit den Tataren haben ihn daran gehindert, eine Idee zu verwirklichen, die ihm seit dem Tod seiner zweiten Frau am Herzen liegt: Er will wieder heiraten! Sobald an den Südgrenzen wieder eine gewisse Ruhe eingekehrt ist, befiehlt er, daß man ihm wie zu seiner ersten Verlobung liebenswürdige Mädchen ohne Ansehen der Geburt nach Alexandrowskaja Sloboda bringe. Es kommen mehr als zweitausend, die ihm ihre Eltern, Adlige, Kaufleute oder Bürger, geschickt haben. Alle Gegenden des Reiches sind vertreten; wer wollte es wagen, seine Tochter vor den Augen des Zaren zu verbergen, wenn sie nicht gerade von der Natur stiefmütterlich behandelt worden ist? Jede wird einzeln Iwan vorgeführt, der sie mit kritischem Blick mustert, sie befragt, ihr im Geiste eine Note erteilt und sie zurückschickt, um sich mit der nächsten zu befassen. Er sucht zuerst vierundzwanzig aus, und unter denen wiederum zwölf, die eingehend zu prüfen Aufgabe der Ärzte und Anstandsdamen sein wird. Nach dieser Untersuchung läßt er sich einen detaillierten Bericht geben, vergleicht zum letzten Mal Schönheit, Körperfülle, Haartracht, geschlechtliche Ausstrahlung und Umgangsformen der letzten Kandidatinnen miteinander und gibt Marfa Sobakina, der Tochter eines Kaufmanns aus Nowgorod, den Vorzug. Als er soweit ist, beschließt er, gleichfalls seinen siebzehnjährigen Sohn Iwan mit einer der zwölf Erkorenen zu verheiraten. Als sachverständiger Richter teilt er ihm die Jungfrau zu, die nach der, die er für seine Person auserwählt hat, am begehrenswertesten ist. Sie ist die Tochter eines Bürgerlichen und heißt Ewdokia Saburowa. Sofort werden die Väter der beiden Siegerinnen von schlichten Bürgern zu Bojaren befördert. Doch Marfa, die Braut des Zaren, hat kaum Zeit, sich über ihren Triumph zu freuen. Wenige Tage nach der großen Wahl wird sie krank. Ob-

wohl sie zusehends abmagert und sich kaum noch auf den Beinen halten kann, beschließt Iwan, sie zu heiraten.
Die Trauung des Zaren findet am 28. Oktober 1571 statt, die seines Sohnes am 3. November. Doch ach! Das Hochzeitsmahl endet mit Tränen und Zorn: Marfa gibt am 13. November ihren Geist auf; ihr Sarg wird im Nonnenkloster zu Mariä Himmelfahrt denen der ersten beiden Gemahlinnen Iwans hinzugefügt. Sofort spricht der Zar von einem Giftanschlag und fahndet nach denen, die ein Interesse daran gehabt haben könnten, seine junge Frau umzubringen. Sein Verdacht fällt sogleich auf die nahen Verwandten der vorausgegangenen Zarinnen Anastasia und Maria, er ordnet eine rasche Untersuchung an. Doch er weiß schon, wen er zerschmettern wird: Seine Rache entlädt sich über seinem Schwager, dem Sirkassen Michail Temriuk (oder Temriukowitsch), der gepfählt wird, dann über Iwan Jakowlew und dem *Woiwoden* Saburow[1], die geknutet werden, schließlich über dem Bojaren Lew Saltijkow, dem Günstling Wassilij Griasnoj, den Fürsten Gwozdew, Rostowskij und mehreren anderen Adligen, die mit einem Mittelchen des teuflischen Arztes Eliseus Bomelius vergiftet werden.
Zum dritten Mal verwitwet, fragt Iwan sich ratlos, ob damit seine Ehelaufbahn nicht endgültig in Frage gestellt ist. In der Tat darf ein Mann nach der Regel der orthodoxen Kirche nicht mehr als drei Ehen eingehen. Der Beschluß des *Stoglaw* bestätigt dies ausdrücklich: »Die erste Ehe bedeutet das Gesetz; die zweite eine Duldung; die dritte eine Vergewaltigung des Gesetzes; die vierte eine Ruchlosigkeit, ein den Tieren vergleichbarer Zustand.« Doch Iwan hegt keineswegs die Absicht, ehelos zu bleiben. Darum erklärt er, daß es zwischen ihm und seiner Frau zu keinerlei geschlechtlicher Berührung gekommen, sie als Jungfrau gestorben sei, und folglich seine letzte Ehe von der Kirche als nicht vollzogen betrachtet werden könne. Kraft dieser Überzeugung heiratet er am 29. April 1572 Anna Koltowskaja, die Tochter eines Höflings, ohne auch nur um den bischöflichen Segen zu bitten. Dann beruft er das Konzil ein.

---

[1] Keine Verwandtschaft mit dem Vater von Iwans Schwiegertochter, der gleichfalls Saburow heißt.

Da der Metropolit Kirill verstorben ist, sitzt der Versammlung Leonid vor, der Erzbischof von Nowgorod, ein gieriger, kriecherischer und bestechlicher Prälat. Als alle Bischöfe in der Himmelfahrts-Kirche vereint sind, spricht Iwan mit folgenden Worten zu ihnen: »Übeltäter haben Anastasia, meine erste Frau, durch Zauberei umgebracht. Die zweite, eine tscherkessische Prinzessin, wurde gleichfalls vergiftet und hauchte unter qualvollen Zuckungen ihren Geist aus. Lange habe ich gezögert, bevor ich mich zu einer dritten Ehe entschloß, wobei mich meine Natur und die Stellung meiner Kinder, die noch nicht das mündige Alter erreicht haben, leiteten. Ihre Jugend hinderte mich daran, die Welt zu fliehen, und ohne Weib in ihr zu leben, erschiene mir anstößig. Mit dem Segen des Metropoliten Kirill habe ich lange nach einer Frau gesucht, die ich nach reiflicher Prüfung erwählt habe. Doch Haß und Neid haben Marfa umgebracht, die in Wirklichkeit nur dem Namen nach Zarin gewesen ist. Kaum war sie verlobt, verlor sie die Gesundheit und starb zwei Wochen nach der Hochzeit als Jungfrau. Verzweifelt und von Kummer übermannt, wollte ich mich dem Klosterleben weihen, doch als ich meinen Blick auf die Jugend meiner Kinder und die Not meines Staates richtete, wagte ich, ein viertes Mal zu heiraten. Ich flehe die heiligen Bischöfe an, mir die Absolution und ihren Segen zu erteilen.«
Durch diesen Akt der Zerknirschung eines mächtigen Herrschers zu Tränen gerührt, bestätigen die Prälaten seine Ehe, doch untersagen sie ihm, vor dem Pfingstfest eine Kirche zu betreten, und legen ihm auf, wenn er wieder zurückkehrt, ein Jahr lang unter den Büßern und das folgende unter den Gläubigen Platz zu nehmen, »außer im Kriegsfall«. Damit andererseits niemand im Volke versucht sei, das unrechtmäßige Verhalten des Zaren nachzuahmen, droht das Konzil demjenigen, der es in Zukunft wagen sollte, eine vierte Ehe einzugehen, mit einem wütenden Bannfluch. Die Absolutionsurkunde wird von drei Erzbischöfen, sechzehn Bischöfen und mehreren Äbten und Prioren der berühmtesten Klöster unterzeichnet. Nachdem sie so Iwans Gewissenszweifel beschwichtigt haben, befassen sie sich mit der Wahl des neuen Metropoliten. Es ist Antonij, der Erzbischof von Polozk.

Iwan ist so sehr mit seiner neuen Gemahlin zufrieden, daß er beschließt, sie zur Hochzeitsreise in die Stadt mitzunehmen, die er vor kurzem verwüstet hat: Nowgorod. Er kann sich gar nicht vorstellen, daß die Nowgoroder vielleicht noch immer nichts von ihm wissen wollen wegen des Massakers, das er in ihren Mauern angerichtet hat; da er den Überlebenden verziehen hat, müssen sie von Dankbarkeit für ihn erfüllt sein. Die zwei Söhne des Zaren und seine Günstlinge begleiten das Paar. Bei der Ankunft erblicken sie eine tote, zu drei Vierteln entvölkerte Stadt. Noch geschunden von dem Unheil des Jahres 1570, fürchten sich die Einwohner vor diesem neuen Besuch ihres Herrschers. Was wird er noch zu ihrem Unglück ersinnen? Allein die Kirchenmänner empfangen ihn mit Freuden. Leonid, der Erzbischof von Nowgorod, ist sein Geschöpf. Iwan liebt es, mit ihm über die dunklen Punkte der Theologie zu disputieren und mit seinem eisenbeschlagenen Spieß den Chor der Kathedrale zu dirigieren. Doch der wirkliche Grund seiner Anwesenheit in Nowgorod liegt in seiner Absicht, einen Waffenstillstand mit Schweden zu schließen, dessen Gebiete seit einiger Zeit Magnus angreift. Einmal mehr braucht er alle seine Streitkräfte, um der neuerlichen Bedrohung eines Tatareneinfalls zu begegnen. Nach den Auskünften seiner Spione hat Dewlet Girai »seine Pferde nicht abgesattelt« und bereitet sich darauf vor, sich wieder auf den Weg nach Moskau zu machen. Gewiß, die Ehre würde Iwan gebieten, in der Hauptstadt, die kaum wieder aus ihrer Asche auferstanden ist, zu bleiben, um durch seine Anwesenheit die Moral der Bevölkerung zu stärken. Doch wie stets denkt er zuerst an seine persönliche Sicherheit. Seiner Meinung nach wird der Khan, auch wenn er Moskau erreicht, niemals bis nach Nowgorod vordringen. Der Zar läßt also vierhundertfünfzig mit Schätzen beladene Fuhrwerke in seinen Zufluchtsort kommen und befiehlt seinen Generälen, darauf zu rüsten, die Tataren an den Ufern der Oka in Schach zu halten.

In der Zwischenzeit versetzt ihn ein Ereignis von größter Bedeutung in Entzücken: Sigismund August stirbt am 18. Juli 1572, ohne einen männlichen Erben zu hinterlassen. Dieser Umstand eröffnet Rußland eine Möglichkeit, Polen und Litauen durch einen Mittelsmann auf dem Thron an sich zu binden. Vielleicht könnte sogar er selber, wenn man geschickt zu Werke ging, ein annehmbarer Prätendent sein und sich die zweifache Krone aneignen. Sogleich schreibt er einen heuchlerischen Brief, um den Kummer zu bekunden, den ihm der Tod seines Bruders Sigismund August bereitet, des letzten Sprosses aus dem Geschlecht der Jagellonen. Doch er hat nicht die Zeit, hier seine Trümpfe auszuspielen. Wie er befürchtet hat, setzen sich Dewlet Girai und seine Tatarenhorden auf dem gewöhnlichen Weg in Marsch, finden eine Furt an der Oka, täuschen die russischen Bewacher, passieren den Fluß und bedrohen abermals Moskau. Die Nachricht erreicht Iwan am 31. Juli, und anstatt Verstärkung in die Hauptstadt zu schicken, flüchtet er sich in Untätigkeit und schimpft über seine unfähigen Generäle. Fürst Worotijnskij jedoch räumt seine unnützen Schanzen auf dem linken Ufer der Oka, setzt dem Feind nach, holt ihn schließlich ein und liefert ihm am 1. August, fünfzig Werst vor Moskau, eine mörderische Schlacht. Die Armee des Khan ist einhundertzwanzigtausend Mann stark, diejenige Worotijnskijs an Zahl unterlegen, jedoch beseelt von der Furcht, noch einmal die Altstadt, Sinnbild des orthodoxen Glaubens und der Tradition des Volkes, geschändet zu sehen. Die Russen kämpfen mit dem Mut der Verzweiflung, zuerst von ferne mit Pfeilen, dann mit der blanken Waffe in der Hand in einem wild tobenden Kampfgetümmel von heulenden Männern und wiehernden Pferden. Als der Ausgang des Streits ungewiß scheint, fällt Worotijnskij mit einem Wendemanöver von hinten über den Feind her, seine Artillerie gibt den Stellungen des Feindes Längenfeuer. Bei Einbruch der Nacht sind von den einhundertzwanzigtausend tatarischen Kämpfern des Khan nur noch etwa zwanzigtausend übrig. Dewlet Girai bläst zum Rückzug und läßt den Russen seine Zelte, seinen Troß und seine eigene Fahne zurück. Als Worotijnskijs Boten diesen Erfolg dem Zaren melden, überreichen sie ihm als Trophäen zwei Bogen und Säbel, die dem Khan gehört haben. Von seinen Sorgen befreit, läßt Iwan die Glokken läuten und das *Tedeum* singen, Tag und Nacht, eine ganze Woche lang.

Dieser unverhoffte Sieg stärkt sein persönliches Ansehen und nimmt dem Khan von der Krim die Lust, wieder mit seinen Überfällen auf Rußland zu beginnen. Selbst der Sultan beugt sich der Entscheidung der Waffen; Astrachan und Kasan werden in ihrem Status als russische Städte bestätigt. Und Iwan kann es gelassen mit dem König von Schweden aufnehmen, diesem Prahlhans, der sich aufspielt. »Erkundige dich«, schreibt er ihm, »wie es dem Khan von der Krim mit unseren *Woiwoden* ergangen ist!«

Nachdem alle Gefahr von Moskau abgewendet ist, kehrt er mit großem Pomp dorthin zurück. Noch nie hat er ein solches Gefühl der Macht und Zustimmung beim Volke verspürt. Obwohl er zu der Niederlage der Tataren nichts beigetragen hat und sogar bei ihrem Nahen geflohen ist, schreiben seine Untertanen ihm das ganze Verdienst des russischen Triumphes zu. Die Stärke seiner Armee gibt ihm Vertrauen in seine eigene Zukunft. Er beschließt daher, sich von nun an auf sie zu stützen, und die *Opritschnina*, die im Lande verhaßt ist, aufzulösen. Was ihn gleichfalls zur Ergreifung einer solchen Maßnahme bestimmt, ist der schlechte Ruf dieser Todeslegion jenseits der Grenzen. Zu viele polnische Adlige, deren Zustimmung er sich erhofft, um zum König von Polen gekrönt zu werden, fürchten das Eindringen einer Söldnerbande in ihrem Land, der alles erlaubt sein würde. Die persönlichen Gewalttaten des Zaren erscheinen ihnen weniger beängstigend als die seiner Schergen. Im ersten Fall sehen sie den Ausdruck eines herrschsüchtigen Charakters, in dem zweiten die Herrschaft mörderischen Wahnsinns. Auf diese Weise trennt sich Iwan zugleich, um seinem Volk zu gefallen wie um die Feindseligkeiten der Polen und Livländer zu entwaffnen, von seinen teuren *Opritschniki*, deren Wüten Rußland sieben Jahre lang mit Blut und Ruinen überzog. Er läßt folgenden Befehl veröffentlichen: »Jeder, der in Zukunft den Namen *Opritschnik* ausspricht, bekommt auf dem Marktplatz die Knute.«

Bei der Ankündigung dieses Beschlusses segnet das Volk erleichtert die Weisheit seines Herrschers. Niemand braucht die Schrekkensreiter mit ihren Hundeköpfen und Besen mehr zu fürchten; sie werden wieder Höflinge, Offiziere und hohe Beamte ohne Sonderrechte. Am erstaunlichsten ist, daß sich keiner von ihnen gegen den

Ukas[1], der sie ihrer Privilegien entkleidet, auflehnt. Wilde Abenteurer, gedungene Mörder, blutrünstige Wüstlinge, die sie sind, nehmen sie alle die Entziehung der Gunst ohne Murren hin: Was der Zar gegeben hat, kann er jederzeit wieder nehmen. Einmal mehr genießt Iwan das Vergnügen, diejenigen zu Boden zu werfen, die er aus einer Laune heraus emporgehoben hat. Wenn er eines neuen Beweises seiner Allmacht bedurfte, so haben die *Opritschniki* ihn soeben geliefert, indem sie, die Wölfe, sich wie die Lämmer fügten. Hat er einst die Waagschale sich auf ihrer Seite senken lassen, so senkt er sie nun auf der anderen. Die Mitglieder der *Semschtschina* gelangen in den Besitz ihrer Güter zurück. Der Prior von Solowetsk, Paissij, der unlängst ein falsches Zeugnis wider den Metropoliten Philipp abgelegt hat, wird auf die Insel Walamo verbannt. Einige schlechte Ratgeber werden aus dem Palast entfernt. Der grausame Maliuta Skuratow bewahrt seine Vormachtstellung bei Hofe. Sein Schwiegersohn Boris Godunow, entfernt mit der ersten Frau des Zaren verwandt, nähert sich nach und nach dem Thron. Iwan schätzt diesen jungen und schönen Mann von majestätischem Wuchs und durchtriebenem Verstand mit jedem Tag mehr. Als ein Feind der Gewalt rät Boris Godunow bei allen Gelegenheiten zu Hinhaltepolitik und List. Er ist sich über den Charakter seines Herrschers vollkommen im klaren und würde sich niemals unterstehen, ihm die Sprache der Tugend zu Ohren zu bringen; allein Vernunft und Zweckmäßigkeit ruft er an, um seinen Herrn zur Mäßigung seiner Ausbrüche zu bestimmen. Wahrscheinlich auf sein Drängen hat Iwan die *Opritschnina* aufgelöst, deren Ausschreitungen sein Ansehen im Ausland befleckten. Es ist wiederum er, der dem Zaren vorschlägt, die Polen und Litauer mit honigsüßen Worten einzuschläfern, um ihr Vertrauen zu gewinnen und von ihnen kampflos die angestrebte Krone zu erlangen.

Unterdessen wird das Heer im Nordwesten gegen Schweden geschickt. Magnus kämpft, um sein Gebiet unter Iwans Führung zu

---

[1] Ukas: Befehl des Zaren. (Anm. d. Übers.)

vergrößern, in dem kindlichen Glauben, daß er als Preis seiner Bemühungen wie versprochen Livland erhält. Doch Iwan und Boris Godunow haben keineswegs die Absicht, dieses von Rußland seit langem heißersehnte Territorium einem Dänen abzutreten. Sie lassen ihn so lange in seinem Glauben, wie er ihren Interessen dienlich ist. Zur Zeit führt Iwan seine Schläge an der estischen Front; die Städte fallen eine nach der anderen vor seinen und Magnus' Truppen. Man plündert, brennt, erdrosselt, vergewaltigt. Doch bei einem Scharmützel wird der blutrünstige Maliuta Skuratow getötet. Iwan tobt vor Wut, denn er sieht so seinen besten Kumpan bei Orgien und Massakern abgetreten. Um Vergeltung zu üben, versammelt er eine Zahl angeketteter deutscher und schwedischer Gefangener, bedeckt sie mit Reisig und verbrennt sie bei lebendigem Leibe. Die Schreie der Unglücklichen und der Geruch von verbranntem Fleisch trösten ihn zum Teil über den Verlust des Freundes hinweg. Er zweifelt nicht daran, daß Maliuta Skuratow sich trotz all seiner Verbrechen bereits im Paradies befindet. Wie sollte dieser Mann Gott nicht liebenswürdig erscheinen, da er doch in seinen grausamsten Taten den Befehlen des Zaren gehorcht hat? Unter diesem Gesichtspunkt betrachtet, ist die Verbrennung einiger Gefangener nicht eine grundlose Hinrichtung, sondern ein nahezu religiöses Brandopfer. »Wir strafen dich«, schreibt Iwan an den König von Schweden, Johann III., »dich und dein Land. Die Gerechten werden stets den Sieg davontragen... Sag mir, wessen Sohn war dein Vater? Wie hieß dein Ahn? Schicke mir deinen Stammbaum, um mich von meinem Irrtum zu überzeugen, denn bisher war ich der Meinung, daß du aus einer bürgerlichen Sippe stammst. Das Siegel des römischen Reiches ist mir nicht fremd, denn ich bin ein Nachkomme von Cäsar Augustus. Dies sage ich nicht, um mich zu rühmen und dich zu demütigen, sondern damit du in dich gehst. Willst du den Frieden? So befehle deinen Gesandten, vor meinem Angesicht zu erscheinen.«

Anstatt ihm Botschafter zu schicken, antwortet der König von Schweden mit gleicher Tinte: »Du schreibst so unhöflich, als wärest du bei Bauern oder Landstreichern aufgewachsen, die keinerlei Ehre kennen... Du lügst schamlos und aus vollem Hals, sobald

Bau des Opritschnina-*Palastes. Miniatur aus der* Großen Chroniksammlung, *16. Jahrhundert. Moskau, Historisches Nationalmuseum. Photo A. P. N.*

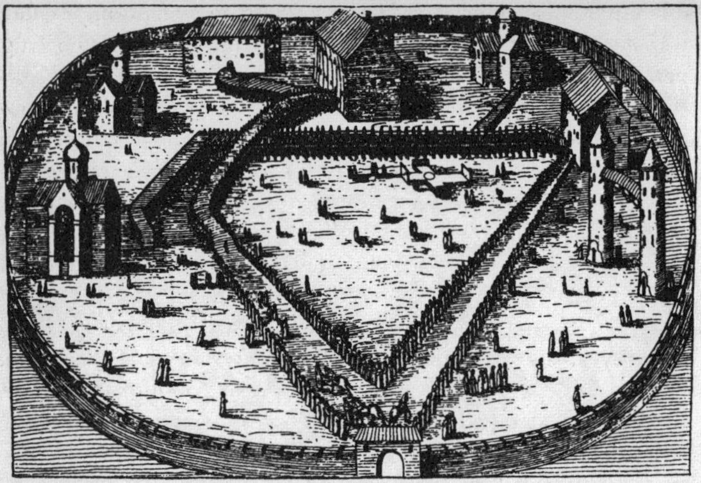

Gesamtansicht von Alexandrowskaja Sloboda, Residenz des Zaren, etwa einhundert Kilometer von Moskau entfernt. Photo Collection Viollet.

Festmahl, das Iwan in seiner Residenz von Alexandrowskaja Sloboda gibt. Photo Collection Viollet.

du den Mund aufmachst... Du hast mit deinem Schweineverstand verächtlich auf uns herabgeblickt...« Und die schwedischen Truppen bringen den Russen, obwohl diese in der Überzahl sind, eine schwere Niederlage bei Lode bei. Dieser Umstand, zusammen mit der Nachricht, daß sich Tscheremissenstämme in der Gegend von Kasan aufgelehnt haben, veranlaßt Iwan, den Krieg gegen Schweden mit weniger Einsatz zu führen und eine Armee in Richtung Wolga zu schicken.

Die Wiederherstellung des Friedens wird rasch durchgeführt. Iwan nutzt eine vorübergehende Beruhigung der Lage und beschließt, Magnus' Gebietsansprüchen, dessen Dienste er als Folge der Aufhebung der Feindseligkeiten im Westen nicht mehr nötig hat, ein Ende zu machen. Da Magnus' erste Frau inzwischen gestorben ist, beginnt er damit, dem Witwer als zweite Frau die Schwester der Verschiedenen anzubieten, ein Mädchen von dreizehn Jahren. Magnus, der fünfunddreißig Jahre alt ist, willigt von ganzem Herzen ein, die Hochzeit findet bei bester Laune am 12. April 1573 in Nowgorod statt. Zahlreiche deutsche Gäste nehmen an dem Fest teil. Während der kirchlichen Zeremonie dirigiert der Zar den Chor, indem er mit seinem eisenbeschlagenen Spieß den Takt schlägt. Dann gefällt es ihm, die Tänze zu leiten, wobei er die Paare zu größerer Kühnheit in ihren Bewegungen ermuntert. Bei soviel Wohlwollen betrachtet sich Magnus bereits als König und bildet sich ein, über die versprochene reiche Mitgift hinaus alle von den Russen besetzten Städte in Livland zu bekommen. Doch anstelle der fünf Fässer Gold, mit denen er gerechnet hat, liefert man ihm nur Koffer mit Kleidern für seine junge bessere Hälfte. Und weit entfernt davon, ihm seinen Anteil an Livland abzutreten, gesteht der Zar ihm nur ein kleines Landgut zu. Ernüchtert bricht Magnus zu seinen Ländereien auf, um dort in Armut zu leben, »hat nur drei Gänge zu seinen Mahlzeiten (wie sein Bruder Friedrich, der König von Dänemark, behauptet), unterhält seine dreizehnjährige Frau mit Spielsachen, füttert sie mit Naschwerk, und läßt sie sich, zum großen Leidwesen der Russen, auf deutsche Weise kleiden.«

Zu dieser Zeit versucht in Warschau der polnische Reichstag, ei-

nen König zu wählen. Mehrere Kandidaten bewerben sich um den freien Thron: der junge Ernst, Sohn des Kaisers Maximilian, Johann III. von Schweden und sein Sohn Sigismund, der Herzog von Anjou, Henri de Valois, Bruder Karls IX., des Königs von Frankreich, und der Zar von Rußland, Iwan IV. Jeder macht dort seine Geschenke und Versprechungen. Einige polnische Edelleute erwägen, die Krone Iwans zweitem Sohn, Fjodr, anzubieten, der Gesandte Polens in Moskau, Fjodr Woropaj, berührt Iwan gegenüber die Frage mit zwei Worten, der empört sich jedoch: »Meine zwei Söhne sind für mich wie meine zwei Augen. Wollt ihr aus mir einen Einäugigen machen?« Dann vertritt er seine eigene Sache und erklärt: »Bei euch sagen viele, ich sei unmenschlich. Es ist wahr, ich bin grausam und jähzornig, doch nur bei denen, die mir Schlechtes antun. Die Guten? Ah! Ihnen würde ich ohne zu zögern die Goldkette und das Gewand, das ich trage, geben!... Meine Untertanen hätten mich gerne an die Krimtataren ausgeliefert... Es war nicht der Feind, sondern der Verrat der Meinen, den ich fürchtete. Sie haben Moskau niederbrennen lassen, das man mit tausend Mann hätte verteidigen können. Doch wenn die Großen nicht kämpfen wollen, wie sollen es dann die Kleinen können?... Wenn anschließend jemand bestraft worden ist, so für sein Verbrechen...«
Da er den Flüchtling Kurbskij, der einst in den Dienst Polens übergewechselt ist, im Verdacht hat, eine Verleumdungskampagne gegen ihn zu führen, fügt er hinzu: »Wer kann mich bei euren Landsleuten anschwärzen? Meine Feinde! Verräter! Kurbskij hat meinen Sohn seiner Mutter beraubt, er hat mir meine geliebte Frau genommen, und ich rufe Gott zum Zeugen, daß ich nicht daran dachte, ihn mit dem Tode zu bestrafen, sondern ich wollte ihm nur für einige Zeit die Bojarenwürde und die Güter, die er meiner Großzügigkeit verdankte, nehmen. Mit einem Wort, wollt ihr wissen, ob ich gut bin oder böse? Schickt eure Söhne zu mir, damit sie mir in Treue dienen: Mit Gunstbezeugungen überhäuft, werden sie die Wahrheit zu würdigen wissen! Wenn ich durch den Willen des Allmächtigen berufen bin, euch zu regieren, verspreche ich, gewissenhaft eure Gesetze einzuhalten, eure Freizölle und Privilegien zu achten, und, wenn es nötig ist, sie sogar auszuweiten.«

Nachdem Iwan sich auf diese Weise vor Fjodr Woropaj und seinem Gefolge gerechtfertigt hat, wartet er auf das Kommen eines neuen Gesandten mit dem Auftrag, ihm eine günstige Antwort aus Polen zu bringen. Ein Mann namens Michael Haraburda wird vorstellig. Er ist bereit, die Kandidatur des Zaren zu unterstützen, doch nennt er einige Bedingungen: Als Gegenleistung zu seiner Wahl soll Iwan die Grenze zugunsten Polens begradigen, Polozk, Smolensk und weitere russische Städte aufgeben. Iwan gerät in Harnisch. Hält man ihn für einen lästigen Bettler? »Ihr seid die«, schreit er, »welche mich brauchen!« Und als er am 23. Februar 1573 Haraburda zu sich ruft, wirft er ihm die Vermessenheit seiner Landsleute vor, weigert sich trocken, die ihm gestellten Bedingungen zu unterzeichnen, verlangt, daß man ihm Kiew herausgebe, Livland sein ungeteilter Besitz werde, alle seine Titel, angefangen bei dem des Zaren, in den diplomatischen Urkunden vollständig aufgeführt werden, und die polnische Monarchie künftig nicht mehr eine Wahl-, sondern eine Erbmonarchie sein soll, mit Rußland vereint »von Ewigkeit zu Ewigkeit«. Was seine Mitbewerber um den Thron von Polen angeht, so verachtet er ihre Ränke: »Ich weiß, daß Österreich und Frankreich in den Beziehungen zu euch größere Nachgiebigkeit zeigen«, sagt er, »doch können sie Rußland nicht als Beispiel dienen, denn wir wissen genau, daß es außer uns und dem Sultan keinen Herrscher gibt, dessen Geschlecht älter ist als zweihundert Jahre. Die einen gehen auf einfache Fürsten zurück, die anderen stammen von Ausländern ab, und es ist nur natürlich, daß das Königtum sie verlockt. Doch was uns betrifft, Zar von Geburt, so gehen wir auf Cäsar Augustus zurück, wie jedermann weiß.«
Schüchtern gibt Haraburda ihm zu verstehen, daß Moskau zu weit entfernt von Warschau liege, wo die Anwesenheit eines Königs unabdingbar sei, und er vielleicht besser daran täte, seine Entscheidung noch einmal zu überdenken und darin einzuwilligen, die Führung Polens seinem Sohn zu überlassen. Iwan läßt sich nicht beirren: »Nach reiflicher Überlegung will mir scheinen, daß ich drei Staaten auf einmal regieren könnte (Rußland, Polen, Litauen), indem ich mich von dem einen in den anderen begebe«, sagt er. »Doch ich verlange, daß ich von einem russischen Metro-

politen gesalbt werde und nicht von einem römischen Erzbischof.«

Mit dieser Antwort bricht Haraburda zurück nach Warschau auf. Iwan glaubt den Erfolg schon zum Greifen nahe. Sein ernsthaftester Konkurrent scheint ihm Henri de Valois zu sein, der Herzog von Anjou, dessen Gesandter, der Comte de Montluc, die Polen mit tausend außergewöhnlichen Versprechungen geblendet hat: Schaffung einer polnischen Flotte, Bildung polnischer Schwadronen in Paris, Ausbau der Akademie von Krakau durch französische Gelehrte. Doch, denkt der Zar, wie könnte die Hälfte des polnischen Adels, die protestantisch ist, einen Mann wählen, der tief in das Massaker der Bartholomäus-Nacht[1] verwickelt war, das Karl IX. im vergangenen Jahr angeordnet hatte? In Wirklichkeit bereitet dieses Massaker Iwan ein gutes Gewissen; er ist nicht der einzige, der seinen Untertanen ins Fleisch schneidet. Gewiß, er könnte beharrlicher vorgehen, um die polnische Krone zu erlangen, doch während er sie begehrt, fürchtet er sie zugleich. In Polen muß der König mit dem Senat, der sich aus den Magnaten[2] zusammensetzt, und mit der *Szlachta*, dem alle zwei Jahre vom niederen Adel gewählten Reichstag, rechnen. Wie könnte sich ein Zar, Inbegriff der absoluten Macht, mit dieser beschränkten Herrschaft über Bürger begnügen, die auch ein Wort mitreden wollen? Muß man nicht für Rußland, das seit Jahrhunderten dem Willen des Herrschers unterworfen ist, das Beispiel einer auf ihre Rechte stolzen polnischen Aristokratie fürchten? Es ist niemals gut, ein Volk von Sklaven mit einem Volk von Freien zu verbinden. Die gottlose Lust an Diskussion und Repräsentationsanspruch überträgt sich schnell auf die fügsamsten Gemüter. Vielleicht ist es besser, hinter strenger Absperrung unter Russen zu bleiben, als eine trügerische Annäherung mit den Polen zu suchen, die zu viele Ideen im Kopf haben.

So erfährt Iwan mit einer Mischung von Zorn und Erleichterung das endgültige Wahlergebnis der Polen. Die Reichstagsabstimmung hat sich nach langem Hin und Her für den Franzosen, Henri

---

[1] 1572 Massaker an den französischen Hugenotten. (Anm. d. Übers.)

[2] Würdenträger des Hochadels in Polen. (Anm. d. Übers.)

de Valois, den Herzog von Anjou, entschieden. Polen und Litauen entgehen also dem Zaren, der sich zu hochfahrend bei seinen Forderungen gezeigt hat und zu knauserig bei seinen Geschenken, um das Gewissen der Wähler zu kaufen. Dennoch hegt er die unumstößliche Überzeugung, daß sich ihm von dieser Seite her bald eine neue Möglichkeit auftun wird.

Fünfzehntes Kapitel

Stefan Báthory

Die Abschaffung der *Opritschnina* führt zu unaufhörlichen Streitigkeiten zwischen den hohen Würdenträgern, die alle ihre Vormachtansprüche geltend machen wollen. In der Armee will kein Offizier, dessen Vater oder Vorfahre *Woiwode des Mitteltreffens*[1] gewesen ist, einem *Woiwoden* untergeben sein, dessen Vater oder Vorfahre nur die *Vorhut* oder *Nachhut*, den *rechten Flügel* oder den *linken Flügel* kommandiert hat. Ebenso beruft sich bei Hofe jeder auf seine Geburt, um sich zu weigern, einen Schritt zugunsten eines Emporkömmlings zurückzutreten. Der Zar verausgabt sich dabei, in diesen kleinlichen Querelen den Schiedsrichter zu spielen. Meistens holt er sich in Adelsverzeichnissen Rat und begründet seine Entscheidung mit der Anciennität, doch manchmal, wie bei Boris Godunow, setzt er seinen Willen auch durch, ohne seiner Umgebung die geringste Erklärung zu geben.

Als ein Minister des Herzogs von Kurland den Gesandten Sugarskij fragt, wie die Russen es mit einem solchen Tyrannen wie Iwan IV. aushielten, antwortet der Diplomat: »Wir sind unseren Zaren stets ergeben, ob sie nun gut sind oder grausam.« Diese Ergebenheit für den Herrscher verblüfft alle Ausländer, die in öffentlicher Audienz empfangen werden. Es ist russische Gepflogenheit, die Besucher durch den Reichtum der Kleider und die Strenge der Hofetikette zu beeindrucken. Wenn der Zar sich zur Kirche begibt, geht er langsamen Schrittes und stützt sich auf einen hohen, purpurfarbenen Stab. Der Körper ist eingehüllt in ein goldgewirktes, mit Edelsteinen besetztes Gewand – ähnlich einer Dalmatika – und das Haupt mit einer schillernden, zobelverbrämten Mitra bedeckt; seine

[1] Kernstück bzw. Teile der Schlachtordnung. (A.d.Ü.)

Pracht hat etwas Bischöfliches an sich. Er wird flankiert von vier Bojarensöhnen, die in einen hermelingefütterten Silberstoff gekleidet sind, an den Füßen weiße Stiefel und über der Schulter eine silberne Axt tragen. Hinter ihnen rückt ein Zug von Bojaren in großartigen Gewändern vor. Diese wechseln sie nach der Messe, um zu Tisch zu gehen und es bei dieser Gelegenheit nicht zu versäumen, die Reisenden ihre prunkvollen Unterkleider bewundern zu lassen. In Wirklichkeit stammen diese Kleider und Unterkleider aus der Garderobe des Zaren und werden nach dem Gastmahl dorthin zurückwandern. Dies, um die Adligen daran zu erinnern, daß alles in dieser irdischen Welt dem Monarchen gehört. Das Festzeremoniell dient gleichfalls dem Eindruck der Allmacht. Nachdem die Gäste um den Zaren herum Platz genommen haben, erstarren sie in geheimnisvoller Ehrfurcht und warten auf seine erste Geste. Er beginnt damit, Brot und Salz zu reichen. Die Bojaren übernehmen die Verteilung, und jedesmal, wenn ein Gast sein Teil erhält, erhebt er sich und grüßt. Danach läßt der Zar für alle Ausländer einen großen Kelch Wein kommen, und wieder steht jedermann auf. Dieselbe Übung beim Fleischgang: Nachdem der Zar sich bedient hat, bietet er einigen hochgestellten Persönlichkeiten bluttriefende Stücke an. Von den Offizieren sagt ein jeder: »Dies schickt euch der Zar«, und ein jeder richtet sich noch einmal auf, um ihm seinen Dank zu bezeugen. Wenn der Zar auf jemandes Wohl trinkt, was häufig geschieht, macht er zuerst dreimal das Kreuzzeichen über dem Kelch, den ihm der Mundschenk hinhält. Ein Adliger, der neben ihm sitzt, macht ihn auf die Bevorzugung, die ihm zuteil wird, aufmerksam, und alle Teilnehmer springen auf die Beine und senken den Kopf. Man findet kein Ende, dem Herrn für Wein und Nahrung zu danken. Alles kommt von ihm, seine Tischgenossen sind ihm auf Lebzeiten verpflichtet. Wegen dieser unermüdlich wiederholten Rituale dauern die Mahlzeiten manchmal fünf Stunden lang. An der Tafel folgen einander Ingwerhähnchen, gebratene Schwäne, ausgebeinte Hühner, pikante Kraniche, Wasserhühner in Rahm, Enten mit Gurken, Hasen mit Kohlrüben, Elchshirn, gefüllte Fische und alle Arten von Pasteten. Über dieser Lawine von Speisen weht der starke Geruch von Knoblauch, Safran, Zwiebeln und Sauermilch. Man ißt mit den Fingern und legt die Knochen auf goldene Teller. Der Saft fließt in die Bärte, die Gesichter beginnen wie Monde zu glänzen, die Stimmen werden einen Ton lauter. Der Zwang, allen Kelchen, die der Zar schickt, die Ehre zu erweisen, versetzt manche Gäste in einen an Ohnmacht grenzenden Stumpfsinn. In ihren Mägen vermischen sich Met, französische, Rhein- und Malvasierweine, Wodka und Kwass. Und wenn sie vom Tisch aufstehen, um nach Hause zurückzukehren, geschieht es nicht selten, daß Iwan ihnen, als ein Unterpfand der Freundschaft, noch eine Zusatzration an Alkohol und Speisen ins Heim schickt, die sie auf der Stelle und vor den Augen des Offiziers, der sie ihnen gebracht hat, vertilgen müssen. Bei Hofe wie in den Privathaushalten sind Fressen und Saufen das Vergnügen schlechthin; jedes christliche Fest geht durch den Magen. Was die Unpäßlichkeiten anbelangt, die auf diese Gelage folgen, tut der Zar es seinen Untertanen gleich und behandelt sie mit Mißachtung. Um eine Krankheit, welche es auch sei, auszukurieren, ist es noch das beste, ein Glas mit Knoblauch oder Pfeffer gewürztem Schnaps zu leeren, eine Scheibe Zwiebel zu essen und ins Dampfbad schwitzen zu gehen. Auch wenn der Zar auf seine englischen Ärzte hört, verachtet er nicht die russischen Mittel. Als starker Esser und Trinker meint er, daß die Kraft eines Mannes von den Speisen abhänge, die er zu sich nimmt.

Obwohl weltliche Vergnügen von der Kirche geächtet sind, werden sie von ihm im Palast geduldet. Seine Höflinge spielen in seinem Schatten Karten, und er selbst spielt Schach. Er amüsiert sich auch gerne über die Possen seiner Narren, sie mit ihrer Offenheit, die niemanden ausnimmt, manchmal mit einem lauten Gelächter die drückende Atmosphäre verscheuchen, unter der der moskowitische Hof dahinsiecht. Doch wenn einer von ihnen das rechte Maß übersteigt; Achtung vor dem eisenbeschlagenen Stock! Ein Stirnrunzeln, und sie schweigen. Alles, was im Kreml atmet, kehrt wieder auf den Boden der Tatsachen zurück.

Lange Zeit haben Iwans Angehörige gehofft, er werde mit dem Alter vernünftig. Doch mit fünfundvierzig Jahren, auch wenn er aufgedunsen ist und länger schläft, hat er nichts von seiner Gefrä-

ßigkeit, seiner Wildheit und seinen sexuellen Gelüsten verloren. Nach zwei Jahren Ehe ist er seiner Frau, der Zarin Anna, überdrüssig, wirft ihr Unfruchtbarkeit vor, verstößt sie und schickt sie in ein Kloster, wo sie Schwester Daria wird[1]. Dann nimmt er, ohne die Kirche im geringsten um Sündenvergebung zu bitten, eine andere Tochter aus dem Volke, Anna Wassiltschikowa, in sein Bett; vermutlich hat es für sie keine feierliche Hochzeit gegeben, sondern nur einen schlichten Segen. Übrigens verschwindet sie bald, von einem gewaltsamen Tod ereilt. An ihrer Stelle taucht die wunderschöne Wassilissa Melentjowa auf, Iwan kostet bei seiner neuen Gefährtin den siebten Honigmond aus. Doch ach! Ein hartnäckiges Unglück verfolgt ihn bei seinen Eheversuchen: Einige Monate später wird Wassilissa bei einem Ehebruch mit dem Fürsten Iwan Dewtelew überrascht, muß die Hinrichtung ihres Geliebten mitansehen, der unter ihren Fenstern gepfählt wird, und findet sich selbst geschoren in einem Kloster wieder. Eine weitere Ehefrau, die er gleich danach wählt, enttäuscht den Zaren noch tiefer als die vorangegangenen: In der Hochzeitsnacht stellt er fest, daß sie keine Jungfrau ist. Über diesen Betrug mit der Ware gerät er außer sich; in seinen Augen ist dies mehr als nur eine Beleidigung der Männlichkeit des Zaren, das ist ein Frevel, der Gott selber in den Kot zieht. Gleich am nächsten Tag wird die junge Frau in einer Kutsche gefesselt, man macht die Pferde scheu, und sie reißen sie mit sich in den Fluß, wo sie ertrinkt. Verängstigt wagt die Kirche weder, den Mord zu tadeln, noch den rasch aufeinanderfolgenden Eheschließungen des alternden Bocks den Segen zu verweigern.
Übrigens erklärt Iwan sich mit Vorliebe des Lebens, der Ehrungen und der Politik überdrüssig. Er behauptet, davon zu träumen, das schwarze Kleid des Mönchs zu tragen. Und wie um sich auf diesen Rückzug von der Welt vorzubereiten, verkündet er plötzlich, er verzichte auf seine Ämter zugunsten eines der Tatarenfürsten aus seinem Gefolge, der auf den Namen Simeon Bekbulatowitsch getauft und mit der Tochter Mstislawskijs verheiratet ist. »Vom heutigen

---

[1] Sie wird erst 1626 sterben.

Tag an wirst du der Zar und werde ich dein Untertan sein«, sagt er zu diesem tölpelhaften und gutmütigen Jungen, der zuerst an einen unheilvollen Scherz glaubt. Hat der Zar nicht, sieben Jahre ist es nun her, seinen Mantel und seine Krone dem alten Fürsten Fjodorow geliehen, bevor er ihn mit eigener Hand getötet hat? Wartet nicht dasselbe Schicksal auf Simeon, jetzt, da er auf den Thron gestiegen ist? Er zittert vor Angst wie Espenlaub, grinst unterwürfig und bereitet sich auf seinen Tod vor. Doch diesmal zeigt sich Iwan großherzig: Er wünscht allen Ernstes, daß Simeon sich an seiner Stelle um die Staatsgeschäfte kümmert. Geblendet nimmt der Tatar Petitionen entgegen, unterzeichnet Ukasse, gewährt den Prälaten, Adligen und ausländischen Gesandten Audienzen. Untergetaucht in der Menge der Höflinge, belustigt Iwan sich über die wichtige Miene, die sein Hanswurst zur Schau trägt, überhäuft ihn in der Öffentlichkeit mit den Zeichen tiefster Achtung, richtet Bittschriften an ihn. Wenn er diesen Emporkömmling in seiner Herrlichkeit betrachtet, wird ihm klar, daß wahre Macht anders ist. Simeon ist der Schein ohne die Wirklichkeit, er dagegen ist die Wirklichkeit ohne Schein. Nicht die Krone verleiht Herrschaft, sondern die Geburt, das Herz und der Blick. Was Iwan betrifft, so ist ihm alles erlaubt, er bleibt der Zar, obwohl er es nicht mehr ist. Übrigens befindet sich darüber niemand im Irrtum. Wenn man sich vor dem anderen verbeugt, so ist er es, vor dem man zittert. Er ist von Gott auserwählt und braucht kein Zepter, um zu regieren. Wenn er es will, wird er die tatsächliche Führung des Reiches wieder in die Hand nehmen. Diese seltsamen »Ferien« für ihn dauern ein ganzes Jahr. Danach verschwindet Zar Simeon in einer Falltür, und Zar Iwan erscheint wieder auf der Bühne, entzückt, seinem Volk diese Komödie geboten zu haben.[1] Denn er liebt es, auf Kosten an-

[1] Peter der Große wird denselben Gefallen an dieser Art von Parodie bekunden und selbst ein kleines Holzhaus bewohnen, während sein Günstling Menschikow es sich in einem Palast bequem macht. Er wird sich auf seiner »Großen Botschaft« im Ausland als einfacher Höfling ausgeben und vor Romodanowskij, der als Cäsar verkleidet auf dem Thron sitzt, Ehrenbezeigung machen.

derer zu lachen. Eines Tages befiehlt er den Behörden von Moskau, ihm einen bis zum Rand mit Flöhen gefüllten Hut zu liefern, um, wie er sagt, ein Heilmittel zu bereiten. Da die Stadt diesen Auftrag nicht erfüllen kann, bestraft er sie mit einer Geldbuße von siebentausend Rubeln. Und er rühmt sich dieser Tat, wobei er sich vor Lachen den Bauch hält vor seinem Gefolge, das mit einem donnernden Echo seine Heiterkeit teilt.

Wenn es ihn gedrängt hat, seinen Platz wieder einzunehmen, nachdem er den dümmlichen Simeon vom Thron gejagt hat, so deshalb, weil ihm die polnische Frage Sorge bereitet. Gleich nach seiner Wahl hat der Herzog von Anjou in der Kathedrale von Notre-Dame in Paris einen Eid geschworen, Polens Freiheit zu achten, doch er hat sechs Monate gewartet, bis er sich nach Warschau zur Krönung begab. Als glühender Katholik widerstrebt ihm der Schwur, daß er die Ausübung eines anderen Glaubens in seinem Reich niemals behelligen werde; die Polen zwingen ihn, diese Formel zu sprechen, bevor er das Zepter erhält, verärgert muß er sich fügen. Als ein pomadisierter und gepuderter französischer Stutzer fühlt er sich zwischen diesen groben und stolzen Magnaten unwohl. Sie sagen von ihm, daß sie nicht wissen, ob man ihn König oder eine Königin nennen soll. Sie sind offensichtlich mit ihm ebenso unzufrieden wie er mit ihnen. Voller Erleichterung erfährt er von dem Hinscheiden seines Bruders Karl IX. Dieser glückliche Todesfall gibt ihn gewissermaßen Frankreich zurück; er galoppiert heimlich des Nachts davon, gelangt wieder nach Paris und besteigt unter dem Namen Heinrich III. den Thron. Natürlich weigert er sich, trotz der Beschwörungen seiner ehemaligen Untertanen, nach Polen zurückzukehren. Der Reichstag setzt ihn im Mai 1575 feierlich ab.

Wieder suchen die Polen fieberhaft nach einem König. Die Intrigen fangen wieder an, die Bestechungen, das gegenseitige Überbieten der Konkurrenten. Die Tataren nutzen die Wirren im Lande und verwüsten die Ukraine. Dieser Umstand treibt die Polen an, ihre Entscheidung zu beschleunigen. Einmal mehr scheidet Iwan wegen seines Starrsinns aus. Da der Reichstag die Stimmengleichheit der Bewerber nicht beheben kann, wählt er schließlich, am

12. Dezember 1575, zwei Könige: den deutschen Kaiser Maximilian und den ungarischen Fürsten Stefan Báthory. Der kranke Maximilian kann nicht kommen, um sich krönen zu lassen; Stefan dagegen eilt voller Entschlossenheit und Begeisterung nach Krakau, reißt seine Wähler mit einer energischen Rede mit sich fort und verbessert seine Aussichten durch die Heirat mit Anna, der Schwester des verstorbenen Königs Sigismund August. Am 1. Mai 1576 wird das Paar gekrönt. Und am 12. Oktober danach tut Maximilian, gerade zur rechten Zeit, den letzten Atemzug.

Nun gibt es also nur noch einen König von Polen, Stefan Báthory. Er ist dreiundvierzig Jahre alt und verfügt über Charakter, Frömmigkeit, Tapferkeit, gründliche militärische Kenntnisse und einen Instinkt für Gerechtigkeit und Macht. Zuerst erkauft er sich den Frieden mit dem Islam durch Zahlung eines Tributs an den Sultan. Dann, im November 1576, schickt er Botschafter zu Iwan, der sie, seinen älteren Sohn, den Zarewitsch, an seiner Seite, prunkvoll auf seinem Thron empfängt. Beide sind in Goldstoffe gekleidet; die Bojaren sitzen auf Bänken im Audienzsaal. Eine Menge von Höflingen drängt sich im Vorzimmer, auf den Gängen und Treppen, und der Platz draußen ist schwarz von Menschen, und bewaffnete *Strelitzen* halten das Volk zurück. Diese Entfaltung von Pracht und Macht ist offensichtlich dazu bestimmt, die Gesandten Stefan Báthorys, dieses einfachen Glücksritters, zu beeindrucken. Der Brief, den sie Iwan überreichen, erregt seinen Zorn, denn sein Briefpartner geruht in diesem Dokument nicht einmal, ihn »Zar« zu nennen, läßt die Titel Großherzog von Polozk und Smolensk weg und bezeichnet sich selber als Herrscher von Livland. Gewiß, Stefan Báthory erklärt sich bereit, den für drei Jahre zwischen Rußland und Polen geschlossenen Waffenstillstand »bis zum vereinbarten Zeitpunkt« einzuhalten; doch er deutet keinerlei Versprechungen für die Zukunft an. Eisig gibt Iwan zur Antwort, er werde den König von Polen erst dann als seinen »Bruder« betrachten, wenn dieser, »ein einfacher *Woiwode* aus Transsylvanien«, auf seine Ansprüche auf Livland verzichtet habe und einwillige, ihn in seinen Depeschen »Zar von Rußland und Großherzog von Smolensk und Polozk« zu nennen (immer wieder diese zwanghafte Titelsucht!).

Nachdem er gesprochen hat, verabschiedet er die Botschafter, ohne sie zum Essen eingeladen zu haben, doch gibt er ihnen Schutzbriefe für eine friedliche Rückkehr in ihr Land mit auf den Weg.
Seiner Überzeugung nach wird mit der Beendigung des Waffenstillstands der Krieg mit Polen unvermeidlich sein. Darum beschließt er, diese Frist zu nutzen, um sich schwedischer und polnischer Besitzungen in Livland und an den Küsten des Baltikums zu bemächtigen. Zu Beginn des Jahres 1577 belagern fünfzigtausend Russen Reval, da Stefan Báthory selber mit der Belagerung Danzigs beschäftigt ist, läßt er den Dingen ihren Lauf. Die schwedische Garnison von Reval verteidigt sich so gut, daß die Russen sich nach mehreren mörderischen Sturmangriffen am 13. Mai zurückziehen, allerdings nicht ohne das Versprechen, mit Verstärkung wiederzukommen. Was den Widerstandsgeist der angegriffenen Bevölkerung am meisten anstachelt, ist der unheilvolle Ruf des Zaren; der Schrecken, den er einflößt, bewirkt, daß die Livländer, Esten und Letten freiwillig ihr Leben wagen, nur um zu vermeiden, daß sie unter sein Joch kommen. Bewaffnete Bauern unter dem Kommando eines gewissen Iwein Schenkenberg, der wegen seiner Kühnheit »Hannibal« genannt wird, attackieren überraschend den Feind, plündern die Lager und Städte, besetzen Wittenstein, brennen Pernau nieder, foltern und massakrieren ihre Gefangenen, zahlen Iwan alles Auge um Auge, Zahn um Zahn zurück. Iwan antwortet mit einem Übermaß an Grausamkeit. Bei Lenewarden läßt er dem alten Feldmarschall Kaspar von Münster die Augen ausreißen, dann befiehlt er, ihn zu Tode zu peitschen; andere Befestigungskommandanten werden gevierteilt und in Stücke gehackt. Bei Ascheraden kann man von einem Ufer der Dwina bis zum anderen das Heulen von Jungfrauen hören, die von Soldaten in einem Garten vergewaltigt werden.
Der Großteil der russischen Armee operiert jetzt im Lande, fegt alles aus ihrem Weg und schließt eine Stadt nach der anderen ein. Magnus taucht wiederum auf und macht sich mit der Einwilligung des Zaren erneut an die Eroberung des Reiches, das er so lange angestrebt hat. In Wirklichkeit handelt er, unter dem Anschein völli-

ger Unterwerfung unter die Politik Moskaus, auf eigene Rechnung. Nachdem Iwan ihm erlaubt hat, Wenden mit Gewalt zu nehmen, gelingt es ihm, die Tore der Stadt zu öffnen, ohne das Schwert zu ziehen, jedoch mit dem Versprechen der Immunität gegenüber der russischen Tyrannei. Als sie ihn empfangen, haben die Livländer das Gefühl, das kleinere Übel zu wählen. Er geht in diese Richtung weiter, läßt sich überall als Retter und König von Livland bejubeln. Im Rausch dieses Erfolges richtet er an den Zaren sogar eine Liste der Städte, die seine Herrschaft anerkannt haben – darunter Dorpat. Wütend gibt Iwan dem Boten des aufmüpfigen Fürsten die Knute zu schmecken, stürzt sich auf Kokenhausen, das in der Aufzählung der von ihm beanspruchten Städte erscheint, veranstaltet dort ein Massaker, und nachdem er die Bevölkerung dezimiert hat, befiehlt er in einem Brief seinem »Vasallen« Magnus, vor sein Angesicht zu treten: »Es ist mir ein Leichtes, dich zur Räson zu bringen. Ich habe Soldaten und Brot, mehr brauche ich nicht. Du hast auf der Stelle zu gehorchen! Und wenn du mit den Städten, die ich dir gegeben habe, nicht zufrieden bist, fahre über das Meer und kehre in dein Land zurück.« Während er auf die Ankunft des treulosen Fürsten wartet, spaziert er zwischen den rauchenden Ruinen von Kokenhausen umher und disputiert mit einem deutschen Pastor über Theologie. Doch als dieser die Tugenden Luthers preist und es wagt, ihn mit dem Apostel Paulus zu vergleichen, erschlägt Iwan ihn mit seinem eisenbeschlagenen Spieß und schreit: »Geh zum Teufel mit deinem Luther!«

Magnus zögert jedoch trotz der ultimativen Aufforderung des Zaren mit seiner Entscheidung. Erst muß Iwan ihm die meisten *seiner* Städte wieder nehmen, damit er, von Furcht ergriffen, sich in dem russischen Lager einfindet, das vor den Mauern von Wenden aufgeschlagen worden ist. Fünfundzwanzig Deutsche begleiten ihn. Nachdem er vom Pferd gestiegen ist, wirft er sich mit bleichem Gesicht zu Füßen seines Herrn nieder. Iwan betrachtet ihn mit einer Mischung von Zorn und Verachtung: »Dummkopf!« herrscht er ihn an. »Wie hast du glauben können, König von Livland zu sein, du, ein Landstreicher, ein Bettler, den ich in meine Familie aufgenommen, den ich mit meiner vielgeliebten Nichte verheiratet, dem ich Kleidung und Schuhe, Reichtümer und Städte gegeben habe? Und du hast mich verraten, mich, deinen Herrn, deinen Vater, deinen Wohltäter! Wage es, zu antworten! Wie oft habe ich nicht von deinen abscheulichen Plänen reden hören? Doch wollte ich ihnen keinen Glauben schenken und schwieg still. Jetzt bist du entlarvt! Du wolltest Livland mit Intrigen und Hinterlist an dich reißen, um ein Diener Polens zu werden, doch der gütige Gott hat mich gerettet und dich mir in die Hände gegeben. So sei das Opfer deiner Treulosigkeit. Gib mir zurück, was mir gehört, und verkrieche dich wieder ins Nichts!« Wachen nehmen Magnus fort und führen ihn unsanft mit seinem Gefolge in ein Zelt. Dort werden die Gefangenen auf ein Strohlager geworfen und warten auf die Entscheidung des Zaren. Da noch die Fahne des Verräters über Wenden weht, läßt Iwan die Stadt mit Kanonen beschießen. Anstatt sich zu ergeben, fliehen Männer, Frauen und Kinder in das alte Schloß, das über der Stadt ragt. Verzweifelt, aber entschlossen, geben sie Büchsenschüsse auf die sich nähernden Russen ab und verletzen eine große Zahl. Dafür läßt Iwan vor ihren Augen einen livländischen Gefangenen pfählen, Georg Wilke, den berühmten Verteidiger von Wolmar. Dann befiehlt er, die Kanonen auf das Schloß zu richten und eröffnet das Feuer aus kurzer Distanz; drei volle Tage bombardiert die Artillerie die Mauern, die nach und nach einstürzen. Kurz vor dem letzten Angriff beschließen die Belagerten, sich mit den Trümmern in die Luft zu jagen, füllen die Keller mit Pulver, empfangen das Abendmahl und knien sich in Reihen nach Familien zu Boden. In dem Moment, da sich die Russen in die Bresche werfen, schwenkt Boysmann, ein Offizier von Magnus, eine entzündete Fackel. Eine ungeheure Explosion läßt alles in Staub aufgehen. Doch Boysmann entkommt dem Unglück. Verstümmelt und verbrannt, wird er auf einen Pfahl gepflanzt, während die rachelüsterne Truppe die unglücklichen Überlebenden martert und peitscht. Mehrere Tage lang sind die Soldaten mit Vergewaltigung und Mord beschäftigt; Iwan, der an Ort und Stelle dabei ist, treibt seine Männer zum Exzeß. Die »Bestrafung der Wenden« sät in ganz Livland Schrecken. Jeder weiß vom Hörensagen, daß der Zar grausamer ist als alle seine Generäle miteinander, für die Bevölkerung der Umgebung bedeutet allein sein Name eine tödliche Bedrohung. Bei seinem Nahen öffnen sich die verängstigten Städte auf die erste Aufforderung hin. So eignet er sich kampflos den größten Teil von Livland an, verzichtet auf die Belagerung von Riga und Reval, deren Verteidigungsanlagen ihn beunruhigen.

Zufrieden mit seinem Gebietsgewinn, gibt er in Wolmar seinen Offizieren ein großes Gastmahl, verteilt Pelze und Goldpokale an sie und läßt einige polnische Gefangene von Rang frei. »Kehrt zu König Stefan zurück«, sagt er zu ihnen, »überredet ihn, mit mir zu Bedingungen Frieden zu schließen, wie es mir gefällt, sie ihm aufzuerlegen; mein Arm ist mächtig, ihr habt es erfahren.« Und da er sich an den Abtrünnigen Kurbskij erinnert, der sich noch immer in Polen versteckt hält, träumt er von dem Tage, an dem Stefan Báthory ihn geknebelt und an Händen und Füßen gefesselt ausliefert. Schon jetzt stellt er sich eine ausgeklügelte Hinrichtung für den Verräter vor, leckt sich die Lippen und schreibt ihm einen triumphierenden Brief: »Wir, Iwan, Sohn des Wassilij, durch Gottes Gnade mächtiger Herrscher, Zar und Großherzog von ganz Rußland, an unseren obenstehenden Bojaren... Selbst wenn meine Verbrechen zahlreicher sind als der Sand am Meer, lasse ich nicht ab, auf die himmlische Güte zu hoffen, denn der Herr kann meine Verfehlungen in den Fluten seiner Barmherzigkeit ertränken. Schon jetzt hat er mir eine Gnade zuteil werden lassen, mir, einem Sünder, Ehebrecher und Folterknecht, als er Amalek und Maxentius[1] niederwarf kraft des lebendigen Kreuzes... Für mein Teil will ich nicht all diese Siege aufzählen, denn nicht ich habe sie davongetragen, sondern Gott. Du hast mir geschrieben, mein Verstand sei verdorbener als der eines Heiden, und nun setze ich dich zum Richter über uns ein: Wer von euch allen hat den verdorbensten Geist? Bin ich es, der, als ich mich als euer Herr zeigen wollte, eure Auflehnung und euren Zorn hervorgerufen habe, oder nicht vielmehr ihr, die ihr mir Unterwerfung und Gehorsam verweigert habt,

---

[1] Amalek: König der Amalekiter, »Feind Jahwes«; Maxentius: erbitterter Feind des ersten christlichen Kaisers Konstantin.

im Trachten darauf, mich zu schulmeistern und mir meine Macht zu rauben, um nach eurem Gefallen zu regieren und mich vom Thron zu stürzen?... Du, zusammen mit Alexej Adaschow... ihr habt euch eingebildet, die ganze russische Erde läge euch zu Füßen, doch die himmlische Barmherzigkeit hat eure Klugheit in Eitelkeit verwandelt. Gerade darum habe ich meine Feder gespitzt, um dir zu schreiben. Sagtet ihr nicht: ›Es gibt keine Männer von Verdienst in Rußland, niemand ist da, um es zu verteidigen‹? Wer bemächtigt sich heute, wo ihr nicht mehr hier seid, der germanischen Festungen?... Litauen wird von nun an nicht mehr wagen zu sagen, daß die Hufe unserer Pferde es nicht von einem Ende zum anderen durchmessen haben.«
Auch wenn der Verräter Kurbskij im Augenblick außer Reichweite ist, hat Iwan einen anderen Verräter in der Hand: Magnus. Was soll man mit ihm anfangen? Der Gefangene macht sich auf einen langsamen, qualvollen Tod gefaßt, doch zur allgemeinen Überraschung verzeiht Iwan ihm. Hat ihn der Sieg so großzügig gestimmt? Oder will er es Gott gleichtun, der ganz nach Belieben Gewitter oder Regenbögen aufziehen läßt? Er läßt Magnus frei, gibt ihm anstelle eines Reiches ein paar kleine Marktflecken und erlegt ihm als Strafe einen Tribut von vierzigtausend Goldgulden auf, die der Däne nicht besitzt und niemals zahlen wird. Um seine Herrschaft über Livland zu bekräftigen, befiehlt er, in die Grundsteine aller Kirchen dieser Provinz folgende Inschrift einzuritzen: »Ich, Iwan, bin Herrscher über viele Länder, deren Namen sich in meinen Titeln finden. Ich bekenne mich zum Glauben meiner Väter, dem wahren Christentum nach der Lehre des heiligen Apostels Paulus, so wie auch die guten Moskowiten. Ich bin ihr Zar durch Geburt, ein Titel, den ich weder angestrebt noch gekauft habe, und mein Zar ist Jesus Christus.«
Ende des Herbstes 1577 gelangt Iwan wieder zu seiner geliebten Residenz von Alexandrowskaja Sloboda zurück, wo er sich von den Anstrengungen seiner Kriegszüge zu erholen hofft. Doch trotz der in Livland davongetragenen Erfolge weiß er nicht, wie er seinen Seelenfrieden wiederfinden soll; der letzte Brief, den er an Kurbskij geschrieben hat, rief in ihm die alten Vorwürfe wach. Ohne müde

zu werden, läßt er die angeblichen Verbrechen seiner Umgebung im Gedächtnis an sich vorüberziehen. Mit dem Abstand von vierundzwanzig Jahren kann er der Bojaren-Clique nicht vergeben, die ihn während seiner Krankheit verloren glaubte, die Zarin Anna und seinen Sohn vom Thron stoßen wollte, um Fürst Wladimir Andrejewitsch darauf zu setzen. Gewiß, alle Schuldigen, Fürst Wladimir einschließlich, haben diese Anmaßung mit dem Leben bezahlt; selbst die Familien der »Verschwörer« sind ruiniert und ihre Güter beschlagnahmt worden. Es bleibt jedoch noch ein ehemaliger Freund Adaschows übrig, Fürst Michail Worotijnskij, der Held der Eroberung von Kasan. Im Jahre 1560 mit den Seinen verbannt und fünf Jahre später wieder begnadigt, hat er sich niemals uneingeschränkten Wohlwollens erfreut. Während siebzehn Jahren treuer Dienste hat er ständig die Bedrohung einer aufgeschobenen Strafe über seinem Haupt gespürt. Selbst nach seinem Sieg über Dewlet Girais Tataren, fünfzig Werst vor Moskau, konnte er sich nicht vor dem Zorn des Zaren sicher fühlen. Im Gegenteil, diese einhellig gefeierte Großtat hat ihm, wie ihm scheint, bei seinem Herrn geschadet. Und in der Tat kann Iwan nicht hinnehmen, daß ihn einer seiner Untertanen in der Bewunderung des Volkes aussticht. Dadurch, daß er mit sechzig Jahren eine nationale Berühmtheit geworden ist und somit für den Zaren fast einen Konkurrenten darstellt, hat Michail Worotijnskij endgültig die Aussicht verloren, Vergebung zu finden. Obwohl Michail Worotijnskij sich der Gefahr, in der er wegen seines Ruhmes schwebt, bewußt ist, versucht er nicht, seinem Schicksal zu entrinnen. »Wenn mein Herrscher meinen Tod will«, sagt er ruhig, »hat er das Recht dazu, denn ich bin auf Erden, um seinen Willen zu tun.« Er braucht nicht lange zu warten. Auf Iwans Anordnung beschuldigt ein von Worotijnskijs Landgut entflohener Leibeigener seinen Herrn der Zauberei und geheimer Zusammenkünfte mit Hexen, um dem Monarchen nach dem Leben zu trachten. Der berühmte Greis wird verhaftet, in Ketten gelegt, dem Zaren vorgeführt und dem Denunzianten gegenübergestellt.

»O Herr!« ruft Michail Worotijnskij, »mein Großvater und mein Vater haben mich gelehrt, Gott und meinem Herrscher mit Eifer zu dienen. Sie haben mich auch gelehrt, in meinem Kummer Zuflucht an den Altären des Allerhöchsten zu suchen und nicht bei Hexen. Dieser Verleumder ist mein Sklave: Er ist entflohen und des Raubes überführt. Kannst du dem Zeugnis eines Schurken Glauben schenken?« Iwan ist für diese Unschulds- und Ergebenheitsbeteuerungen unempfänglich und befiehlt, den *Woiwoden*, der Kasan erobert und Moskau gerettet hat, hinzurichten. Angebunden an einen Pfahl, stellt man ihn zwischen zwei lodernde Feuer. Während der Marter bedient sich der Zar, der im Rauch mit den Augen blinzeln muß, seines langen, eisenbeschlagenen Stocks, um glimmende Holzstückchen an den schmorenden Leib zu führen. Dadurch, daß er diesen alten Haß stillt, hat er das Gefühl, Ordnung in seinem Haus zu schaffen, als würde er etwas erledigen, was er zu lange aufgeschoben hat. Bevor der Fürst seinen letzten Atemzug tut, bringt man ihn, abscheulich verbrannt, auf einer Bahre in das Kloster von Bjelozersk. Er stirbt auf dem Weg. »Vortrefflicher Mann von stolzer Gesinnung und klarem Verstand«, schreibt Fürst Kurbskij, »dein Andenken sei auf ewig geweiht in dieser Welt!... Darum hast du den höchsten Lohn errungen, daß du unschuldig durch die Hand dieses Blutrünstigen gelitten hast, nachdem du dich bis zum Alter von sechzig Jahren im Kriege ausgezeichnet hast und die Märtyrerkrone unseres Herrn Jesus Christus erwarbst.«

Michail Worotijnskijs gräßlicher Todeskampf ist für Iwan wie die Ouvertüre einer blutigen Oper. Nachdem ihn die Marter seines *Woiwoden* auf den Geschmack gebracht hat, läßt er Nikita Odojewskij und Michail Morosow ebenso hinrichten. Kornelij, der Prior von Pskow, und sein Schüler Wassjan Muromzow werden langsam unter einem Mühlstein zermahlen, der Abt Theodorit, Kurbskijs ehemaliger Beichtvater, wird in einem Fluß ertränkt. Was Leonid, den Erzbischof von Nowgorod anbelangt, so wird er in ein Bärenfell eingenäht und ausgehungerten Hunden vorgeworfen, die ihn zerfleischen. Andere weniger bekannte Opfer tauchen auf der Liste auf. In seiner Abrechnung mischt Iwan gewissenhaft die ehemaligen, seiner Politik ablehnend gegenüberstehenden Bojaren mit den neuen Männern, deren Nase ihm nicht paßt. Tugendhafte und Böse sind gleichermaßen Opfer seiner Wut; das ist seine Art, unparteiisch zu sein.

In der Tat kann er sich nach der Moral, die er sich im Verlauf seines Daseins nach und nach zurechtgebogen hat, nicht damit begnügen, die wirklich Schuldigen zu verfolgen. Wenn er einen wirklich Schuldigen foltert, so ist er von dem Gefühl gestillter Rache und dem Glauben, mit dem Gericht Gottes in Einklang zu stehen, beseelt. Und das ist gewiß sehr angenehm. Doch wenn er einen Unschuldigen martert, ist der Genuß insgesamt erhabener und stärker. Was er dann verspürt, ist das willkürliche Vergnügen des Bösen um des Bösen willen, der Rausch, seinen Nächsten grundlos zu zerstören, der Stolz, sich jenseits der menschlichen Gesetze bestätigt zu sehen. Ja, der Geruch von einem brennenden oder blutenden Leib ist hundertmal erregender, wenn man weiß, daß dieses Leid unverdient ist; die ungerechte Gerechtigkeit ist ein Leckerbissen für den Feinschmecker. Wenn er mit Grund straft, schließt sich der Zar dem Willen Gottes an, straft er ohne Grund, wird er Gott gleich. So wird noch ein Grad in der Steigerung der unumschränkten Macht überschritten.

Diese energische Säuberungsaktion im Innern hindert Iwan nicht daran, mit Aufmerksamkeit die Vorgänge im Ausland zu verfolgen. Weil er fürchtet, daß Polen trotz Stefan Báthorys Versicherungen sich rüstet, um gegen Rußland zu marschieren, strebt er ein Bündnis mit Rudolf an, Maximilians Nachfolger auf dem Thron des Heiligen Römischen Reiches Deutscher Nation. Für den Fall eines Sieges verspricht er ihm Ungarn, wobei er sich selber Polen vorbehält. Doch der neue Kaiser fürchtet trotz seines Hasses auf Stefan Báthory die Reaktion des Sultans, wenn man Ungarn antastet. Darum reagiert er ausweichend auf die Vorschläge des Zaren. Friedrich hingegen, der König von Dänemark, bietet Iwan an, mit ihm gegen Schweden zu ziehen. Doch hat er dabei im Auge, anschließend die Beute, bestehend aus Livland und Estland, mit Rußland zu teilen. Diesmal ist es Iwan, der den Handel für unannehmbar hält. Man begnügt sich mit einem Waffenstillstandsvertrag für fünfzehn Jahre. Auf gut Glück verteilt der Zar Gold an Machmet Girai, den Sohn von Dewlet Girai, der im Verlauf des

Jahres gestorben ist[1], um sich die Neutralität der Tataren zu erkaufen. Und er bleibt über seine Boten mit Stefan Báthory in freundlicher Verbindung, der allem Anschein nach Zeit zu gewinnen sucht.

Plötzlich, zu Beginn des Jahres 1578, erfährt Iwan, daß Stefan Báthory mit Schweden ein Abkommen über ein Angriffs- und Verteidigungsbündnis unterzeichnet hat, um Livland zurückzuerobern, wobei die Narowa die künftige Trennungslinie zwischen den zwei Staaten markieren soll. Sogleich werden die Operationen in Gang gesetzt. Nachdem die Litauer den Offizieren von Dunaburg zum Zeichen der Freundschaft Schnapsfässer geschickt haben, nutzen sie die Tatsache, daß die ganze Garnison völlig betrunken ist, um die Tore der Festung einzurammen und die Russen abzuschlachten. Wenden fällt gleichfalls in die Hände der Angreifer, die mitten in der Nacht die Stadt stürmen und die schlafenden Wachen überraschen. Endlich reiben die polnische Armee unter dem Kommando von Andrej Sapjecha und das schwedische Heer unter dem Befehl von Boë die Streitkräfte des Fürsten Golizijn auf. Sechstausend Russen liegen auf dem Felde; die Artilleristen haben sich lieber an ihren Geschützen getötet, als sich zu ergeben. Überall kämpft man gegeneinander, doch überreicht der Geheimbote Wenzel Lopatschinskij erst im Juni 1579 in Moskau Stefan Báthorys Kriegserklärung. Dieses Dokument, das in mehreren Sprachen von den Druckpressen, die dem Heer folgen, gedruckt worden ist, liefert einen geschichtlichen Überblick voller Fakten, ironischer Anspielungen auf Iwans Anmaßungen, der sich ein Abkömmling von Cäsar Augustus nennt, und das mit dem Versprechen schließt, das Leben und die Güter aller nicht kriegführenden Personen zu achten. Und in der Tat untersteht die polnische Armee, die ungefähr zwanzigtausend Mann stark ist, einer sehr strengen Disziplin. Obwohl sie sich zum größten Teil aus ausländischen Söldnern, Russen, Ungarn, Franzosen, Engländern, Italienern, Belgiern und Schotten zusammensetzt, ist sie von vorzüglicher Geschlossenheit

---

[1] Dewlet Girai stirbt am 29. Juni 1577.

und großer Schlagkraft. Die russische Truppenstärke beläuft sich nahezu auf das Fünffache ihres Gegners, doch schlecht bewaffnet und schlecht ausgebildet, sind die moskowitischen Heere in den Schlachten den anderen unterlegen, die der unerbittliche Stefan Báthory kommandiert. Auf der einen Seite steht ein ungeformtes, asiatisches, durch die Rivalitäten seiner Generäle zersplittertes Heer, auf der anderen eine europäische, moderne Armee, die sich aus Soldaten aller Länder zusammensetzt, streng in Einheiten unterteilt ist und von Schreibern und Druckern begleitet wird. Obwohl sie derselben Familie angehören, vertreten die zwei Völker zwei verschiedene und historisch miteinander konkurrierende Welten; unter dem polnischen Banner wirft sich der lateinische Westen auf die Eroberung des slawischen Ostens.
Anfang August belagert Stefan Báthory Polozk. Unter dem Artilleriefeuer, das in die hölzernen Befestigungsanlagen einschlägt und die Häuser in Brand setzt, fällt die Stadt nach dreiwöchigem Widerstand. Ein russisches Heer, das zur Hilfe herbeigeschickt worden ist, weicht der Schlacht auf freiem Felde aus, verschanzt sich in der Festung von Sokol und versucht, dem Feind den Nachschub abzuschneiden. Doch Sokol wird nach hartem Kampf eingenommen; Krasnoij und Staradub kapitulieren gleichfalls. Angesichts dieser fortgesetzten Katastrophen zieht sich Iwan, der sein Hauptquartier in Nowgorod aufgeschlagen hat, Hals über Kopf nach Pskow zurück. Ein schwacher Trost in dieser Lawine von schlechten Nachrichten: Der gefürchtete »Hannibal«, Anführer der Partisanen, wird gefangengenommen, nach Pskow gebracht und hingerichtet. Doch Stefan Báthory rückt immer weiter vor, und sein edelmütiger Ruf geht ihm voraus und gewinnt ihm die Herzen der Bevölkerung. Man sagt von ihm, er sei die Gerechtigkeit selber. Einfach, genügsam und mutig, schläft er mit seinen Soldaten auf Stroh, teilt ihr Essen, trägt keine Handschuhe und verachtet den Gebrauch von Strümpfen. Er versteht es, seine Offiziere auszuwählen, seine Worte sind gemessen und erleuchtet wie ein Gebet. Iwan entscheidet, daß ein so tugendhafter Fürst für die Sprache des Herzens nicht unempfänglich sein kann. Er geht von Hochmut zu Unterwürfigkeit über und schlägt ihm vor, Botschafter zu entsen-

den, um über einen vernünftigen Frieden zu beraten. Stefan Báthory weigert sich und verlangt vor allem die Freilassung Wenzel Lopatschinskijs, seines ersten Geheimboten, den der Zar ins Gefängnis geworfen hat. Folgsam holt Iwan den Polen aus seinem Verlies und lädt ihn an seinen Tisch. Dann würgt er den letzten Rest von seinem Stolz hinunter und schickt eine Versöhnungsdelegation, die fünfhundert prachtvoll gekleidete Würdenträger zählt, zu seinem siegreichen Feind. Unterwegs erfahren sie, daß Stefan Báthory weit davon entfernt ist, zu palavern und mit einem achtzehntausend Mann starken Heer wieder ins Feld gezogen ist. Bestürzt gehen die Unterhändler den Weg, den sie gekommen sind, wieder zurück und bringen dem Zaren vorsichtig das Scheitern ihres Unternehmens bei. Iwan fühlt den Hauch der Niederlage im Nacken.

Im September 1580 bahnt sich Stefan Báthory einen Weg durch dichte Wälder, schlägt Behelfsbrücken über Sümpfe und eröffnet die Belagerung der großen Stadt Welikije Luki, die den Moskowitern als Kriegsdepot und Ausgangsbasis für ihre Operationen gegen Litauen dient. Ihre hölzernen Bollwerke aus doppelten, mit Erde aufgeschütteten Bohlenreihen scheinen den Kanonenkugeln standzuhalten, doch ein Feuer bricht aus, und die Garnison ergibt sich. Nach der Eroberung der Stadt besiegt Stefan Báthory die Armee des Fürsten Chilkow, die zur Verstärkung herbeigeschickt worden ist, setzt seinen Vormarsch fort und nimmt in einem Monat die ganze Provinz ein. »Selbst eine Henne verteidigt ihre Küken besser, wenn ein Falke angreift«, schreibt er in einem in mehreren Sprachen veröffentlichten Brief. »Der Zar versteckt sich hinter den zwei Köpfen des Adlers von Moskowien.«

Während die Polen eine russische Stadt nach der anderen an sich reißen, fallen die Schweden unter dem Kommando des Generals Horn und des Franzosen Pontus de La Gardie in Karelien und Estland ein. Sie besetzen Narwa, Iwangorod, Jam, Kaporje. Geschlagen, verwirrt und entmutigt geben die Russen an allen Fronten Fersengeld. Der größte Teil von Iwans ehemaligen Eroberungen ist zunichte. Angesichts des Versagens seiner Truppen setzt er seine ganze Hoffnung auf Gott. Er vergräbt sich in Alexandrowskaja Sloboda, verbringt Stunden im Gebet und wartet auf eine Eingebung des Himmels. Fürst Kurbskij, der immer noch unter Stefan Báthorys Fahnen kämpft, schreibt an seinen ehemaligen Herrn: »Und nun, wo sind denn deine Siege? Die Helden, die wirklichen Verteidiger Rußlands, die *Woiwoden*, die du vernichtet hast... Anstelle der Liebe des Volkes und seines Segens, einst deinem Herzen so angenehm, schlagen dir von allen Seiten nichts als Haß und Verwünschungen entgegen! Anstatt mit militärischem Ruhm stillst du deinen Hunger mit Schande!... Sieht man nicht, daß sich Gottes Gericht über dem Tyrannen erfüllt?... Ich schweige und weine!« Iwan antwortet nicht auf dieses Schreiben, doch um den Trübsinn, der an ihm nagt, abzuschütteln, beschließt er plötzlich, zum achtenmal zu heiraten. Abermals bricht er alle Gesetze der orthodoxen Kirche und vermählt sich mit Maria Fjodorowna Nagaja, der Tochter eines Würdenträgers am Hofe. Zur gleichen Zeit nimmt sein zweiter Sohn, Fjodr, Irina zur Frau, die Schwester von Boris Godunow; nur einige Vertraute wohnen der Doppelhochzeit bei. Dieses frische Fleisch, das er sich ins Bett geholt hat, genügt jedoch nicht, um Iwan von seiner Schwermut zu heilen. Ganz im Gegenteil, er verspürt bei dieser Frau um so grausamer die Unzulänglichkeit seines Leibes und die Verwirrung seines Gemüts. Die äußeren Angelegenheiten gehen ihm nicht mehr aus dem Sinn; er braucht Frieden um jeden Preis. Die neuen Unterhändler, die er zu Stefan Báthory schickt, haben Anweisung, versöhnlich und liebenswürdig aufzutreten, die gröbsten Kränkungen, »einschließlich Beschimpfungen und Faustschlägen« hinzunehmen, und dem unerbittlichen Ungarn ganz Livland, außer vier Städten, anzubieten. Vergebliche Mühe: Stefan Báthory verlangt über das gesamte Livland hinaus Nowgorod, Pskow, Smolensk, ganz Siverien[1] und eine Entschädigung von vierhunderttausend Dukaten. Iwan bebt vor Wut und antwortet seinem Widersacher mit einem Brief von dreiundzwanzig Seiten, der ein Geflecht von Bibelzitaten, Unschuldsbeteuerungen und schneidenden Beleidigungen ist. Ihm zufolge

---

[1] Ehemaliges russisches Fürstentum in der Ukraine.

hat Polen keinerlei Anspruch auf Livland, das russisches Gebiet sei. Was die geforderte Kriegsentschädigung angeht, so handelt es sich um einen »muselmanischen Brauch«. »Solche Forderungen«, schreibt er, »werden von den Tataren erhoben, doch in christlichen Staaten zahlt kein Herrscher einem anderen Herrscher Tribut... Du, der du behauptest, ein Christ zu sein, warum forderst du von Christen Tribut wie die Ungläubigen? Und aus welchem Grund sollten wir dir Geld geben? Du bist es, der gegen uns Krieg geführt hat, du, der du eine Vielzahl von Gefangenen gemacht hast; und dann sind wir es, die dir Tribut zollen sollen? Es stünde eher dir an, eine Entschädigung zu gewähren, dir, der du uns ohne Grund angegriffen und unsere Gebiete eingenommen hast... Wir setzen unsere Hoffnung auf den Allerhöchsten, wir verlassen uns auf die Kraft des lebendigen Kreuzes, und du wirst gut daran tun, dich an Maxentius[1] zu erinnern, der in Rom an dem heiligen und heilbringenden Kreuze zugrunde gegangen ist.«

Nachdem Stefan Báthory diese endlose Botschaft gelesen hat, bricht er in Gelächter aus und sagt: »Noch nie hat uns Seine Majestät einen so weitschweifigen Brief gesandt! Ist er etwa bis auf Adam zurückgegangen?« Und er beauftragt seinen Kanzler Jan Zamoyski, eine doppelt so lange Antwort aufzusetzen. Er selbst legt ihre Hauptpunkte fest. Um seinem Beleidiger im rechten Maß zu antworten, behauptet er darin, daß der Zar ein gekrönter Irrer sei, daß seine Soldaten sich im Felde wie Räuber aufführen würden, daß er sich lächerlich mache, wenn er seine römische Herkunft beschwört, wo doch seine Mutter, »wie jedermann weiß«, eine einfache Fürstin Glinskaja war, die Tochter eines litauischen Fahnenflüchtlings, daß er nicht das Recht habe, dem König vorzuwerfen, die Unterstützung der Türken zu suchen, da er unlängst eine konvertierte Mohammedanerin – Maria Temriukowa – geheiratet habe, und daß er nichts weiter als ein Feigling sei, der das Schlachtfeld flieht, auf dem seine Regimenter umsonst umkommen. Abschließend fordert er Iwan zum Zweikampf heraus:

[1] Anspielung auf die Schlacht an der Milvischen Brücke. (A.d.Ü.)

»Nimm deine Waffen und steige aufs Pferd, Iwan! Bestimmen wir gemeinsam Ort und Stunde des Treffens, beweise deinen Mut und dein Vertrauen in die Gerechtigkeit der Sache, kreuzen wir beide einander die Klingen! So wird viel Christenblut verschont bleiben!... Wenn du uns diese Genugtuung verweigerst, hast du dein Urteil bestätigt und bewiesen, daß es auf dem Grund deiner Seele keinerlei Wahrhaftigkeit gibt, keine Herrscherwürde, wie du behauptest, von der Würde eines Mannes oder auch nur eines Weibes.«

Während dieses Austauschs von Beleidigungen gehen die militärischen Operationen weiter. Nachdem Stefan Báthory beim Reichstag weitere Zuschüsse erwirkt und den Staatsschatz dafür gewonnen hat, seine Söldner zu bezahlen, rückt er mit einer Armee von zwanzigtausend Mann und zwanzig Kanonen vor Pskow. Die Stadt ist von einem Bollwerk aus Stein umgeben, von Türmen flankiert und beherbergt eine Garnison von vierzigtausend Soldaten, mit Munition und Lebensmitteln vollgestopfte Magazine und zahlreiche Kirchen. Aus der Ferne erscheint sie den Polen so gewaltig, daß der Priester Pjotrowskij ruft: »Gerechter Himmel! Pskow ist ein zweites Paris!« Um die Verteidiger der Stadt in Bann zu schlagen, läßt Fürst Iwan Schuiskij, der sie kommandiert, die Soldaten und die Zivilbevölkerung vor dem Bildnis der Jungfrau von Wladimir schwören, lieber zu sterben als sich zu ergeben. Die Heiligenreliquien und verehrungswürdigen Ikonen werden in einer Prozession auf die Wälle gebracht. Nach einigen leichten Attacken, die den Zweck haben, den Widerstand des Gegners abzutasten, werfen sich Stefan Báthorys Männer am 8. September 1581 beim Klang der Trompeten in einen Großangriff. Nachdem die polnische Artillerie Breschen in die Mauern geschlagen hat, dringen sie in die Stadt ein, stolpern über Leichen, bemächtigen sich zweier Türme und hissen dort ihr Banner, durchlöchern von dort aus mit Kugeln die Russen, die sich ohne Ordnung zurückziehen. Doch der mit Staub und Blut bedeckte Fürst Iwan Schuiskij steigt vom Pferd, hält die Flüchtenden zurück, verweist sie auf das Bildnis der Heiligen Jungfrau, das Priester über dem Kampfgetümmel schwenken, und befiehlt ihnen, wieder in die Schlacht zurückzukehren. Im gleichen Augenblick fliegt durch einen wunderbaren Zufall einer der Türme, den die Angreifer besetzt halten und den die Verteidiger zuvor vermint hatten, mit einem fürchterlichen Krachen samt den Soldaten und Standarten des Königs in die Luft. Die deutschen, polnischen und ungarischen Leichen häufen sich in den Gräben, während die Russen wieder mit neuem Schwung zum Gegenangriff vorgehen und mit äußerster Anstrengung den Feind vor die Stadtmauern zurückwerfen. Stefan Báthory, der fünftausend Tote auf dem Schlachtfeld zurückgelassen hat, will nicht auf die Eroberung der Stadt verzichten, doch ab Anfang Oktober lichten die Kälte und der Mangel an Proviant die Reihen seines Heeres. Iwan seinerseits hat das Ziel eines ehrenhaften Friedens mit Polen nicht aufgegeben. Dies um so weniger, als die Schweden gerade die Eroberung des finnischen Golfs beenden und Pernau, Dorpat und Fellin bedrohen, die Dänen bereit zu sein scheinen, den zwei Jahre zuvor geschlossenen Waffenstillstand zu brechen, und die Tataren aller Wahrscheinlichkeit nach mit Blick auf Moskaus Schwierigkeiten den geeigneten Moment abwarten, um Kasan und Astrachan zurückzugewinnen. Aber plötzlich hat der Zar einen außergewöhnlichen, verblüffenden Einfall: warum soll man dem Papst und Kaiser Rudolf nicht vorschlagen, einen Kreuzzug gegen die Ungläubigen zu unternehmen, an dem alle christlichen Staaten teilnehmen sollen, einschließlich Rußland und Polen, die sich vorher wieder miteinander versöhnt hätten? Natürlich bedeutet für Iwan der Kreuzzug nur einen Vorwand, damit der Papst und der Kaiser Druck auf Stefan Báthory ausüben und ihn zur Reue bewegen. Der Bojarensohn Istoma Schewrigin wird mit der Mission beauftragt. Er wird mit detaillierten Instruktionen versehen und begibt sich zuerst nach Prag zu Kaiser Rudolf, der weder ja noch nein sagt. Von dort bricht er nach Venedig auf, wo der Doge sich ebenfalls unklar äußert. Schließlich trifft er mit zwei Dolmetschern in Rom ein. Er wird von Papst Gregor XIII. in Privataudienz empfangen, kniet nieder, küßt die Pantoffeln des obersten Bischofs, überreicht ihm Zobelpelze und zeigt ihm den langen Brief des Zaren. In dieser Botschaft bittet Iwan den Heiligen Vater zu befehlen, daß Stefan Báthory »auf das Bündnis mit den Muselmanen und den

Krieg gegen die Christen verzichtet«. Allerdings hütet er sich wohl, als Gegenleistung für den geplanten Kreuzzug auch nur die geringste Annäherung der zwei Kirchen zu versprechen. Doch den Gedanken dieser Annäherung, die im 15. Jahrhundert vergeblich versucht worden ist, hegt der Heilige Stuhl mit Beharrlichkeit. Ungeachtet des vom Zaren gewünschten Stillschweigens in dieser Frage beschließt Gregor XIII., einen Bevollmächtigten nach Moskau zu entsenden, der zunächst die Vereinigung im Glauben und dann das politische Abkommen vorschlagen soll.

Es ist Antonio Possevino, ein hochgebildeter Jesuit und guter Kenner des Nordens, dem diese schwierige Aufgabe zufällt. In Venedig legt er mit Eifer dar, welchen Vorteil es für die Christenheit bedeute, eine Liga mit Rußland und Polen gegen die Türken zu schaffen. Doch die Venetianer sind zu sehr auf ihre Handelsbeziehungen mit dem Osmanischen Reich bedacht, um eine so nachteilige Verbindung einzugehen; ihre Antwort ist abermals ausweichend. Possevino fährt über Wien und Prag und trifft Stefan Báthory in Vilma. Dort wieder eine Enttäuschung! Trotz seiner Achtung vor der päpstlichen Autorität geht der König von Polen nicht von seiner Vorstellung ab: er will ganz Livland, die Zerstörung oder Übergabe bestimmter russischer Festungen und die Entrichtung eines bedeutenden Tributs. Dennoch willigt er ein, dem Reisenden einen Paß nach Rußland auszustellen. Unermüdlich macht Possevino sich wieder auf den Weg. In Smolensk wird er prunkvoll empfangen, doch seine mangelhafte Kenntnis der russischen Sprache spielt ihm einen Streich. In dem Glauben, sich zu dem Essen zu begeben, zu dem er geladen ist (russisch: objed), findet er sich am Portal einer russischen Kirche wieder, wo man die Messe feiert (russisch: obednja). Verwirrt tritt er den Rückzug an und weigert sich, dem Bischof die Hand zu küssen. Schließlich, am 18. August 1581 (während Stefan Báthorys Heer sich Pskow nähert), kommt er in Stariza an, einer kleinen befestigten Stadt, die der Zar vorläufig zur Residenz erkoren hat. Am übernächsten Tag wird ihm gestattet, »sich den heiteren Augen des Zaren zu zeigen«. Auf den ersten Blick ist er von der barbarischen Pracht der Ausstattung und der Kleider wie verzaubert. Von bärtigen Bojaren in langen Tuniken umgeben, sitzt Iwan eingehüllt in ein goldgewirktes und mit Edelsteinen übersätes Gewand mit dem Zepter in der Hand und dem Monomachenhut auf dem Haupt auf seinem Thron und betrachtet ihn mit den kalten Augen eines Raubvogels. Unter diesem kaiserlichen Blick verneigt der Bevollmächtigte des Papstes sich demütig in seiner ärmlichen, schwarzen Soutane. Nachdem der Zar ihn um Nachrichten über die Gesundheit des Heiligen Vaters gebeten und eine Urkunde entgegengenommen hat, in der Gregor XIII. so freundlich ist, ihn seinen »geliebten Sohn« zu nennen, interessiert er sich für die päpstlichen Geschenke: ein Kruzifix aus Bergkristall, mit Gold verziert und einem Splitter des Wahren Kreuzes darin, eine prächtig eingebundene, griechische Ausgabe der Protokolle des Konzils von Florenz, einen in Gold gefaßten Rosenkranz mit Edelsteinen und einen goldenen Kelch. Im letzten Moment hat Possevino darauf verzichtet, auch noch ein Bildnis der Heiligen Familie zu überreichen, auf dem ein vollkommen nackter Johannes der Täufer erscheint, was den Russen, die an eine eher keusche Ikonenmalerei gewöhnt sind, ganz bestimmt mißfallen hätte. Es gibt auch Geschenke für den älteren Sohn des Zaren und die Zarin Anastasia Romanowna (»unsere vielgeliebte Tochter«), die seit zwanzig Jahren tot und seitdem siebenmal ersetzt worden ist, ein Umstand, von dem der Vatikan nichts weiß. Iwan zuckt nicht mit der Wimper, bedankt sich und ordnet an, daß die Verhandlungen unverzüglich aufgenommen werden.

Sechs Bojaren geben mit Hilfe von Dolmetschern die Antworten und gehen bei der geringsten Schwierigkeit den Zaren um Rat fragen. Wenn die Sitzung wieder beginnt, verlesen sie einer nach dem anderen Papierrollen, auf denen die spitzfindigen Antworten des Herrschers niedergeschrieben sind. Jeder Vorleser fängt seine Darlegung mit der Anrufung der Heiligen Dreifaltigkeit und der Aufzählung von Iwans zahlreichen Titeln an. Possevino wird sie sechsunddreißigmal in Folge hören und seine Ungeduld hinter einer höflichen Miene verbergen. Danach muß er die Querelen der Übersetzer über sich ergehen lassen, die einander über die Bedeutung des Wortlauts in die Haare geraten und sich gegenseitig vorwerfen, die Gedanken Seiner Majestät zu verfälschen. Einen Mo-

nat lang diskutiert man eifrig, ohne sich zu verständigen, tauscht Notizen aus und stochert mit der Stange im Nebel. Manchmal ruft der Zar Possevino zu sich, um eine private Unterredung mit ihm zu führen. Sobald der Nuntius ihm die Fingerspitzen zum Zeichen der Ehrerbietung geküßt hat, wäscht Iwan sich die Hände in einem goldenen Becken, um die Befleckung zu entfernen, die die Berührung seiner Hand mit dem Mund eines Ketzers auf seiner Haut hinterlassen hat. Dann verteidigt er mit List und Zähigkeit seine Positionen, rühmt die Verdienste des Papstes, umreißt die Vorteile, die der Christenheit aus einer Beendigung der Feindseligkeiten zwischen Rußland und Polen erwachsen würden, läßt aber weder über den Kreuzzug gegen die Türkei noch über die Annäherung der beiden Kirchen auch nur ein Sterbenswörtchen fallen. Was ihn in seiner Entschlossenheit ermutigt, ist die heiß ersehnte Nachricht von Stefan Báthorys Scheitern vor Pskow; er weiß, daß es den Angreifern an Nahrung, Munition und Geld fehlt. Ist das nicht der Augenblick, um ihm den Brotkorb hochzuhängen? Mitte September begreift der Jesuit, daß er auf der russischen Seite seine Zeit verschwendet, und beschließt, auf die polnische überzuschwenken. »Du wirst König Stefan aufsuchen«, sagt der Zar bei der Verabschiedung zu ihm, »du wirst ihn von uns grüßen, und nachdem du einen Frieden entsprechend den Anordnungen des Papstes ausgehandelt hast, wirst du zu uns zurückkehren; deine Anwesenheit ist uns stets angenehm, wegen dem, der dich schickt, und wegen deiner Pflichttreue in unseren Angelegenheiten.«
Als Possevino am 5. Oktober im polnischen Lager vor Pskow eintrifft, hält Stefan Báthory trotz des schlechten Zustands seiner Truppen alle seine Gebietsansprüche aufrecht. Dennoch gibt er in sofern nach, daß er keine Entschädigung mehr verlangt. In dem Bewußtsein, alle Mittel der Diplomatie ausgeschöpft zu haben, schreibt der Jesuit Iwan am 9. Oktober, um ihm zu raten, die Verhandlungen so schnell wie möglich voranzutreiben; und Iwan willigt kriegsmüde ein, Bevollmächtigte zum Feind zu schicken. Sie kommen mit den russischen Unterhändlern in dem zerstörten Dorf Kiwerowa Gorka zusammen, fünfzehn Werst von Jam Zapolskij entfernt. Die Treffen finden in Possevinos erbärmlicher Hütte

statt. Dort setzt man sich auf Bänke zwischen einen improvisierten Altar und ein Kohlebecken, dessen Rauch, da er keinen anderen Abzug hat, durch ein Loch im Dach entweicht. Am Ende der Sitzungen haben die Abgeordneten der beiden Parteien Gesichter wie Schornsteinfeger. Der Jesuit hat die Polen zu seiner Rechten, die Russen zu seiner Linken gesetzt; spielt die Rolle des Schiedsrichters, der Übersetzer bleibt stehen. Die Diskussionen werden so heftig geführt, daß die Polen zu wiederholten Malen plötzlich hinausgehen und schreien, daß sie keinen Fuß in diese Falle mehr setzen werden. Eines Tages ist Possevino mit seiner Geduld am Ende, packt ein Mitglied der russischen Delegation beim Kragen, schüttelt es tüchtig und wirft es hinaus. Doch von einem Streit zum andern verständigt man sich endlich. Am 15. Januar 1582 wird ein Waffenstillstand über zehn Jahre unterzeichnet: Die Russen geben ganz Livland und Polozk auf, die Polen räumen die russischen Städte, die sie erobert haben. Für den Zaren ist dies ein letzter Ausweg. Im Grunde verzichtet er auf das, was er drei Monate zuvor geopfert hat. Die Drohungen seiner Gegner haben ihm darüber hinaus nichts entreißen können. Doch belastet ihn dies deshalb nicht weniger stark; nach zwanzig Jahren Kampf ist Moskowien wieder wie einst vom Baltikum und von Westeuropa abgeschnitten.

Doch er hört nicht auf, an dieses Westeuropa zu denken. Obwohl er Angst hat, sich vom Schwindel ausländischer Neuerungen packen zu lassen, schielt er insgeheim nach dieser Seite. Er ist gleichzeitig stolz, Russe zu sein, wie auch beschämt über die Rückständigkeit seines Landes im Vergleich zu anderen. Gegenüber Frankreich, Italien, England, Deutschland, Spanien und Polen, wo Kunst und Literatur, Humanismus und Glaubensstreitigkeiten blühen, stellt er fest, daß sein Land in der Betrachtung einer verstaubten Vergangenheit verharrt. In der Zeit, da man woanders Chaucer und Villon, Petrarca und Boccaccio, Dante und Ariost, Rabelais und Ronsard liest, erhebt in Moskowien kein einziger Dichter seine Stimme. Der Schrecken vor den weltlichen Vergnügungen, wie ihn die orthodoxe Kirche lehrt, erstickt jede eigenständige Schöpfung im Ansatz; allein die Architektur schlüpft aus dieser Zwangsjacke –

Malerei, Bildhauerei, Musik und Literatur unterliegen dem Verdikt des Klerus. Die Einbildungskraft der Maler drückt sich innerhalb sehr strenger Vorschriften nur in den Ikonen aus, und die Erfinder von Mythen müssen sich mit Liedern und Volksmärchen als den einzigen Ausdrucksformen poetischer Gedanken begnügen. Das große russische Land ist zur geistigen Finsternis verdammt; eine schwere Benommenheit hindert es daran, zu denken und sich in Worte zu fassen. Dennoch, als eine erste, von dänischen Fachleuten aufgestellte Druckerpresse in Moskau von dem gegen die »Arbeiter Satans« aufgebrachten Volk zerstört worden ist, hat Iwan eine neue in Alexandrowskaja Sloboda einrichten lassen. Gedruckte Bücher sind sehr gering an Zahl, und alle religiösen Inhalts. Selbst die aus dem Ausland eingeführten Werke sind selten; nach einer Bestandsliste von 1578 besaß der steinreiche Stroganow alles in allem zweihundertundacht Werke, davon sechsundachtzig gedruckte. Der Metropolit Makarij, ein unermüdlicher Vielschreiber, hat in zwölf mächtigen Bänden einige Heiligenlegenden, Worte der Kirchenväter und Reisebeschreibungen gesammelt. Iwan selbst hat an einigen dieser Chroniken mitgearbeitet; er ist vollgefüttert mit Kirchenslawisch und hat eine leichte Feder und eine reiche Einbildungskraft. Den Grundstock seiner Privatbibliothek bilden die Bibel, die Stundenbücher, die Psalter, der berühmte *Domostroj* und die *Tschetji Minei*, eine Reihe erbaulicher Schriften für jeden Tag im Monat mit Bezug auf das Leben desjenigen Heiligen, den der Kalender jeweils angibt. Doch er hat auch weltliche Werke gelesen, die *Ilias*, die *Odyssee*, alles, was ihm in die Hände fiel. Da er mit einem ausgezeichneten Gedächtnis begabt ist, befrachtet er seine Briefe mit Verweisen und Zitaten. Er will der gebildetste Mann von Rußland sein, und vielleicht ist er es tatsächlich. Sein Problem bleibt stets dasselbe, auf kulturellem ebenso wie auf politischem Gebiet: Wie soll man von Grund auf Russe bleiben, ohne die geistige Bewegung in der Welt zu ignorieren? Wie soll man die Zukunft erstürmen, ohne die Errungenschaften der Vergangenheit zu verlieren? Angesichts dieses Dilemmas lautet Iwans unumstößliche Regel: sich vor Europa in acht nehmen und ihm gleichzeitig, mal hier, mal da, ein paar Glanzlichter stehlen. Der

Tag wird kommen, denkt er, daß Rußland sich alle Kenntnisse seiner Nachbarn angeeignet hat und sie aufgrund der Genialität seiner Künstler und Gelehrten überragen wird, ohne auch nur ein Jota von seinen nationalen Traditionen abzuweichen.

Sechzehntes Kapitel

Die Geburt Sibiriens

Seine erste Frau, Anastasia, hat drei Söhne geboren: Dimitrij, der im Alter von wenigen Monaten gestorben ist, Iwan und Fjodr. Weil er kränklich und verträumt ist, zählt Fjodr wenig bei Hofe; der ältere hingegen, Iwan, der Thronerbe, ist 1581 ein kräftiger, siebenundzwanzigjähriger Mann von hoher Statur, lebhafter Intelligenz und ungestümen Neigungen. Er ist gebildet wie sein Vater und findet Gefallen daran, in seinen Mußestunden eine Lebensgeschichte des heiligen Antonius zu schreiben. Das hindert ihn aber nicht daran, sich vom Schauspiel menschlichen Leids anziehen zu lassen. Der Zar, der für ihn Zärtlichkeit und Bewunderung hegt, läßt ihn ebenso an den Sitzungen des Rates und Botschafterempfängen wie auch an den nächtlichen Orgien, Massakern und Folterungen teilnehmen. Wenn er in seiner Begleitung ist, stellt er mit Stolz die Gleichartigkeit ihrer Reaktionen angesichts vergossenen Blutes und entlarvter Niedrigkeit fest, durch die Erfahrungen von Schändung und Grausamkeit möchte er ihn zu seinem zweiten Ich machen. Gemeinsam sitzen sie der Folterung des Doktors Eliseus Bomelius vor, des Arztes und Giftmischers des Zaren, der von seinen Feinden beschuldigt worden ist, mit Polen in einem geheimen Briefwechsel zu stehen. Auf die Folterbank gelegt, Arm- und Beingelenke ausgerenkt und den Körper von einer Drahtpeitsche zerrissen, schreit der Gelehrte die ungeheuerlichsten Geständnisse heraus. Dann gibt der Zar Befehl, ihn braten zu lassen. Gefesselt und blutüberströmt wird Eliseus Bomelius an einem Holzspieß über die Flammen gehalten, die an seinem Rücken lecken. Sehr schnell schrumpelt sein Fleisch zusammen. Er lebt jedoch noch, als man ihn losbindet. Man bringt ihn in sein Verlies zurück, wo er fast auf der Stelle stirbt, vom Zaren verdammt, dessen Vertrauen er noch kurz zuvor besaß. Eines anderen Tages weiden sie sich an den Martern, die aufmüpfigen Mönchen auferlegt werden. Diese erbarmungswürdigen Kuttenträger haben sich aus Furcht vor einer Beschlagnahme geweigert, Seiner Majestät eine genaue Auflistung ihres Schatzes zu liefern. Iwan läßt sie in einen von hohen Mauern eingeschlossenen Hof versammeln. Als Vergünstigung erlaubt er ihnen, sich mit einem Rosenkranz und einem Spieß zu bewaffnen. Dann befiehlt er, wilde Bären auf sie loszulassen, die er für seine Zerstreuungen in Käfigen hält. Die wütenden Bestien machen sich über die Glaubensmänner her, krallen sich an ihnen fest, schlitzen sie auf und reißen ihnen die Gedärme heraus, »wie eine Katze es mit einer Maus getan hätte«, sagt ein Zeuge. Einem einzigen der ungehorsamen Brüder gelingt es, das Tier, das ihn anfällt, mit seinem Spieß zu töten, doch auch er erliegt seinen Verwundungen. Man wird ihn für seine Tapferkeit heiligsprechen. Der Zar und sein Sohn ziehen sich befriedigt zurück. Sie sind so glücklich miteinander, sie verstehen sich so gut! Der Chronist Oderborn behauptet, daß sie ihre Geliebten tauschen. Auf jeden Fall hat der Zarewitsch, dem väterlichen Beispiel folgend, seine beiden ersten Gemahlinnen, Ewdokia Saburowa und Praskowia Solowa, ins Kloster gesteckt. Die dritte, Helena Scheremetjowa, genießt seine Zuneigung, obwohl er sie betrügt. Im Herbst 1581 wird sie schwanger, und dieser Umstand macht sie ihrem Gemahl noch lieber, der, wie üblich, auf einen männlichen Nachkommen hofft. In dieser diesigen und kalten Jahreszeit ist die ganze Familie des Zaren in Alexandrowskaja Sloboda versammelt. Der Zarewitsch, der die Friedensverhandlungen mit Polen aufmerksam verfolgt, wirft seinem Vater Kleinmütigkeit vor, die er bei den Operationen an den Tag lege, und fordert ihn auf, ihm Truppen zur Befreiung von Pskow anzuvertrauen. Als Iwan diese Kritik hört, kocht er vor Wut, doch beherrscht er sich. Am Morgen des 9. November erscheint bei ihm eine Abordnung von Bojaren mit gesenktem Haupt, und Fürst Sergius Kubenskij, der sie anführt, ergreift das Wort. »Großer Zar«, sagt er, »die Heere des Königs Stefan Báthory sind in unser Land eingefallen. Wir alle sind bereit, zum Heile Rußlands unser Blut zu vergießen, doch ist es Zeit, dem Feind entgegenzutreten, wenn wir nicht zugrunde gehen wollen. Wir beschwören dich also, die Führung deiner Truppen zu übernehmen, oder zumindest, an deiner Stelle deinen Sohn dorthin zu schicken, den Zarewitsch Iwan.« Da diese Rede auf die Worte seines Sohnes folgt, bestärkt sie den Zaren in seiner verrückten Idee, es handle sich hier um eine Verschwörung, ihn zugunsten des Zarewitsch seiner Macht zu berauben. Wütend, mit vorquellenden Augen und zitterndem Bart, brüllt er: »Wie könnt ihr es wagen, so mit mir zu sprechen? Ihr habt immer nur danach getrachtet, einen anderen Herrn zu bekommen als den, der euch von Gott gegeben wurde, und nun möchtet ihr meinen Sohn an meiner Stelle auf dem Thron sehen!« Und trotz der verzweifelten Beteuerungen der Bojaren läßt er sie hinauswerfen. Kurz darauf beruhigt er sich. Als er jedoch wenige Tage danach, am 15. November 1581, seine Schwiegertochter Helena in einer Halle seiner Residenz antrifft, stellt er fest, daß sie trotz ihrer fortgeschrittenen Schwangerschaft nur ein leichtes Kleid anstatt der drei übereinandergestreiften trägt, wie es der Brauch verlangt. Da er diesen Aufzug für eine Prinzessin als ungeziemend erachtet, hebt er die Hand gegen sie und schlägt sie mit solcher Wucht, daß sie mit einer Fehlgeburt niederkommt. In den Palast zurückgekehrt, stürzt der Zarewitsch zu seinem Vater und schreit ihm seine Empörung ins Gesicht. Dies ist in kurzer Zeit das zweite Mal, daß er sich erlaubt, vor seinem Herrscher die Stimme zu heben. Das kann Iwan nicht dulden; er vergißt seine nebensächlichen Klagen über seine Schwiegertochter und kommt auf den Hauptgrund seines Grolls zurück. »Armseliger Schwachkopf!« heult er. »Wie kannst du es wagen, einen Aufstand gegen mich anzuzetteln?« Der Zarewitsch behauptet, diese Absicht niemals gehabt zu haben, ja nicht einmal über das Vorgehen der Bojaren im Bilde zu sein, doch daß er es in der Tat für notwendig halte, ein Heer zu sammeln, um Pskow zu befreien.

Bei diesen Worten packt Iwan eine irrsinnige Wut, er springt von seinem Sessel auf, schwingt seinen eisenbeschlagenen Stock und schlägt damit aufs Geratewohl auf seinen Sohn ein; auf die Schultern, den Kopf. Boris Godunow, der dem Auftritt beiwohnt, versucht, diesem Hagel von Schlägen Einhalt zu gebieten, er bekommt selbst Hiebe ab. Dann bricht der Zarewitsch mit einem

Loch in der Schläfe zusammen. Einen Moment lang bleibt Iwan völlig verstört stehen mit seinem blutigen Spieß in der Hand, als hätte ein anderer an seiner Stelle gehandelt. Dann wirft er sich über den Körper, bedeckt das fahle und bärtige Gesicht, dessen Augen sich verdrehen, mit Küssen und versucht vergebens, das Blut, das aus einer tiefen Wunde strömt, aufzuhalten. Voller Entsetzen und Verzweiflung klagt er: »Unglücklicher, ich habe meinen Sohn getötet! Ich habe meinen Sohn getötet!« Boris Godunow stürzt fort, um Hilfe zu holen; Diener mit Wasserbecken und Leintüchern eilen herbei. Ein Arzt beugt sich über den Verletzten, untersucht seine Wunden und schüttelt gelehrt sein Haupt: es besteht kaum Hoffnung. Als der Zarewitsch wieder zu Bewußtsein kommt, küßt er die Hände seines Vaters und murmelt: »Ich sterbe als dein ergebener Sohn und der unterwürfigste deiner Untertanen.«
Vier Tage und Nächte lang wartet der Zar voller Angst auf ein Wunder, das ihm dieses so teure Leben wiedergibt. Von Gewissensbissen zernagt, streift er stöhnend durch den Palast und rauft sich den Bart. Seine Züge sind eingefallen, sein Haar ist weiß geworden; er ist ein von den Jahren und vom Kummer gebeugter Greis, der sich von Zeit zu Zeit zum Zimmer des Sterbenden schleppt und auf seinen Atem lauscht. Noch ist nicht alles verloren. Iwan kehrt schwankend in seine Gemächer zurück und legt sich hin, den Blick starr auf die zitternden Flammen der Lämpchen gerichtet. Wenn er, am Ende seiner Kräfte, einschläft, suchen ihn Alpträume heim, er schreckt auf und wirft sich vor den Ikonen nieder. Auf den Knien verspricht er Gott, keine Foltern mehr zu verhängen, die Gefangenen freizulassen, Kirchen zu bauen, den Rest seines Vermögens an die Armen zu verteilen. Doch der Himmel bleibt taub für seine Stimme; der Metropolit hat schon die Letzte Ölung gespendet. Am 19. November 1581 haucht der Zarewitsch sein Leben aus. Alle Glocken des kleinen Orts läuten das Totengeläut. Niedergeschlagen und schluchzend, die Brust von Zuckungen geschüttelt, bleibt Iwan mehrere Tage am Leichnam seines Opfers sitzen. Er verweigert Schlaf und Nahrung, denn als Mörder des Zarewitsch fühlt er sich doppelt schuldig: weil er seinen Sohn getötet hat, und weil dieser Sohn der Thronerbe war. Als er ihn in einem

Wutanfall umgebracht hat, sündigte er zugleich wider Gott und an Rußland.[1]

Am 22. November verläßt die Trauerprozession Alexandrowskaja Sloboda und begibt sich nach Moskau. Iwan ist wie der demütigste seiner Untertanen gekleidet und folgt zu Fuß dem Leichenwagen. Während der gesamten Überfahrt wehklagt er und wirft die Arme in die Höhe, um seinen Sohn um Verzeihung anzuflehen; in der Erzengel-Michael-Kathedrale stößt er beim Gottesdienst tierische Schreie aus und schlägt mit seinem Kopf abwechselnd gegen die Steinfliesen und den Sarg.

Während der folgenden Tage grenzt seine Verzweiflung an Wahnsinn. Mitten in der Nacht steht er auf und läuft mit ausgebreiteten Armen wie ein Mondsüchtiger durch den Palast, auf der Suche nach dem Sohn, den er verloren hat. Des Morgens findet man ihn irgendwo zusammengesunken auf dem Boden. Mit großer Mühe legt man ihn ins Bett. Er scheint sich zu beruhigen. Doch gleich darauf, als fiele ein Gespenst über ihn her, stürzt er von seinem Lager und windet sich stöhnend am Boden.

Kurz nach der Beerdigung ruft er die Bojaren zu sich und sagt zu ihnen mit feierlichem Ernst: »Gottes Hand hat sich schwer auf mich gelegt, und mir bleibt nur noch übrig, meine Tage in der Einsamkeit eines Klosters zu beschließen. Da mein zweiter Sohn Fjodr unfähig ist, Rußland zu regieren, könnte er nicht lange herrschen. Wählt euch also selber einen würdigen Monarchen: ich werde ihm sofort mein Zepter und meine Staaten übergeben.« Doch die Bojaren erinnern sich daran, was 1553 während Iwans Krankheit vorgegangen ist: Die es gewagt haben, zu seinen Lebzeiten einen Nachfolger für ihn zu wählen, sind eines grausamen Todes gestorben. Die Höflinge wittern eine Falle und flehen den Zaren an, nicht abzudanken. Mit dem Ausdruck großer Müdigkeit willigt er ein.

Jeden Tag wohnt er Trauergottesdiensten bei und erlegt sich Bußübungen auf. Hat er nicht im vergangenen Jahr noch Unrecht gehabt, den Klöstern den Erwerb von Grundstücken zu verbieten? Er

[1] Offiziell ist der Zarewitsch einem starken Fieber erlegen. Seine Frau Helena wird sich in ein Kloster zurückziehen, wo sie kurz darauf stirbt.

hat an Gurius, den Bischof von Kasan, geschrieben: »Die Herzen und nicht die Erde sollen die Glaubensmänner beackern. Nicht Weizen, sondern Gottes Wort sollen sie säen. Das Himmelreich und nicht Dörfer und Ländereien sollen ihr Erbe sein. Manche unserer Bischöfe denken lieber an ihre irdischen Güter als an die Kirche.« Beleidigende Worte für den Klerus, die der Zar heute bereut. In plötzlicher Angst schwenkt Iwan völlig um und überhäuft die Klöster mit Gold, denen er unlängst ihren Reichtum zum Vorwurf machte. Er geht immer weiter und mehr in die Höhe und sendet zehntausend Rubel an die Patriarchen von Konstantinopel, Antiochia, Alexandria und Jerusalem, damit sie für die Seelenruhe des Zarewitsch beten. Insgeheim fragt er sich, ob Gott, der ihm offensichtlich all seine vergangenen Verbrechen vergeben hat, ihm auch das letzte und grauenhafteste vergeben wird. Dann beruhigt er sich allmählich. Nichts rührt sich über seinem Haupt. Der Allmächtige hat den Bissen geschluckt. Iwan ist deshalb nicht weniger betrübt. Er beweint seinen Sohn, doch er hat keine Angst mehr vor der himmlischen Strafe; seine einzige Strafe ist die Reue. Um seine finsteren Gedanken zu verscheuchen, läßt er einige Kriegsmänner martern, denen er unterstellt, sie hätten gegen die Polen zu lasch gekämpft. Dann schickt er sich an, seinen Schwiegervater, Afanasij Nagoj, zu foltern, dessen Schuld darin besteht, Boris Godunow Schlechtes nachgesagt zu haben. Auf seinen Befehl hin treibt man dem Verleumder schmerzhafte Haarschnüre unter die Haut von Brust und Rippen.

Doch Iwans Vergnügen ist nicht mehr dasselbe. Er trauert den gesegneten Zeiten nach, da er, seinen Sohn an seiner Seite, sich an der Henkersarbeit erfreuen konnte. Ohne seinen so nahen Kumpan haben die Fratzen des Todes kaum noch eine Wirkung auf seine abgestumpfte Seele. Seine Ohnmacht, vergossenes Blut zu genießen, betrübt ihn zutiefst; hat er auf immer die Gabe verloren, sich an Schlächtereien zu berauschen? Nein, nein, man muß hoffen, daß es sich um eine vorübergehende Appetitlosigkeit handelt, die vom Übermaß an Gewalttätigkeit und Schaudern herrührt.

Als Possevino am 15. Februar 1582 nach Moskau zurückkehrt, zur gleichen Zeit, da die Bevollmächtigten den Text des Waffenstillstandsvertrags mit Polen bringen, ist er bestürzt über den düsteren Anblick dieses einst so prunkvollen Hofes, der heute Trauer trägt. Plötzlich glaubt er, seinen eigenen Worten nach, er sei »in einen bescheidenen Zufluchtsort von Glaubensleuten« eingedrungen. Als er vom Zaren zur Audienz empfangen wird, drückt er sein Beileid aus und setzt sich abermals für einen Kreuzzug gegen die Ungläubigen und die Annäherung der beiden Kirchen ein. »Die griechische Kirche des Athanasios, des Chrysostomos oder des Basilius«, sagt er zu ihm, »ist mit der römischen Kirche durch unauflösliche Bande der Einheit verbunden; folglich würde es sich nicht darum handeln, mit dem antiken und verehrungswürdigen Byzanz zu brechen. Im Gegenteil, der Papst selber wünscht, daß man den ursprünglichen Bräuchen des Ostens und den Konzilien der ersten Jahrhunderte treu bleibt. Man müßte lediglich den Neuerungen abschwören, den späteren Mißbräuchen, wie sie Photios und Michael Kerullarios eingeführt haben.« Was den Kreuzzug gegen die Ungläubigen anbelangt, so gibt Iwan schlau zur Antwort, bevor er sich entscheide, würde er gerne wissen, ob der Papst die anderen christlichen Länder von der Dringlichkeit des heiligen Krieges hat überzeugen können. Dasselbe Ausweichen auf seiner Seite, was die Annäherung der beiden Kirchen betrifft. Anstatt die Möglichkeit einer Verständigung zwischen den so geistesverwandten Glaubensformen anzurufen, stöhnt er: »Ich bin schon einundfünfzig Jahre alt, und es bleibt mir nicht mehr viel Zeit zu leben. Da ich in den Grundsätzen unserer Kirche erzogen worden bin, die schon seit Jahrhunderten von der römischen getrennt ist, wie könnte ich ihr da am Ende meines Daseins untreu werden? Der Tag des Gottesgerichts naht. Er wird zeigen, welche der zwei Religionen die wahrere und heiligere ist.« Doch Possevino gibt sich nicht geschlagen und beharrt auf dem Vorrang Roms als wahrer Hauptstadt des Christentums. Bei diesen Worten verliert Iwan die Geduld, braust auf und stampft mit den Füßen. »Ihr rühmt euch eurer Frömmigkeit und rasiert euch den Bart!« schreit er. »Euer Papst läßt sich auf einem Thron tragen und reicht seine Pantoffel zum Kuß, auf dem ein Kruzifix abgebildet ist! Welche Entweihung heiliger Güter!« – »Das ist keine Entweihung«, antwortet Possevino, »sondern

Gerechtigkeit, die dem widerfährt, der ihrer würdig ist. Der Heilige Vater...« Der Zar unterbricht ihn: »Die Christen haben nur den einen Vater, der im Himmel ist. Dein Papst, der sich auf einem Sessel tragen läßt, als schwebe er auf einer Engelswolke, ist ein Wolf und kein Hirte!« Unbeeindruckt und eingeschnürt in seine abgewetzte Soutane, erwidert der Jesuit: »Wenn er ein Wolf ist, warum haben ihn dann Eure Majestät zum Vermittler gewählt?« Iwans Augen blitzen: »Wahrscheinlich haben dir Bauern auf dem Marktplatz beigebracht, mit mir zu sprechen, als wäre ich selbst ein Bauer!« Und er hebt den Spieß, mit dem er seinen Sohn getötet hat. Dann wird er plötzlich wieder sanfter, sein Blick entspannt sich, und er schließt: »Siehst du, darum wollte ich mich nicht mit dir über Glaubensfragen unterhalten. Ohne es zu wollen, können wir uns hinreißen lassen. Übrigens, nicht Gregor XIII. nenne ich einen Wolf, sondern den Papst, der sich von der Lehre Christi entfernt. Lassen wir es damit bewenden!« Nachdem er den Nuntius umarmt hat, verabschiedet er ihn gütig und befiehlt seinen Offizieren, ihm die erlesensten Speisen von seiner eigenen Tafel zu bringen. Wenig später fordert er ihn auf, einem Gottesdienst in der Himmelfahrts-Kathedrale beizuwohnen. »Dort«, sagt er, »beten wir den an, der im Himmel ist, und nicht die Dinge hienieden. Wir verehren zwar unseren Metropoliten, doch tragen wir ihn nicht auf den Armen. Niemals ist der heilige Petrus von den Gläubigen getragen worden; er ist barfuß gegangen. Und dein Papst wagt es, sich seinen Nachfolger zu nennen!« Die Höflinge schleppen Possevino in die Richtung der Kirche. Wird man ihn mit Gewalt in die Höhle des Schismas drängen? Er erschauert im voraus vor Schrecken. Zweifellos möchte Iwan seinen Untertanen den Triumph ihres Glaubens vor Augen führen. Welch wunderbares Schauspiel für sie, wenn sich dieser Gesandte Roms vor dem orthodoxen Metropoliten verbeugt! Doch im letzten Augenblick setzt Possevino alles auf eine Karte, entkommt seinem Geleit und verliert sich in der Menschenmenge. Als der Zar von dem Zwischenfall unterrichtet wird, denkt er nach, reibt sich die Stirn und sagt schließlich: »Es steht ihm frei, nach seinem Willen zu handeln.« Dennoch schlägt er ihm rundweg das Recht ab, eine katholische Kirche in Moskau zu eröffnen, obwohl

er unlängst den Bau einer lutherischen Kirche und eines calvinistischen Gotteshauses genehmigt hat.
Possevino hat auch nicht mehr Glück, als er beim Zaren anregt, junge, »in den Wissenschaften bewanderte« Russen nach Rom zu schicken, um sich dort im Lateinischen, Italienischen und in den modernen Wissenschaften zu bilden und Russisch zu lehren. Dieser ausgefallene Vorschlag verblüfft Iwan. Gewiß, er ist einverstanden, einige gebildete Ausländer in Rußland aufzunehmen, unter der Voraussetzung, daß sie sich nicht in die Politik einmischen. Doch sein ganzes Wesen empört sich bei der Vorstellung, Russen auf Bildungsreisen zu schicken. Er weiß zu genau, daß sie sich dort unten von den europäischen Sitten und Meinungen anstecken lassen würden. Bei ihrer Rückkehr brächten sie die Pest der Unruhe, des freien Denkens und der entarteten Moden der westlichen Welt mit nach Rußland. Ein echter Russe muß bei sich zu Hause bleiben; für ihn bedeutet eine Grenze überschreiten bereits sein Land verraten. Possevino insistiert nicht.
Ansonsten wird Possevino bis zum Ende seines Aufenthaltes mit großer Zuvorkommenheit behandelt; als man ihn zum Zaren geleitet, bilden die Wachen ein Spalier und erweisen ihm die Ehrenbezeugung. Er verläßt Moskau am 11. März 1582, beladen mit Geschenken für den Heiligen Vater und in Begleitung von Jakow Molwianinow, den Iwan nach Wien und Rom schickt. Dieser neue Botschafter trägt einen Brief für den Papst bei sich. Darin heißt es zwar, daß Rußland zu einem gemeinsamen Feldzug gegen die Osmanen bereit sei, doch über die Vereinigung der zwei Kirchen wird stillschweigend hinweggegangen.
Kurze Zeit später kommen die polnischen Gesandten nach Moskau, um die endgültigen Unterschriften auszutauschen. Nachdem Iwan diese Angelegenheit endlich vom Hals hat, ist er müde und beschließt, auch mit Schweden zu einem Ende zu kommen. Im folgenden Jahr schließt man einen Waffenstillstand mit diesem Land, und der Zar tritt Estland und alle russischen Besitzungen von Narwa und am Ladoga-See an Schweden ab.
Doch als ein seltsamer Ausgleich des Schicksals folgt auf dieses zweifache Scheitern im Westen eine ruhmreiche Eroberung im

Osten. Und diese Eroberung geschieht gewissermaßen Iwan zum Trotz. Seit der Annexion von Nischni-Nowgorod im 16. Jahrhundert organisierten die Großfürsten von Moskowien Militärexpeditionen nach Sibirien, eine gewaltige, eisbedeckte, kaum erforschte und wenig bevölkerte Gegend, die jedoch reich an Metallen, Edelsteinen und Pelzen ist. Im Jahre 1558 bewilligte Iwan der Familie Stroganow, die jenseits des Ural die Salzbergwerke ausbeutete, auf Lebenszeit den Besitz eines weiten Gebiets an den Ufern der Kama und gewährte ihnen das außerordentliche Privileg, Soldaten anzuwerben, sich mit Kanonen und Munition auszurüsten, Festungen gegen die Tataren und andere Eingeborene zu bauen, und nach eigenem Gesetz Recht zu sprechen. Als Gegenleistung verpflichteten sich die Stroganows, die Silber-, Kupfer- und Zinnminen, die sie entdecken würden, nicht selber zu erschließen, sondern diese Metallvorkommen an den Staatsschatz zu melden. Von Steuern befreit und allein von der Autorität des Zaren abhängig, gründeten diese steinreichen Magnaten des Kolonialismus auf diese Weise mehrere befestigte Städte und stellten ein Heer auf, das sich aus Kosaken, Tscheremissen, Baschkiren und Nogajern zusammensetzte. Sie beschäftigten zehntausend Arbeiter und fünftausend Leibeigene in ihren verschiedenen Einrichtungen. Erschrocken über die ständig wachsende Betriebsamkeit dieser Nachbarn, gab der Fürst Kutschum von Sibirien seinem Neffen Mametkul den Auftrag, die russischen Besitzungen zu verwüsten. Sofort ruft Simon Stroganow zwei Häuptlinge der Kosaken – Jermak Timofejewitsch, den Anführer einer wagemutigen Bande, und Iwan Kolzo, einen in Abwesenheit zum Tode verurteilten Straßenräuber – und setzte sie an die Spitze einer Truppe von tausend Männern, die eher Banditen als Soldaten sind.

Am 1. September 1581 bricht Jermak auf, um den Ural zu überqueren. In wenigen Tagen haben sich die Reihen von Mametkuls mit Pfeil und Bogen bewaffneten Horden unter den Büchsen- und Kanonenschüssen stark gelichtet. Im Oktober fällt Sibir, die Hauptstadt, in die Hände der Russen. Der Tatarenfürst Pelim macht jedoch einen Überfall auf die Provinz Perm, wo der Woiwode zur Gegenwehr außerstande ist. Als er bei Stroganow Verstärkung anfordert, entschuldigt sich dieser damit, daß seine Truppen jenseits des Urals unter Jermak im Felde stehen. Der *Woiwode* beklagt sich in Moskau, und Iwan richtet voller Wut einen Drohbrief an Stroganow: »Ihr habt euch unterstanden, geächtete Kosaken anzurufen, regelrechte Banditen, die ihr losgeschickt habt, um Krieg in Sibirien zu führen«, schreibt er ihm. »Dieses Unternehmen, das geeignet ist, den Fürsten von Pelim und den Sultan Kutschum zu erzürnen, ist Verrat und der schlimmsten Folter würdig... Wenn in Zukunft Perm noch weiter unter den Angriffen des Fürsten von Pelim und des Sultans von Sibirien zu leiden hat, werde ich euch in tiefste Ungnade fallen lassen und die Verräter von Kosaken alle hängen.« Und er befiehlt Stroganow, sein Expeditionskorps, das er unvorsichtigerweise in Sibirien aufs Spiel gesetzt hat, unverzüglich zurück zu beordern. Doch Jermak ist schon zu weit entfernt, um Anweisungen zu empfangen.

In seiner Verblendung ahnt Iwan nicht, daß diejenigen, die er »Banditen« schimpft, im Begriff sind, ihm ein Reich zu erobern. In drei blutigen Schlachten haben sich diese unerschrockenen Abenteurer eines bedeutenden Teils von Sibirien bemächtigt, der vom Ural bis zu den Flüssen Obi und Tobol reicht. Zahlreiche sibirische Fürsten, darunter Mametkul, haben sich Jermak unterworfen und ihm einen Tribut entrichtet; in den Städten und Dörfern hat er Pelze und Gold zusammengerafft. Als Herr eines gewaltigen Landes, der von allen als der Anführer einer unbesiegbaren Armee anerkannt wird, benachrichtigt er den Zaren und die Stroganows von seinen Siegen. In seinem Brief an Iwan freut er sich, daß seine armen, geächteten Kosaken es dadurch, daß sie dem Tod die Stirn geboten haben, verstanden hätten, »ein weites Land an Rußland anzuschließen, von Ewigkeit zu Ewigkeit und in alle Zeit, wie es dem Herrn gefallen wird, das Dasein des Universums zu verlängern«. Und bescheiden fügt er hinzu: »Wir warten auf die Befehle der russischen *Woiwoden*, denen wir das Königreich Sibirien ohne irgendeine Bedingung übergeben wollen, in der Bereitschaft, für die Ehre oder auf einem Scheiterhaufen zu sterben, wie es Gott und unserem Herrn gefallen mag.«

Es ist Kolzo, Jermaks Stellvertreter, der, obwohl er in Abwesenheit zum Tode verurteilt ist, mutig die Aufgabe übernimmt, diesen Brief nach Moskau zu bringen. Er wirft sich dem Zaren zu Füßen, küßt ihm die Hand und bietet ihm in Jermaks Namen das »Königreich Sibirien« dar, ebenso wie kostbare Zobel-, Schwarzfuchs- und Biberpelze. Zum ersten Mal seit langem stellt Iwan fest, daß ihm das Schicksal wieder zulächelt. Nach den polnischen und schwedischen Rückschlägen und dem grauenvollen Tod des Zarewitsch dringt endlich ein Sonnenstrahl in den Palast; Gott runzelt nicht mehr die Stirn. Triumph spielt auf dem Gesicht des Zaren, er vergibt Jermaks Boten seine vergangenen Verbrechen, macht ihm eine beträchtliche Summe zum Geschenk und belohnt gleichfalls die Stroganows. Alle Glocken von Moskau läuten ein Freudengeläut; man feiert Dankgottesdienste in den Kirchen. Bei Hofe wie auf der Straße strahlen die Leute vor Stolz und wiederholen immer wieder: »Gott hat Rußland ein neues Reich gesandt!«

Kolzo bricht mit fünfhundert *Strelitzen* wieder nach Sibirien auf. Er nimmt zwei vergoldete Harnische, einen silbernen Pokal und einen Pelzmantel mit, den Iwan selbst getragen hat, sowie einen Brief der Herrschers, in dem er allen Kosaken Vergebung gewährt und sie der ewigen Dankbarkeit Rußlands versichert. Zwei *Woiwoden* werden beauftragt, im Namen des Zaren die von Kutschum eroberten Gebiete in Besitz zu nehmen. Auf diese Weise wird Iwan wieder einmal in den Augen der Nachwelt ein Sieg zugeschrieben, für den er nichts konnte und den er anfangs nicht einmal billigte. Doch Jermak wird deswegen in der Verehrung des Volkes nicht vergessen; die Legende bemächtigt sich seiner Person und erhebt sie auf die Höhe der Allergrößten. Gefeiert von den *Bylinen*[1]-Sängern, wird dem ehemaligen Räuber der Ruhm eines Entdeckers neuer Welten zuteil. Allerdings dezimieren bald Skorbut und Hungersnot die russischen Truppen in Sibirien, Kolzo kommt in einem Hinterhalt um, und nachdem Jermak eine Niederlage erlitten hat, ertränkt er sich in den Fluten der Irtysch, in die ihn das Gewicht des Harnischs, den Iwan ihm geschenkt hat, hinabzieht. Trotz dieser

---

[1] Bylinen: epische russische Lieder.

Rückschläge bleibt Sibirien ein fester Bestandteil Rußlands, für Iwan ein Geschenk des Himmels.
Nun sitzt er wieder im Sattel. Er fühlt sich verjüngt und obwohl er mit Maria Nagaja verheiratet ist, denkt er ab und zu wieder an eine legitime Verbindung mit Britannien. Das englische Fleisch ist für ihn wahrlich eine Verlockung. Wenn die hochmütige Königin Elisabeth sich ihm verweigert, kann sie ihm dann nicht einen ihrer bedeutenderen weiblichen Untertanen anbieten? Er unterbreitet dieses Vorhaben einem englischen Arzt, Jack Roberts, der seit kurzem bei ihm den unter der Folter gestorbenen Giftmischer Eliseus Bomelius ersetzt. Besser noch, er beauftragt seinen eigenen Schwiegervater, Afanasij Nagoj, der von den Folgen seiner Marter genesen ist, Jack Roberts in dieser Angelegenheit stellvertretend auszufragen. Ohne mit der Wimper zu zucken hört Afanasij Nagoj der Aufzählung aller Frauen von hoher Geburt zu, Unverheiratete und Witwen, die in Betracht kämen, seine Tochter im Bett des Monarchen zu ersetzen. Schließlich nennt der Arzt die in seinen Augen beste Kandidatin: Mary Hastings, die Tochter von Lord Huntingdon und Großnichte Ihrer Majestät der Königin von England. Sogleich schickt Iwan einen Edelmann der Duma nach London, Fjodr Pissemskij, der mit einer zweifachen Aufgabe betraut ist: einen Bündnisvertrag mit England zu schließen und über Mary Hastings Erkundigungen einzuholen. Nach den schriftlichen Anweisungen, die er mitbekommen hat, soll Pissemskij in geheimer Mission der Königin die Eheabsichten des Zaren anvertrauen, eine Begegnung mit dem Mädchen haben, ihr Bildnis – »auf Holz oder Papier gemalt« – verlangen, prüfen, »ob sie groß ist, ob sie über Körperfülle und einen hellen Teint verfügt«, sie davon in Kenntnis setzen, daß sie orthodox getauft wird, ihr versichern, daß sie eine Apanage erhält, und in dem Fall, daß sie einwenden sollte, der Zar sei bereits verheiratet, antworten, daß die gegenwärtige Gemahlin des Zaren die Tochter eines einfachen Bojaren sei und man sie leicht verstoßen könne. Als Gegenleistung für diese schmeichelhafte Verbindung mit der Großnichte der Königin verlangt Iwan, daß England ihm hilft, den Krieg gegen Stefan Báthorys Polen wiederaufzunehmen.

Nachdem Pissemskij in Begleitung des Arztes Jack Roberts am 16. September 1582 in London angekommen ist, muß er bis zum 4. November darauf warten, daß ihn die Königin in Windsor in Anwesenheit der Lords, der Peers, der Würdenträger des Hofes und der Kaufleute der *russischen Gesellschaft* empfängt. Mit großem Wohlwollen nimmt sie den Brief und die Geschenke des Zaren entgegen, erkundigt sich nach seiner Gesundheit, beklagt den Tod des Zarewitsch, drückt den Wunsch aus, eines Tages ihren »guten Bruder« mit eigenen Augen zu sehen, sowie ihre Sorge, ob endlich Ruhe in Rußland herrsche. Unverfroren behauptet der Gesandte, daß jeglicher Aufruhr in seinem Land vorüber sei und die »Verbrecher mit ihrer Reue das Erbarmen des Zaren hervorgerufen haben, der ihnen vergeben hat«.

Als am 18. Dezember 1582 die Verhandlungen beginnen und Pissemskij ein enges Militärbündnis gegen Polen vorschlägt, wenden Elisabeths Minister ein, daß der Krieg zwischen den zwei Ländern beendet sei und der Papst sich rühme, die kriegführenden Parteien miteinander versöhnt zu haben. Überrumpelt ruft Pissemskij aus: »Der Papst kann sagen, was er will. Unser Monarch kennt besser als jeder andere seine Feinde und seine Freunde!« Wenige Tage später empfängt Elisabeth ihn im Beisein von Jack Roberts, der als Dolmetscher dient, um mit ihm über »die geheime Angelegenheit« zu sprechen. Obgleich sie vorgibt, glücklich zu sein, einer familiären Verbindung mit dem Zaren entgegenzusehen, erklärt sie, daß die wegen ihrer sittlichen Vorzüge bemerkenswerte Mary Hastings Gefahr liefe, einem Fürsten zu mißfallen, »der als ein Liebhaber der Schönheit bekannt ist«. »Übrigens«, fügt sie hinzu, »hatte sie gerade die Blattern, und ich würde es niemals ertragen, daß Ihr sie in diesem Zustand seht, noch daß der Maler ein Bildnis anfertigt, solange sie ihr puterrotes und von den Spuren dieser Krankheit gezeichnetes Gesicht hat.« Als der Botschafter jedoch darauf beharrt und meint, er werde bei seiner Würdigung dieser vorübergehenden Entstellung der Reize der Erwählten Rechnung tragen, verspricht Elisabeth, ihn zufriedenzustellen, sobald Mary Hastings wieder vorzeigbar wäre. In Wirklichkeit kann die Tochter Heinrichs VIII., der sechs Frauen auf seinem Aktivkonto stehen hat, es dem Zaren

nicht verübeln, nach einer neunten Gemahlin Ausschau zu halten, auch wenn er noch verheiratet ist. Doch vorerst wünscht sie, daß Rußland England vertraglich das Monopol für seinen gesamten Außenhandel bewilligt. Darauf bedacht, das Heiratsprojekt zum Abschluß zu bringen, ergeht Pissemskij sich in formalen Kleinigkeiten der Urkunde, verlangt, daß der Zar nicht als »Cousin«, sondern als »Bruder« der Königin bezeichnet wird, und macht schließlich inhaltliche Zugeständnisse. Danach kündigt ihm ein hoher Würdenträger an, daß Elisabeth ihm unverzüglich ihre Abschiedsaudienz gewähren wird. Verblüfft ruft der Unglückliche: »Und die Frage der Heirat?« Der Würdenträger antwortet ihm mit einem Hinweis auf Flugschriften, die eine große Nachricht aus Rußland melden: am 19. November hat Maria Nagaja dem Zaren einen gesunden Knaben geschenkt, der den Namen Dimitrij trägt.[1] Genauso, wie er den Frieden mit Polen geleugnet hat, erklärt er diese unglückliche Enthüllung für falsch. »Niederträchtige Menschen haben dieses Märchen ersonnen«, sagt er, »um den Gang der Verhandlungen über eine für England wie Rußland gleichermaßen günstige Heirat zu unterbrechen. Die Königin soll sich nur auf den Brief des Zaren und meine Ausführungen verlassen!« Gewiß, in seinem tiefsten Innern zweifelt er nicht an der Richtigkeit dieser Nachricht. Doch weil er den Zaren kennt, weiß er, daß diese Geburt ihn nicht daran hindern wird, seine Frau zu verstoßen, um sich mit Elisabeths Großnichte zu vermählen. Er läßt also bei der Königin nicht locker, die Sorge trägt, den britischen Handelsinteressen zu dienen, und schließlich einwilligt, für ihn eine Begegnung mit Mary Hastings zu arrangieren.
Am 18. Mai 1583 wird Pissemskij in Begleitung von Jack Roberts im Landhaus des Kanzlers Lord Thomas Bromley empfangen; im Garten werden Erfrischungen gereicht. Wenig später erscheint eine Gruppe von Frauen auf der Allee. Zwischen Lady Bromley und Lady Huntingdon geht jene, die der Gesandte bereits »die

---

[1] Dimitrij wird 1591 als Opfer eines Mordes in Uglitsch sterben, und Gerüchte in der Öffentlichkeit werden Boris Godunow beschuldigen, das Attentat angeordnet zu haben.

Braut des Zaren« nennt. »Das ist sie«, flüstert Lord Bromley. »Ihr könnt sie in Ruhe betrachten. Die Königin wollte, daß Mary sich euch im vollen Tageslicht zeige und nicht in den finsteren Gewölben einer Wohnung.« Voller Angst angesichts der Bedeutung des Urteils, das von ihm erwartet wird, sperrt der Russe die Augen auf. Lord Bromley fordert ihn auf, einen Gang durch den Park zu machen, und richtet es so ein, daß sie mehrmals den Weg der drei Frauen kreuzen. Bei jedem Mal grüßt Pissemskij Mary, die mit einem Knicks antwortet. Nachdem sie schließlich verschwunden ist, fragt Lord Bromley: »Habt Ihr sie gut betrachtet?« – »Ich habe meine Instruktionen befolgt«, antwortet Pissemskij mit militärischer Steifheit. Und er schreibt in seinem Bericht an den Zaren: »Die Prinzessin Hauntinks (sic!), Maria Hantis (sic!) ist von großer Gestalt, heller Hautfarbe und schlank. Sie hat blaue Augen, blonde Haare, eine gerade Nase und lange, schmale Finger.«
Nachdem Elisabeth den Gesandten hat zu sich kommen lassen, drückt sie ihm erneut ihre Befürchtung aus, ihre Großnichte sei nicht schön genug, um den Zaren zu bezaubern. »Ich glaube, sie hat Euch selbst nicht gefallen«, sagt sie. Unbeirrt antwortet der Russe: »Ich finde, sie ist schön. Alles andere ist Sache Gottes.«
Mitte Juni ist das für den Zaren bestimmte Bildnis von Mary Hastings fertig, und nachdem er einer eindrucksvollen Parade der englischen Flotte beigewohnt hat (vierundzwanzig Schiffe mit einer Bestückung von siebzig bzw. achtzig Kanonen und jedes mit tausend und mehr Mann Besatzung), schifft Pissemskij sich in Begleitung von Jerome Bowes, dem neuen, von der Königin ausgewählten Gesandten Englands ein. Er nimmt gleichfalls seinen engsten Mitarbeiter mit, dessen Name, Néudatscha, im Russischen *Mißerfolg* bedeutet. Alles in allem ist er nicht unzufrieden mit dem Ergebnis seiner Mission. Er ist weit davon entfernt, sich zu sorgen, daß Iwans Ruf des Sohnesmörders ein ernsthaftes Hindernis für die geplante Heirat sein könne. Trotz der Begegnung im Garten des Lordkanzlers denken weder die Königin noch ihre Großnichte an den Zaren als eine mögliche Partie. Der ganze Hof hat dem Gesandten die Komödie vorgespielt, um die Vorrechte der englischen Kaufleute zu sichern.

Iwan gibt verschiedenen Gesandten eine Audienz in Alexandrowskaja Sloboda. Photo Collection Viollet.

Hinrichtung in Rußland zur Zeit Iwans des Schrecklichen. Paris, Bibliothèque Nationale. Photo Collection Viollet.

Eine Grausamkeit Iwans des Schrecklichen. Radierung aus dem 19. Jahrhundert. Photo Collection Viollet.

Russisches Siegel, das zwei russisch-schwedischen Abkommen zwischen 1583 und 1584 aufgedrückt wurde. Photo Collection Viollet.

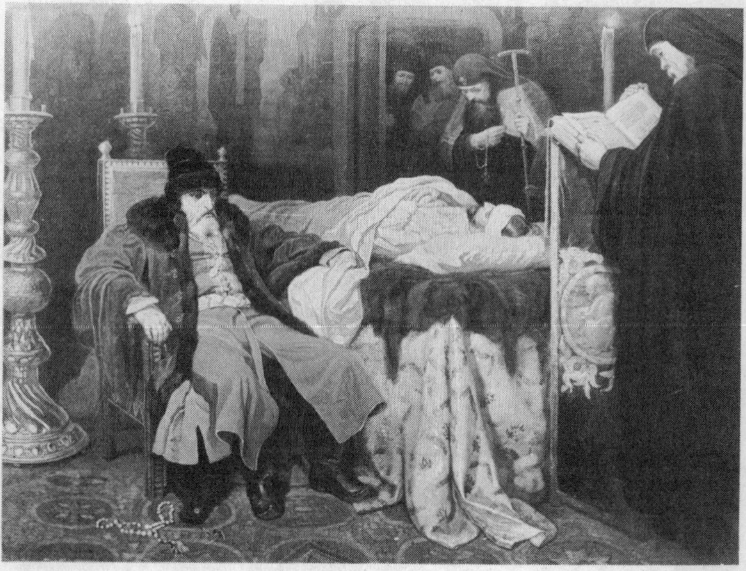

Iwan der Schreckliche am Leichnam seines Sohnes. Gemälde von V. Schwartz, 19. Jahrhundert. Moskau, Tretiakow-Museum. Photo A. P. N.

Grab Iwans des Schrecklichen in der Erzengel-Michael-Kathedrale zu Moskau. Photo A. P. N.

Als Jerome Bowes im Oktober 1583 in Moskau ankommt, empfängt Iwan ihn als Freund. Durch die Berichte des einfältigen Pisemskij schlecht unterrichtet, ist er davon überzeugt, daß das politische Bündnis und die Heirat zwei praktisch erledigte Angelegenheiten seien, die nur noch einer näheren Bestimmung im Detail bedürfen. Doch von Beginn an erweisen sich die Besprechungen zwischen den russischen Unterhändlern und dem englischen Gesandten als schwierig. Im Gegensatz zu dem wendigen und listigen Jenkinson ist Jerome Bowes ein harter, scharfzüngiger, hochmütiger und empfindlicher Mann. Er hält nicht nur den Anspruch auf das Handelsmonopol aufrecht, sondern behauptet zudem, daß England Rußland erst dann gegen seine Feinde beistehen werde, wenn alle Möglichkeiten einer Versöhnung zwischen ihnen ausgeschöpft seien. Diese letzte Bedingung macht die unmittelbare Wiederaufnahme der Feindseligkeiten gegen Stefan Báthory unmöglich.

Nach dreizehn Sitzungen nutzloser Verhandlungen ruft Iwan Jerome Bowes am 13. Dezember 1583 zu sich und sagt ihm über die Vermittlung des Dolmetschers: »Wie willst du, daß ich der Verbündete der Königin werde, wenn meine größten Feinde (Schweden, Dänemark, Polen) ihre Freunde sind? Elisabeth muß Báthory zwingen, mir Livland und Polozk zurückzugeben, oder sie muß ihm mit mir zusammen den Krieg erklären!« – »Die Königin würde mich für einen Schwachkopf halten, wenn ich einem derartigen Abkommen zustimmte«, erklärt Jerome Bowes. »Du hast dir im Umgang mit meinen Bevollmächtigten hochmütige Manieren angewöhnt, die unerträglich sind, denn unter den Herrschern meinesgleichen kenne ich einige, die über deiner Herrin stehen!« schreit der Zar. »Es gibt keinen erlauchteren Herrscher als Elisabeth«, erwidert der englische Gesandte. »Sie steht an Macht weder dem Kaiser noch selbst dem Zaren nach.« Bei diesen Worten gerät Iwan außer sich und droht Jerome Bowes, ihn hinauszuwerfen. Starrköpfig antwortet Jerome Bowes, daß Ihre Majestät die Königin sich für die Beleidigungen, die man ihren Unterhändlern zufüge, zu rächen wisse. Plötzlich ist Iwan wieder friedlich und kommt auf sein Heiratsvorhaben zurück. Der Diplomat versichert

ihm, daß Mary Hastings Bildnis sehr geschmeichelt sei; sie über dreißig Jahre, häßlich, krank, und, davon ganz abgesehen, ihr schon der Gedanke an Konversation abhold sei. Die Königin, sagt er, habe jedoch andere, ausnehmend schöne weibliche Verwandte. Iwans Blick flackert vor Begierde. Nachdem er seinen Gesprächspartner verabschiedet hat, seufzt er: »Würde es Gott nur gefallen, daß ich selbst einen so treuen Diener hätte!« Bei einer weiteren Unterredung, am 18. Dezember, versucht er es noch einmal: »Du hast zu uns von zehn oder zwanzig Mädchen geredet, unter denen wir eine Frau in deinem Land nehmen könnten, und du weigerst dich, sie zu nennen. Wir wissen jedoch nicht, ob wir uns auf eine so ungenaue Angabe hin in Unkosten stürzen sollen. Es gibt offensichtlich mehr als tausend heiratsfähige Mädchen in England, darunter mehr als nur eine Köchin: wollt ihr, daß wir sie alle aufsuchen?« Und er fügt hinzu: »Du bist ein ungebildeter Mensch und hast keinerlei Ahnung, wie man sich als Gesandter zu benehmen hat!«
Zwei Monate lang folgen stürmische Begegnungen zwischen dem Zaren und dem englischen Botschafter aufeinander. Am 14. Februar kündigt Jerome Bowes Iwan an, daß die Königin ihm befohlen habe, auf dem Landwege bis nach Frankreich zurückzukehren. Doch seit dem Verlust Livlands führt der Landweg über polnisches Gebiet. »Das wirst du ausnutzen, um mich an meine Feinde zu verkaufen!« schreit er mit rollenden Augen. »Da du nicht gekommen bist, um ernsthaft zu verhandeln, kannst du gehen und wieder mitnehmen, was du gebracht hast! Wir entlassen dich auf der Stelle!« An diese Wutausbrüche gewöhnt, wartet Jerome Bowes gelassen ein Umschlagen der Laune ab. Und tatsächlich unterbreitet der Zar ihm drei Tage später den Plan eines Abkommens, in dem er als Gegenleistung für das Handelsmonopol ein Angriffsbündnis zur Wiedereroberung von Livland verlangt. Vorsichtig gibt Jerome Bowes zur Antwort, daß seine Herrin sehr fromm sei und Eroberungen verabscheue. »Doch es handelt sich nicht um Eroberungen!« erwidert der Zar. »Livland gehört zu unserem angestammten Vaterland.« – »Ist das sicher?« fragt der Botschafter ironisch. Bei dieser Beleidigung springt Iwan auf. »Wir werden die Königin

nicht bitten, über uns und den König von Polen zu richten!« kreischt er. Und er setzt die Entlassungsaudienz auf den 20. Februar fest. Als Jerome an diesem Tag am Hofe erscheint, meldet man ihm, der Zar sei krank und könne ihn nicht empfangen.[1]

[1] Erst vier Monate später wird Jerome Bowes gestattet, Rußland zu verlassen, ausgerüstet mit einem Brief von Fjodr, Iwans Sohn, in dem keine Rede mehr ist von einem Bündnis noch von Sondervergünstigungen für die englischen Kaufleute.

Siebzehntes Kapitel

Die letzten Tage

Seit einem Jahr beschäftigt sich Iwan ausschließlich damit, die blutigen Akten der Unterdrückung zu ordnen; ohne seine zahlreichen Opfer zu bedauern, legt er Wert darauf, ihre Seelenruhe im Jenseits zu sichern. So stellt er, um zugleich seine Buchführung und sein Gewissen ins reine zu bringen, unermüdlich Listen all derer auf, die er hat umbringen lassen. Mit der Feder in der Hand durchwühlt er die Kammern seines Gedächtnisses, scheucht vergessene Phantome auf und verzeichnet die verschiedenen Hinrichtungsarten. Diese grimmige und gewissenhafte Schreibarbeit erlaubt es ihm, Rückschau auf seine verschiedenen Lebensabschnitte zu halten. Langsam reihen sich mit Großbuchstaben geschriebene Namen auf dem Pergament aneinander; Totenlisten werden zusammen mit hohen Geldsummen in die Klöster geschickt, damit man Gebete für die Verstorbenen spricht. In diesen Dokumenten steht zu lesen: »Gedenke, o Herr, der Seelen deiner Diener von Nowgorod, eintausendfünfhundertsieben an der Zahl... Fürst Karasin Dubrowskijs, ferner der zehn Männer, die ihm gefolgt sind... zwanzig Menschen aus dem Dorf Kolomenskoje, achtzig aus Matwejtsche... Gedenke der gläubigen verschiedenen Christen, vierundachtzig an der Zahl, und noch dreier, die starben, nachdem ihnen die Hände abgeschnitten worden sind...« Im Anschluß an bestimmte Namen erscheint die lakonische Angabe: »mit seiner Frau« oder »mit seiner Frau und seinen Kindern«, »mit seinen Söhnen«, »mit seinen Töchtern«. Was Iwan ärgert, ist der Umstand, daß er ganz bestimmt, wenn man die Vielzahl der Leichen betrachtet, die er angehäuft hat, einige davon in seiner Aufzählung vergessen haben muß. Deshalb vertraut er auf Gott, der gewiß ein Verzeichnis auf dem letzten Stand hat, um diese Lükken aufzufüllen; er sagt ihm frei heraus: »Du wirst dich vermutlich ihrer Namen erinnern.« Oder auch: »Du allein, o Herr, kennst ihre Namen!« Die Totenliste, die für das Kloster von Swijaschsk bestimmt ist, erwähnt unter anderen die Fürstin Ewdokia (eine entfernte Verwandte Iwans), die Nonne Alexandrina (seine Schwägerin, Jurijs Witwe), die Nonne Maria (die Schwester seines leiblichen Vetters Wladimir), die alle drei in Bjelozersk ertränkt worden sind. Eine dieser Listen weist als Endsumme dreitausendeinhundertachtundvierzig ausgelöschte Leben aus, eine andere beläuft sich auf dreitausendsiebenhundertfünfzig. Doch auch nachdem Iwan diese Leichenaufstellungen fortgeschickt hat, kann er von manchen Namen nicht loskommen. Ein ganzes Volk von blutüberströmten Märtyrern drängt sich hinter seinen Schultern; ohne daß er seine Schuld an ihrem Tod erkennt, hat er das Gefühl, als wäre er nie mehr allein in seinem Gemach; er wird von einer unerträglichen Last erdrückt. Die Ausschweifungen und Freßgelage haben seine Gesundheit ruiniert; seit dem Mord an seinem Sohn kann er nur noch wenige Stunden pro Nacht schlafen. Er ist wieder in den Kremlpalast zurückgekehrt, um Alexandrowskaja Sloboda zu entfliehen, dessen finstere Gemäuer in ihm den Todeskampf des Zarewitsch wachrufen. Eines Abends meldet man ihm, daß ein Komet, dessen Schweif die Form eines Kreuzes habe, am Himmel von Moskau erschienen sei. In Pelze eingemummt, läßt er sich auf die Freitreppe bringen, um ihn zu sehen. Die kristallklare Luft ist von schneidender Kälte, die unermeßliche Stadt liegt unterm Schnee begraben. Den Kopf nach hinten gebeugt, bleibt er lange in die Betrachtung des unheilverkündenden Sterns mit dem rot glühenden Schweif versunken. Dann murmelt er: »Dies ist das Vorzeichen meines Todes!«

Seit Anfang des Jahres schreitet sein körperlicher Verfall voran; die Ärzte reden von einer »Auflösung des Blutes« und einer »Fäulnis der Eingeweide«. Der Körper des Zaren beginnt anzuschwellen, seine Haut löst sich in Streifen ab und verströmt einen abscheulichen Gestank. Die Salben, mit denen er sich einreibt, können die Ausdünstungen nicht vertreiben. Manchmal scheint ihm, er schleppe in seinen Kleidern noch den Leichengeruch der Massengräber mit sich, an denen er sich unlängst noch so gern erging, aber nein, es ist sein eigenes Fleisch, das so übel riecht. Oder vielleicht seine Seele? Und wenn Gott ihn nicht mehr liebte? Wenn er, anstatt ihn mit offenen Armen in seinem Paradies zu empfangen, ihn an der Pforte mit Füßen treten ließe? Er hat sich jedoch sehr um das Vaterland verdient gemacht. Gewiß, seine Kriege im Westen waren Katastrophen. Aber im Osten hat er Kasan, Astrachan und Sibirien erobert. Er hat sein Land trotz des Widerstands der Bojaren geeint. Hätte er zu diesem ruhmreichen Ergebnis gelangen können, wenn er sich nicht mit Hilfe der Folter seiner schlimmsten Feinde entledigt hätte? Was wiegen ein paar tausend gemarterte Leichen im Vergleich zu all den Völkerscharen und Ländern, die er mit Gewalt für Rußland gewonnen hat? Doch bei Gott kann man nie wissen! Nachdem er ihn stets unterstützt hat, ist der Allerhöchste fähig, ihm in der Todesstunde das Blutbad von Nowgorod, seine allzu zahlreichen Ehen oder den Mord an dem Zarewitsch zum Vorwurf zu machen; diese letzte Gewalttat bedeutet vielleicht den Tropfen Blut, der den Kelch überlaufen läßt. Nein, nein, denn dann muß auch Gott Rechenschaft ablegen für das Blut seines Sohnes Jesus, den er hat am Kreuz umkommen lassen. Sie sind beide Mörder ihrer Söhne, Gott und der Zar, und dazu bestimmt, sich zu verstehen. In der Tat, wenn Gott sich am Tage des Jüngsten Gerichts als ein fürchterlicher Richter erweist, so gibt er sich auf Erden den zügellosesten Launen hin. Seine Gerechtigkeit hienieden besteht in ungestraften Verbrechen und getretener Unschuld, er schlägt zu Unrecht und in die Quere, ohne sich um die Verdienste derer zu kümmern, die er emporhebt oder zermalmt. Allen Monarchen, die Stellvertreter seiner Macht auf dieser Welt sind, gibt er das Beispiel von Grausamkeit und Inkonsequenz. Wie sollte er es ihm da verübeln, daß er ihm gleicht? Je willkürlicher er bei seinen Bestrafungen ist, desto liebenswerter muß er dem Herrn der Schöpfung sein. Dies wiederholt er sich den ganzen Tag lang, um sich zu beruhigen, zwischen zwei Unterredungen mit seinen Beratern streift er durch den Palast und schwadroniert allein mit lauter Stimme vor sich hin. Er fürchtet sich vor dem Anbruch der Dämmerung, der Mutter apokalyptischer Visionen. Jeden Abend wird er im Halbdunkel von dem Bild seines Sohnes heimgesucht, einmal in prächtigen Kleidern und mit einem Lächeln, dann wieder fahl und mit durchbohrter Schläfe. Das Gespenst spricht zu ihm, Iwan gibt Antwort. Dann schreit er plötzlich auf und springt aus dem Bett. Seine Diener eilen herbei. Man legt ihn wieder hin. Doch manchmal weigert er sich, wieder einzuschlafen, ruft Priester zu sich, läßt die Glocken läuten und befiehlt, daß man einen Gottesdienst abhält. Der heraufdämmernde Morgen findet ihn erschöpft, verstört und unfähig, eine Entscheidung zu treffen. Er entdeckt, daß es Marterwerkzeuge gibt, die wirksamer sind als diejenigen, die er benutzt hat. Ja, Gewissensbisse und Angst sind schlimmer als Scheiterhaufen, Strang oder Zangen. Vom Henker wird der Zar zum Opfer. Er vervielfacht die Geschenke an die Kirchen, er möchte sich durch Erniedrigung freikaufen, er schreibt an alle Klöster von Rußland: »An die hochberühmten und hochheiligen Klöster! An alle tugendhaften und verdienstvollen Mönche! Der Großfürst Iwan Wassilijewitsch grüßt euch voller Demut und wirft sich euch zu Füßen, um euch anzuflehen, daß ihr für ihn Vergebung seiner Sünden erwirkt; gemeinsam oder einzeln in euren Zellen betet, damit der Herr und die hochheilige Jungfrau ihm seine Niedertracht verzeihen, ihm Genesung gewähren und ihn von der Krankheit befreien, die ihn befallen hat.« In seinem Wahn hofft er, daß die Mönche, die er verschont hat, lauter zu Gottes Ohren sprechen als jene, die er in Nowgorod und anderswo zu Hunderten in den Tod geschickt hat, lauter als der Metropolit Philipp, lauter als der Erzbischof Leonid. Doch bald, als weder die Arznei der Ärzte, noch die Gebete der Glaubensleute den Verlauf der Krankheit aufhalten, wendet Iwan sich an die Magier. Von allen Seiten kommen Astrologen, Hellseher und Zauberer nach Moskau. Sie werden, etwa sechzig an der Zahl, in einem Haus nahe des Palastes eingesperrt. Niemals hat man eine solche Ansammlung von Gelehrten der okkulten Wissenschaften gesehen. Man bringt ihnen das Essen an Ort und Stelle. Jeden Tag fragt ein Verwandter des Zaren, Fürst Bogdan Belskij, sie aus. Sie schauen finster in die Zukunft. Alle Sternzeichen stimmen überein: der Tod des Herrschers steht dicht bevor. Um seinen Herrn nicht zu erschrecken, verschleiert Bogdan Belskij ihm die Deutungen der Astrologen.

Trotz der beruhigenden Worte seiner Umgebung fühlt Iwan sich unrettbar verloren; die Verpestung seines Körpers nimmt zu und seine Hoden schwellen schmerzhaft an. Er sorgt sich um seine Nachfolge. Im Jahre 1572 hat er ein Testament zugunsten seines ältesten Sohnes, des Zarewitsch Iwan, aufgesetzt. Da dieser tot ist, diktiert er im Beisein der Bojaren neue Verfügungen, die Fjodr zum Thronerben einsetzen. Er rät ihm, mit Frömmigkeit zu regieren und seinem Land unnötige Kriege mit christlichen Staaten zu ersparen. Um diesen jungen, an Leib und Seele schwachen Prinzen zu führen, benennt er einen Geleitausschuß, der sich aus fünf Bojaren zusammensetzt: Iwan Schuiskij, dem Held der Belagerung von Pskow, Iwan Mstislawskij, dem Sohn der leiblichen Nichte des Großherzogs Wassilij, Nikita Jurijew, dem Bruder Anastasias, der ersten Zarin, Bogdan Belskij und vor allem Boris Godunow, dem intelligentesten von allen, dessen Schwester Irina Fjodr geheiratet hat. Durch das Nahen des Todes weich und kleinmütig gestimmt, nennt er sie »seine Freunde, seine Waffenbrüder«. Er trägt ihnen auf, die polnischen und deutschen Gefangenen freizulassen und die Steuern zu senken, beklagt sich noch einmal bei ihnen, daß sein ganzes Leben lang die bösen Bojaren ihn mit ihren umstürzlerischen Intrigen zu einer Strenge gezwungen hätten, die nicht in seinem Charakter liege. Sein Verfolgungswahn schlägt in Schwachsinn um: alle sind schuldig, außer ihm, und als ein von eingebildeten Feinden umstellter Mythomane[1] behauptet er schluchzend: »Man hat mir Gutes mit Bösem, Liebe mit Haß vergolten!« Wen hofft er mit dieser verstiegenen Verteidigung zu täuschen: seine Angehörigen oder Gott, künftige Generationen oder den Wächter des Jenseits? Jedoch selbst in seiner engelgleichen Milde bekommt er Anfälle von Gewalttätigkeit. So, nachdem er durch eine Indiskretion erfahren hat, daß die Astrologen in ihren Berechnungen ein Datum, den 18. März 1584, für seinen Tod bestimmt haben, schwört er, sie bei lebendigem Leibe verbrennen zu lassen, wenn ihre Vorhersage sich nicht bewahrheite. Als seine Schwiegertoch-

---

[1] Mythomanie: krankhafte Lügensucht. (Anm. d. Übers.)

ter, Fjodrs Gemahlin, ihm in seinem Schlafgemach einen Besuch abstattet, weicht sie, wie es heißt, vor seinen obszönen Gebärden und Worten »entsetzt zurück«; in einer Aufwallung blutschänderischen Verlangens ist plötzlich der Teufel in seinem Fleisch erwacht. Gleich darauf verspürt er eine solche Niedergeschlagenheit, daß man den neuen polnischen Gesandten bitten muß, seine Ankunft in Moskau zu verschieben.
Seine liebste Zerstreuung besteht nun darin, sich auf einem Stuhl in die Schatzkammer tragen zu lassen; dort bleibt er lange Stunden wie gebannt in die Betrachtung der Edelsteine in den Truhen versunken. Am 15. März lädt er den englischen Gesandten, Sir Jerome Horsey, ein, ihm bei seiner Besichtigung zu folgen. Vor den Augen des Diplomaten läßt er Diamanten, Smaragde, Saphire, Rubine, Perlen und Hyazinthe durch seine zitternden Hände rieseln. Der Glanz dieses Schatzes leuchtet in seinen gierigen Augen. Bei jedem Kleinod nennt er liebevoll Herkunft und Preis, als ob er sich nicht genug darüber wundern könne, so reich zu sein, und darunter leide, sich von alledem trennen zu müssen. Er läßt Türkise auf seiner Handfläche spielen und flüstert seinem Gast zu: »Schaut, wie sie die Farben wechseln, sie verblassen, sie künden meinen Tod an, man hat mich vergiftet.« Dann zeigt er auf sein Zepter aus »Horn vom Einhorn«[1], in das Edelsteine eingefaßt sind (»Sie haben zwanzigtausend Rubel gekostet«, behauptet er), und fordert seinen Arzt auf, mit dem Stock, dem Zeichen seiner Macht, einen Kreis auf den Tisch zu ziehen. Wohl oder übel leistet der Arzt Folge. Dann läßt Iwan Spinnen bringen und setzt sie in die Nähe des Kreises: die in ihn eindringen, sterben sofort, die sich von ihm entfernen, bleiben am Leben. »Das ist ein sicheres Zeichen«, sagt der Zar. »Das Horn vom Einhorn vermag mich nicht mehr zu retten.« Und er kommt auf die Edelsteine zurück, um Horsey anzuvertrauen: »Dieser Diamant ist der kostbarste und berühmteste des Orients. Ich habe ihn nie benutzt; er mäßigt Zorn und Wollust, macht enthaltsam und keusch. Das kleinste Stückchen, zu Pulver

---

[1] So nannte man das Elfenbein, dessen magische Kraft darin lag, Gift zu bekämpfen.

zermahlen, würde ein Pferd vergiften, viel mehr noch einen Menschen.« Er weist mit den Fingern auf einen Rubin: »Oh! Dieser hier bewirkt das Beste für Herz und Hirn, stärkt das Gedächtnis und reinigt verdorbenes Blut... Seht diesen Smaragd: er hat die Farben des Regenbogens. Dieser Edelstein ist der Feind alles Unreinen – versucht ihn einmal. Diesen Saphir betrachte ich gern. Er bewahrt und vermehrt den Mut und die Freuden des Herzens, er ist allen Lebenssinnen angenehm, er ist unübertrefflich für das Auge und den Blick, er heilt vom Schlaganfall, gibt den Muskeln und ihren Fasern Kraft... Sie alle sind Geschenke Gottes, Geheimnisse in ihrem Wesen, doch Er offenbart sie durch den Gebrauch des Menschen und seine Betrachtung als Freunde von Anmut und Tugend und Feinde der Laster...« Iwans Zunge wird schwer; er spricht immer mühsamer. Plötzlich wird er ohnmächtig, man bringt ihn fort.

Als er wieder zu sich kommt, bittet er nicht um den Empfang der heiligen Sakramente. Wahrscheinlich glaubt er, daß er dank der vereinten Bemühungen der Priester, Ärzte und Zauberer genesen werde. Noch dazu kündigt er dem Metropoliten an, daß er im Falle eines baldigen Todes nicht als Zar, sondern als Mönch bestattet sein wolle. Sein Vater, Wassilij III., hatte denselben Wunsch geäußert. Im Kreml herrscht angstvolle Stille um ihn herum, in den Kirchen beten die Gläubigen.

Am 17. März, nachdem er ein heißes Bad genommen hat, fühlt Iwan sich aufgemuntert. Am Morgen des nächsten Tages bestätigt sich die Besserung. Er erinnert sich daran, daß die Astrologen seinen Tod für den 18. März vorausgesagt haben, und erklärt Bogdan Belskij: »Den Wahrsagern nach müßte ich heute meinen letzten Atemzug tun, doch ich fühle, wie meine Kräfte sich neu beleben. Mögen sich diese Lügner auf ihren eigenen Tod vorbereiten!« Bogdan Belskij überbringt diesen Ausspruch den in ihrem Haus versammelten Magiern. Unbeirrt geben sie ihm zur Antwort: »Warte, der Tag ist noch nicht zu Ende!« Man bereitet ein zweites heißes Bad, Iwan taucht voller Wonne hinein. Er bleibt dort drei Stunden lang. Danach legt er sich hin und hält einen Schlaf. Beim Aufwachen ist er guter Dinge, steht auf, streift ein Hausgewand über sein

Hemd, ruft die Sänger des Palastes, vereint seine Stimme mit denen der Choristen, setzt sich an sein Schachbrett und fordert Bogdan Belskij auf, eine Partie mit ihm zu spielen. Doch seine Hand ist so schwach, daß er die Figuren auf den Feldern nicht ziehen kann; der König und die Königin fallen um und rollen zu Boden. Plötzlich sinkt Iwan selber, vom Schlag getroffen, mit baumelnden Armen und den Kopf auf dem Schachbrett, nieder. Man ruft, stürzt herbei, die Ärzte beraten und reiben den Körper mit Wodka und Pflanzenextrakten ein, um ihn wiederzubeleben – vergebliche Mühe.
Der Metropolit befolgt den Wunsch des Verstorbenen und liest über dem Leichnam die Gebete der Mönchssalbung. Gewaschen, gekämmt und umgekleidet in das Gewand der Entsagung, erhält Iwan für die Ewigkeit den Namen Bruder Jonas. Ein Holzkreuz und eine Auferstehungs-Ikone ruhen auf seiner Brust. Im Vorzimmer munkeln manche, daß dies kein natürlicher Tod gewesen und der Zar von Bogdan Belskij und Boris Godunow vergiftet worden sei, die es eilig hätten, die Macht zu ergreifen.[1] Kein Zweifel, der schwächliche Fjodr wird ein Spielzeug in ihren Händen sein. Hinter ihren bestürzten Mienen verbergen die Bojaren nur schlecht ihr Gefühl der Befreiung; sie stehen in Gruppen vor dem in groben, grauen Wollstoff gekleideten Körper und erzittern noch in der Rückschau. Ist es möglich, daß ihr Alptraum ein Ende haben soll? Wird Iwan nicht gleich wieder von seinem Lager aufstehen und neu belebt und mit funkelnden Augen sie alle wieder aufs Schafott schicken?
Unterdessen wartet um den Kreml herum eine unzählige Menschenmenge auf Nachrichten von ihrem Herrn. Aus Furcht vor einem Aufstand oder einer Palastverschwörung verzögert jedoch Boris Godunow die Verkündung des Todes um einen Tag. Erst nachdem alle Einzelheiten der Thronfolge durch den Geleitausschuß geregelt sind, läßt er die Totenglocken läuten. Als ein Herold von der Roten Treppe hinabruft: »Der Zar ist tot!« antworten ihm Kla-

---

[1] Dies behauptet unter anderen der englische Gesandte Jerome Horsey. Wahrscheinlicher jedoch ist Iwan Entzündungen des Darms und des Uro-Genitalsystems erlegen.

gelaute, und die Menge fällt auf die Knie. Für dieses russische Volk, das er fast vierzig Jahre lang in Schrecken gehalten hat, ist Iwan trotz seiner Verbrechen und Verirrungen der Stellvertreter des Allerhöchsten auf Erden; man kann über ihn nicht richten, so wenig, wie man über Gott richten kann. Als Vater der Nation hat er jegliches Recht über sie. Übrigens sind es in der Hauptsache die bei allen verhaßten Bojaren, die unter seinen Schlägen zu leiden hatten. So unerbittlich er gegen die Verräter, Aristokraten und entarteten Mönche vorgegangen ist, hat er nur sehr selten das einfache Volk heimgesucht. Wer weiß, ob die kleinen Leute dadurch, daß sie diesen gefürchteten Zaren verlieren, nicht auch ihren besten Verteidiger verlieren? Sie vergessen den Mord an dem Zarewitsch, die öffentlichen Folterungen, den unheilvollen Krieg gegen Livland und das Elend im Innern des Landes und erinnern sich nur an die Eroberung von Kasan, Astrachan und Sibirien. Gerade die Maßlosigkeit des Zaren sichert ihm sein Überleben in der Phantasie des Volkes, in Rußland neigt die Gunst der unterdrückten Massen stets zu den stärksten Charakteren. Die Angst vor der Peitsche schließt die Liebe nicht aus und trägt manchmal zu ihr bei, selbst durch den Schrecken, den er einflößt, bindet der Tyrann die Herzen an sich.

Gewaltige Menschenmassen wohnen den Feierlichkeiten bei der Beisetzung des Zaren in der Erzengel-Michael-Kathedrale bei. Iwan wird an der Seite seines Sohnes, den er in einem Anfall von rasender Wut getötet hat, bestattet. Auf seinem Grabstein steht folgende Inschrift: »Im Jahre 7092–1584[1], am achtzehnten Tage des März, ist der gläubigste Herrscher, Zar und Großfürst von ganz Rußland, Iwan Wassilijewitsch in der Mönchskutte unter dem Namen Jonas vor den Richterstuhl getreten.«

Widerwillig besteigt Fjodr den Thron. Er ist von schwächlicher Gesundheit und unsicherem Verstand und wird von der Verantwor-

---

[1] In Rußland begann damals die Zeitrechnung nicht mit der Geburt Jesu Christi, sondern mit der Erschaffung der Welt, die der Überlieferung nach auf das Jahr 5508 vor dessen Geburt zurückging. Deshalb wurde das Jahr 1584 als das Jahr 7092 betrachtet.

tung, die ihm plötzlich zufällt, erdrückt. Sein Vater hat von ihm gesagt, daß er eher ein Mesner als ein Erbprinz sei. Er hat ihm den Beinamen »der Glöckner« gegeben. Seit seinen ersten Schritten stützt sich der neue Zar auf seinen kräftigen und ehrgeizigen Schwager; bald wird Boris Godunow an seiner Stelle Rußland regieren. Was Iwan betrifft, so bemächtigen sich schon bald die *Bylinen*-Sänger seiner spukhaften Gestalt und machen aus ihm einen Rächer und Eroberer, den Stolz Rußlands und Schrecken der Großen. Während die Archive die Spur seiner wahren Verbrechen aufbewahren, preisen die Märchenerzähler seine angeblichen Tugenden. Als blutrünstiges Monster für die einen, als Freund der Gerechtigkeit und Eroberer für die andern, tritt er in einem von Strahlen durchbrochenen Nebel vor den Richterstuhl der Nachwelt.

Anhang

Erläuterungen zum Anhang

Zeittafel
Bei der Zeittafel sind jeweils zwei Seiten parallel zu lesen, wobei die Seite *Das Leben Iwans des Schrecklichen / Die Ereignisse in Rußland* die linke ist. Die Jahresangaben am linken Rand dieser Seiten beziehen sich auch auf die entsprechenden Kolumnen der Seiten *Die Ereignisse in der Welt / Das Geistesleben.*

Zur Übersetzung:
Namen und Stichworte wurden so übersetzt, daß der Leser sie im Brockhaus / Meyers wiederfinden kann. Bsp. S. 257 u. l.: Galaudeiros – Galawdewos (Encyclopedia Britannica) – Gälaudewos (Meyers). Hilfsmittel: Brockhaus, Meyers; Encyclopedia Americana, Britannica, Italiana.

Das Leben Iwans des Schrecklichen / Die Ereignisse in Rußland:
Namen und Begriffe nach: Daten der russischen Geschichte (DTV).

Die Ereignisse in der Welt:
Namen und Begriffe nach dem Großen Plötz (daher häufig Abweichungen in der Übersetzung aus dem Französischen; vgl. S. 252: für »Traité de Saalfeld« nicht »Vertrag«, sondern »Bund von Saalfeld«).

Das Geistesleben:
Prioritäten bei der Übersetzung der Titel:
- Eingeführte deutsche Übersetzung
- Originaltitel
- Lateinische Version des Titels
  (Kontrolle allgemein durch die verschiedenen Enzyklopädien, ferner bei
- Literatur: Kindlers Literatur-Lexikon,

– Theologie: Religion in Geschichte und Gegenwart / versch. Bibliographien der Reformation,
– Musik: Riemers Musiklexikon / Werksverzeichnisse / Monographien,
– Bildende Künste: Werksverzeichnisse / Monographien sowie verschiedene Fachlexika der Orientalistik, Indologie etc.)

Bibliographie
Prioritäten bei der Übersetzung der Titel:
– Vorhandene deutsche Übersetzungen
– Originaltitel
– Französische Übersetzungen der Titel
(Kontrolle durch die Bestandsverzeichnisse der drei größten Bibliotheken der westlichen Welt: British Museum General Catalogue, Catalogue général des livres imprimés, The National Union Catalog.)

Register
Die Übersetzung der Namen folgt den »Daten der russischen Geschichte«, allerdings mit phonetischer Eindeutschung zur leichteren Lesbarkeit (Bsp. »tsch« statt der wissenschaftlichen Schreibweise »č«). Die Frauennamen wurden im Gegensatz zum Französischen, aber in Anlehnung an das Russische, durch Anhängungen von -awa/-owa etc. korrigiert.

Peter Prange und Ulrich Mihr

Bibliographie

Als eine vielschichtige Persönlichkeit hat Iwan der Schreckliche unter den Historikern gemäßigte Fürsprecher und fanatische Gegner. Wenn Karamsin, Kovalewski und Idanow ihn wegen seiner zügellosen Leidenschaften verdammen, vergessen andere, wie Solowjew, Bjelow und Zabjelin, all das Böse, das er begangen hat, und loben ihn wegen seines politischen Genies. Die revolutionären Demokraten wie Bjelinskij, Herzen und Dobroljubow fassen ihn als einen ihrer Vorläufer auf. Karl Marx bewundert sein Talent als Staatsmann und Organisator. Lenin und Stalin sehen in ihm den Gründer des russischen Zentralstaats. Die Große Sowjetische Enzyklopädie *geht sogar so weit, ihn als »einen der größten Förderer der Zivilisation« zu bezeichnen. Nach Stalins Tod scheint sich ein Wandel dieser Sehweise vollzogen zu haben, und man spricht in Moskau gern von »der Idealisierung Iwans des Schrecklichen«.*
Direkte Quellen, die an seine Herrschaft erinnern, gibt es wenig. Doch hat dieser erste Zar der russischen Geschichte eine umfangreiche Literatur inspiriert. Ich werde im folgenden nur die wichtigsten konsultierten Werke angeben.

Alexandrow, Victor: *Les mystères du Kremlin*, Paris 1960
Beucler, A.: *La vie d'Ivan le Terrible*, Paris 1931
Brian-Chaninow, N.: *Histoire de la Russie*, Paris 1929
Duchesne, E.: *Le Stoglav*, Paris 1920
Le Domostroï, Paris 1910
Durand-Cheynet, Catherine: *Ivan le Terrible*, Paris 1981
Eck, Alexandre, *Le Moyen Age russe*, Paris 1933
Fletscher, Gilles: *La Russie au XVIe siècle*, Leipzig/Paris 1864
Graham, Stephen: *Ivan IV, the Terrible, czar of Russia*, London 1932
Herberstein, Sigismund Freiherr zu: *Reise zu den Moskowitern* (Rerum moscoviticarum, dt.), hrg. v. E. Seifert, München 1966

Iwan der Schreckliche: *Der Briefwechsel mit dem Fürsten Kurbskij,* eingel. u. übertr. v. K. Stählin, 1921
Briefe (auf russisch), Moskau/Leningrad 1951
Jenkinson, Anthony: *Early Voyages and Travels to Russia and Persia,* London 1886
Karamsin, M.: *Geschichte des russischen Reiches,* (11 Bände), Riga 1820–25
Kowalewski, P. J.: *Iwan der Schreckliche und sein Geisteszustand* (auf russisch), Petersburg 1899
Manuel d'histoire russe, Paris 1948
Kurbskij, Fürst Andrej: *Histoire du règne d'Ivan IV.,* Genf 1965
Leger, Louis: *La Femme et la Société russe au XVIe siècle,* Paris 1887
Leroy-Beaulieu, Anatole: *Das Reich des Zaren und die Russen,* dt. v. L. Pezold u. J. Müller, (3 Bände), Sondershausen 1887–90
Merilys, Jean: *Ivan le Terrible,* Paris 1948
Milioukow, Seignobos und Eisenmann: *Histoire de Russie,* (3 Bände), Paris 1932
Nazarewski, V. V.: *Histoire de Moscou,* Paris 1932
Percheron, M.: *Moscou,* Paris 1937
Pierling, P.: *Báthory et Possevino. Les Rapports du Saint-Siège avec les slaves,* Paris 1887
Papes et Tsars, Paris 1890
La Russie et l'Orient, Paris 1891
Platonow, S. F.: *Geschichte Rußlands vom Beginn bis zur Jetztzeit,* hrg. v. F. Braun, Leipzig 1927
Iwan der Schreckliche (auf russisch), Berlin 1927
Rambaud, Alfred: *Geschichte Rußlands von den älteren Zeiten bis zum Jahre 1884,* dt. Ausg. v. E. Steineck, Berlin 1886
Schakowskoy, Zinaïda, *La vie quotidienne à Moscou au XVIIe siècle,* Paris 1962
Semenoff, M.: *Ivan le Terrible,* Paris 1928
Stahlin, G.: *La Russie, des origines à la naissance de Pierre le Grand,* Paris 1946
Valloton, Henry: *Ivan le Terrible,* Paris 1959

WALISZEWSKI, K.: *Ivan le Terrible*, Paris 1904
ZIEGLER, Charles: *Ivan IV, dit le Terrible*, Paris 1957
ZIMIN, A. A.: *Die Opritschnina Iwans des Schrecklichen* (auf russisch), Moskau 1964
BIOGRAPHISCHES RUSSISCHES LEXIKON: (auf russisch), Artikel von Professor S. Seredonin über Iwan den Schrecklichen, Petersburg 1897
GROSSE SOWJETISCHE ENZYKLOPÄDIE: (auf russisch), Bd. XVIII, Artikel über Iwan den Schrecklichen

Zeittafel

	Das Leben Iwans d. Schreckl.	*Die Ereignisse in Rußland*
1530	*25. August:* Geburt Iwans in Moskau als ältester Sohn von Wassilij III. und Helena Glinskaja / *4. September:* Taufe Iwans im Dreifaltigkeitskloster.	
1531		
1532		Ankunft einer Gesandtschaft des Sultans Babur von Delhi / Bau der Himmelfahrtskirche in Kolomenskoje / *30. Oktober:* Geburt Jurijs, Iwans jüngerem Bruder.
1533		*4. Dezember:* Tod des Großherzogs von Moskau, Wassilij III. /

Die Ereignisse in der Welt	*Das Geistesleben*
Kaiserkrönung Karls V. / Eröffnung des Reichstags von Augsburg / Augsburger Konfession und »Tetrapolitana« / Eroberung von Cherchell durch die Spanier / Gründung der Amsterdamer Börse / Tod von Margarete von Österreich und Tod Baburs.	Gründung des Collège de France / Tizian: *Der heilige Petrus als Märtyrer* / Correggio: *Die heilige Nacht* / Janequin: *Chantons, sonnons, trompettes* / Benvenuto Cellini erfindet den Prägestock / Bau des Schlosses von Saint-Germain-en-Laye und des White-Hall-Palastes von London / Tod Tschaitanjas und Quinten Massys' / Geburt Jan Kochanowskis und La Boéties.
Bildung des Schmalkaldischen Bundes / Bund von Saalfeld / Niederlage der protestantischen Schweizer Kantone bei Kappel / Ferdinand I. von Habsburg wird zum »Römischen König« gewählt / Christian II. versucht, Norwegen und Dänemark zurückzugewinnen / Tod Zwinglis und Louises von Savoyen.	Marguerite de Navarre: *Le Miroir de l'âme pecheresse* / Michelangelo: *Nacht und Morgen* / Lucas van Leyden: *Heilung des Blinden* / Primaticcio in Fontainebleau / Gründung des Glaubensordens der Barnabiter / Überquerung der Anden durch Pizarro.
Endgültiger Anschluß der Bretagne an Frankreich / Französische Gesandtschaft bei den Osmanen / Nürnberger »Anstand« / Heinrich VIII. widersetzt sich dem Papsttum / Einfall der Osmanen in Ungarn / Reichstag von Arboga.	François Rabelais: *Pantagruel* / Clément Marot: *Jugendgedichte* / Correggio: *Leda mit dem Schwan* und *Madonna mit dem heiligen Georg* / Pernuzzi: Villa Massimo in Rom / Sansovino: Bibliothek von San Marco in Venedig / Bau des St.-James-Palastes / Janequin: *Die Schlacht* / Geburt von Jean-Antoine de Baïf, Orlando di Lasso und Alonso Sanchez Coello.
Begegnung zwischen Franz I. und dem Papst in Marseille / Heirat	Schöner: *Opusculum geographicum* / Regiomontanus: *Fünf Bücher über*

Regentschaft Helenas / Intrigen der Bojaren / Beseitigung der zwei Brüder des verstorbenen Großherzogs / Wiederaufnahme des Kriegs gegen Litauen.

1534

1535

Die Ereignisse in der Welt	Das Geistesleben
Heinrichs VIII. mit Anna Boleyn / Exkommunizierung von Heinrich VIII. / Feldzug Andrea Dorias in Griechenland / Verabschiedung der »Constitutio Criminalis Carolina« durch den Reichstag zu Regensburg / »Grabenfehde« in Dänemark / Eroberung von Aserbaidschan durch die Osmanen / Ermordung Atahualpas und Eroberung von Cuzco durch Pizarro und Almagro / Tod Friedrichs von Dänemark / Geburt Elisabeths von England.	*die Dreiecke* / Cranach: *Adam und Eva* / Holbein d. J.: *Die Gesandten* / Tizian: *Bildnis Karls V.* / Anlegung des botanischen Gartens von Padua / Mendoza bereist die kalifornische Küste / Tod Ariosts / Geburt Montaignes.
»Plakataffäre« in Frankreich und Verschlimmerung der Protestantenverfolgungen / Vertrag von Augsburg zwischen Frankreich und dem Schmalkaldischen Bund / Religionsfriede von Cadan / Die Wiedertäufer gewinnen in Münster die Oberhand / »Suprematsakte«, Beginn des anglikanischen Schismas / Regierungsantritt Papst Pauls III. / Eroberung von Tabris und Bagdad durch die Osmanen / Eroberung von Tunis durch Chaireddin Barbarossa / Sieg Christians III. über Christian II. in Dänemark / Tod von Papst Clemens VII.	Rabelais: *Gargantua* / Bude: *De transitu…* / Holbein d. J.: *Bildnis Thomas Cromwells* / Tizian: *Bildnis der Isabella d'Este* / Sangolo: Palazzo Farnese in Rom / Michelangelo in Rom / Gründung der Gesellschaft Jesu durch Ignatius von Loyola / Jacques Cartiers erste Fahrt nach Kanada / Geburt Robert Garniers.
Wiederaufnahme des Krieges zwischen Franz I. und Karl V. / Edikt von Coucy zugunsten der Reformierten / Bündnis Franz I. mit den Osmanen / Massaker an den Wiedertäufern in Münster / Schlacht von Svendborg und Zerstörung Lübecks / Karl V. erobert Tunis zurück / Tabinshweti bemächtigt sich der Stadt Bassein in Niederbirma / Tod Francesco Sforzas und Durpats.	Aretino: *Ragionamenti* / Parmigiano: *La Madonna del colle lungo* / Peruzzi: Palazzo Massani in Rom / Annahme der Reformation in Genf / Einführung des Räderns in Frankreich / Gründung von Lima durch Pizarro.

	Das Leben Iwans d. Schreckl.	Die Ereignisse in Rußland
1536	Iwan empfängt litauische Gesandte.	
1537		Neuer Waffenstillstand mit Nowgorod / Verlust von Gomel / Unterzeichnung eines Waffenstillstands über sechzig Jahre mit Gustaf I. von Schweden in Nowgorod.
1538		*3. April:* Tod Helenas, die vielleicht von den Bojaren vergiftet worden ist / Streit der Bojaren um die Regentschaft, deren sich Fürst Wassilij Schuiskij, dann Iwan Belskij, dann wieder die Schuiskijs bemächtigen.

Die Ereignisse in der Welt	Das Geistesleben
Unterzeichnung der »Kapitulationen« zwischen Frankreich und den Osmanen / Franz I. besetzt La Bresse, Le Bugey und Turin / Karl V. fällt in die Provence ein / Edikt von Lyon / Hinrichtung Anna Boleyns / Heirat Heinrichs VIII. mit Jane Seymour / Vereinigungsvertrag zwischen England und Wales / Erklärung der »Ten Articles« / Genfer Glaubensbekenntnis / Eroberung von Biserta durch Barbarossa / Die Spanier werden Herren von Peru / Angliederung Kanadas an die französische Krone.	Calvin: *Institutio religionis christianae* / Marot: *Psalmen* / Bau der Stadtresidenz von Landshut / Bau des Norwich-Palastes in England / Sansovino: Palazzo Correr in Venedig / Niederlassung Calvins in Genf / Zerstörung der buddhistischen Tempel durch Tsche-Tsung / Jacques Cartiers zweite Fahrt nach Kanada / Gründung von Valparaiso und Buenos Aires / Tod Erasmus' von Rotterdam.
Unterzeichnung eines Waffenstillstands zwischen Frankreich und dem Heiligen Römischen Reich / Beschlagnahmung der Kirchengüter durch Heinrich VIII. / Ermordung Alèssandro de' Medicis durch Lorenzaccio / Schlacht von Las Salinas und Sieg Pizarros / Tod Jane Seymours / Geburt Edwards von England.	Bonaventura von Périers: *Cymbalum mundi* / Theophanos: *Der Kindermord zu Bethlehem* / Bau des Hauptportals von St.-Michel in Dijon / Bau des Chores von St.-Etienne-du-Mont in Paris / Bau des Castello San Elmo in Neapel / Eröffnung des ersten Musikkonservatoriums in Neapel / Erste Arbeiten des Geographen Gerardus Mercator / Ordination des Ignatius von Loyola / Entdeckung der Karolina-Inseln.
Waffenstillstand von Nizza / Begegnung zwischen Franz I. und Karl V. bei Aigues-Mortes / Niedergeschlagener Aufstand gegen Cosimo de' Medici in Florenz / Calvin und Farel aus Genf verbannt / Gründung einer Heiligen Liga zwischen dem Kaiser, dem Papst und Venedig gegen die Osmanen / Schlacht um Korfu / Nürnberger Bund / Erdbeben auf Sizilien / Tod Charles' of Egmont.	Vives: *De anima et vita* / Aretino: *Dialogo delle corti* / Verurteilung Bonaventuras von Périers durch die Sorbonne / Hernando de Soto erforscht die Gebiete westlich des Mississippi / Geburt von Karl Borromäus.

	Das Leben Iwans d. Schreckl.	Die Ereignisse in Rußland
1539		
1540		
1541		
1542	Makarij, der neue Metropolit von Moskau, übernimmt die Erziehung von Iwan, der bis dahin seinem stürmischen Wesen überlassen war.	Der Metropolit Joasaf, ein Parteigänger Iwan Belskijs, wird im Kloster von Bjelozersk unter Arrest gestellt.

Die Ereignisse in der Welt	Das Geistesleben
Zusammenkunft des Schmalkaldischen Bundes / Die Ordre von Villiers-Cotterêts / Aufstand von Gent / Die »Six Articles« in England / Von den Spaniern unterdrückter Indianeraufstand in Panama.	Robert Estienne: *Trésor de la langue latine* / Eröffnung eines Ateliers Tintorettos in Venedig / Pierre Hamon: Glockenturm der Cölestin-Kirche / In Straßburg erscheint das erste Psalmenbuch auf französisch / Endgültige Gestaltung der Gesellschaft Jesu / Mercator erstellt die Weltkarte / Großer Buchdruckerstreit in Lyon / Tod Nanaks.
Unterwerfung der Genter durch Karl V. / Heirat Heinrichs VIII. mit Anna von Kleve, dann, nach deren Verstoßung, mit Catherine Howard / Hinrichtung Thomas Cromwells / Schir Khan vernichtet Humajun bei Kanaudsch und läßt sich in Delhi nieder / Tod János Zápolyas.	Dolet: *De la manière de bien traduire* / Mohammed Dschajasi: *Padmâvat* / Sansovino: die Loggeta von Venedig / Bau des Palazzo Spada in Rom und der San-Domingo-Kathedrale auf Haiti / Archäologische Ausgrabungen in Rom / Coronado in Kalifornien und »Neu-Mexiko«.
Reichstag von Regensburg / Rückkehr Calvins nach Genf / Beginn des »Geldernkrieges« / Eroberung von Buda durch die Osmanen / Doria scheitert bei dem Versuch, Algier zurückzuerobern / Eroberung von Agadir durch die Saaditen.	Französische Ausgabe von Calvins *Institutio religionis christianae* / Michelangelo: Das *Jüngste Gericht* in der Sixtinischen Kapelle / Primaticcio: Odysseus-Saal in Fontainebleau / Pierre Lescot: Lettner von Saint-Germain-l'Auxerrois / Delorme: Schloß von St.-Maur-les-Fossés / Jacques Cartiers dritte Fahrt nach Kanada / Erforschung des Arkansas durch de Soto / Gründung von Santiago de Chile / Tod Jean Clouets und Paracelsus' / Geburt El Grecos und Pierre Charrons.
Neuer Krieg zwischen Franz I. und Karl V. / Belagerung von Perpignan / Hinrichtung Catherine Howards und sechste Heirat Heinrichs VIII. mit Catherine Parr / Niederlage und Tod Jakobs V. von Schottland bei Solway Moss im Kampf gegen die	Guillaume Postel: *De orbis terrae concordia* / Bartolomeo de las Casas: *Brevíssima Relación de la Destrucción de Las Indias* / Antoine Heroët: *Die vollkommene Freundin* / Das erste Buch in finnischer Sprache erscheint / Michelangelo: *Die Kreuzi-*

1543	Verhaftung Woronzews durch Schuiskij.	Machtprobe Iwans, der Andrej Schuiskij umbringen läßt / Die Glinskijs reißen die Macht an sich.
1544		
1545		

Engländer / Thronbesteigung Maria Stuarts / Geburt Toyotomi Hideyoshis.	*gung des Petrus* / und *Die Bekehrung des Paulus* in der Paulinischen Kapelle / Marot in Genf / Bildung der Inquisition in Rom unter dem Vorsitz von Kardinal Carafa / Neue Gesetze (Terminus: »Nuevas Leyes« A. d. Ü.) zugunsten der Indianer in Amerika.
Belagerung von Nizza durch eine französisch-osmanische Flotte / Annektierung Gelderns durch Karl V. / Neue Verfassung in Genf durch Calvin / Gälaudewos erobert mit Hilfe der Portugiesen das äthiopische Kaiserreich zurück / Herrschaft des Dalai Lama Sodman Gyamaso.	Kopernikus: *De revolutionibus orbium coelestium* / Vesal: *De corporis humani fabrica* / Abfassung des *King's Book* in England / Frycz Modrzewski: *De poena homicidii* / Cellini: die *Nymphe von Fontainebleau,* ein Salzfaß aus Gold und Emaille, die Münze Franz I. / Tizian: *Ecce homo* / Anlegung des botanischen Gartens von Pisa / Tod Holbeins d. J.
Schlacht von Ceresole Alba / Friede von Crépy / Reichstag von Speyer / Gustaf I. dekretiert die Erblichkeit der schwedischen Krone in seiner Familie / Eroberung von Wissegrad durch die Osmanen.	Münster: *Cosmographia* / Maurice Scève: *Délie, Inbegriff höchster Tugend* / Agricola: *De ortu et causis subterraneorum* / Postel: *De orbis terrae concordia* / Ligier Richier: Grabmal Renés de Chalon / Serlio: Schloß von Ancy-le-Franc / Tod Clément Marots / Geburt Du Bartas' und Tassos.
Eröffnung des Konzils von Trient / Massaker an den Waldensern im Luberon / Tod des Schir Khan (Schir Schah).	Luther: *Wider das Papsttum in Rom, vom Teufel gestiftet* / Calvin: *Contre la secte phantastique des Libertins* / Serlio: *Trattato dell' Architettura* / Palladio: Palazzo della Raggione in Venedig / Delorme: Schloß von Anet / Die Prinzen-Moschee in Konstantinopel / Grabmal des Schir Schah in Bengalen / Cellini: *Perseus mit dem Haupt der Medusa* / Tintoretto: *Mariens Himmelfahrt* / Tod Hans Baldungs, genannt Grien.

1546		Die Tataren werden über die Oka, dann über die Wolga zurückgedrängt.
1547	*16. Januar:* Iwans Salbung / *3. Februar:* Heirat mit Anastasia Romanowna / Beginn von Iwans aktiver Regierungstätigkeit.	Iwan nimmt den Zarentitel an / *3. Juni:* Iwan mißhandelt eine Delegation bedeutender Bürger aus Pskow / *20. Juni:* der dritte Brand Moskaus seit Beginn des Jahres / Die Glinskijs fallen in Ungnade.
1548	Geburt Annas, Iwans und Anastasias erster Tochter.	Bildung eines neuen Rates *(Isbrannaja Rada)*, in dem Iwans Günstlinge Sitz haben: der Metropolit Makarij, der Priester Sylvester, Alexej Adaschow und Andrej Kurbskij.

Die Ereignisse in der Welt	*Das Geistesleben*
Der Friede von Ardres / Bündnis Moritz' von Sachsen mit Karl V.: Krieg gegen den Schmalkaldischen Bund / Aufstand John Knox' und der schottischen Protestanten / Tod von Chaireddin Barbarossa.	Rabelais: das dritte Buch des *Gargantua* / Aretino: *Der Philosoph* / Fracastoro: *De contagione* / Vasari: *Das Leben Jesu* / Tintoretto: *Das Jüngste Gericht* / Gründung der Webmanufaktur von Florenz / Typhusseuche unter der indianischen Bevölkerung Lateinamerikas / Der Jesuit Francisco de Jassu y Javier auf den Molukken / Hinrichtung Etienne Dolets / Tod Luthers / Geburt Tycho Brahes und Desportes'.
Schlacht von Mühlberg / Bruch zwischen Karl V. und Paul III. / Eröffnung des Reichstags von Augsburg / Thronbesteigung Edwards VI. von England / Niederlage der schottischen Anhänger von John Knox bei Saint Andrews / Thronbesteigung Heinrichs II. von Frankreich / Aufstand in Aquitanien gegen die Salzsteuer / Ferdinand von Böhmen schlägt einen Aufstand der Hussiten in Prag nieder / Einfall der Osmanen in Persien / Tod von Heinrich VIII. von England, Franz I., Hernando Cortés und Pierluigi Farnese / Geburt Oldenbarnevelts.	Marguerite de Navarre: *Les Marguerites de la Marguerite* / Budé: *L'institution du prince* / La Boétie: *Abhandlung über die freiwillige Knechtschaft* / Zusammentreffen von Ronsard und Du Bellay / Tizian: *Venus und Adonis* / Tintoretto: *Die Darstellung im Tempel* / Pierre Bontemps: Grabmal Franz I. / Jean Goujon wird Hofbildhauer des französischen Königs / Michelangelo beginnt mit der Leitung des Baus von Sankt Peter in Rom / Vignola: Villa Farnese in Rom / Heinrich II. ruft in Frankreich den Sondergerichtshof wieder ins Leben / Hinrichtung Gruets in Genf / Geburt Cervantes'.
Verabschiedung des »Augsburger Interims« durch den Reichstag, das den Katholizismus in Deutschland restauriert / Heirat Maria Stuarts und des französischen Thronfolgers / Französische Expedition nach Schottland zur Unterstützung des Aufstands von Cornwall / Neuer französisch-englischer Krieg / Heirat von Jeanne d'Albret mit Antoine de Bourbon / Thronbesteigung Si-	Rabelais: das vierte Buch des *Gargantua* / Reiterbildnis Karls V. / Tintoretto: *Das Wunder des hl. Markus* / Ligier Richier: Grabmal Philipps von Geldern / Lescot: Bau des Südwest-Flügels des Louvre für Heinrich II. / Anlegung des botanischen Gartens von Bologna / Jesuiten im Kongo und in Marokko / Hinrichtung Burlamacchis durch die Inquisition.

1549		
1550	Tod Annas, Iwans und Anastasias Tochter.	Versammlung der Vertreter aller russischen Provinzen *(Semskij Sobor)* / Verkündung des *Domostroj*, Kodex des häuslichen Lebens, verfaßt von dem Priester Sylvester, und des *Zarskij Sudebnik*, des neuen Gesetzeskodex' / Reorganisation der Armee / Feldzug gegen Kasan und Gründung von Swijaschsk.
1551	Geburt Marias, Iwans und Anastasias zweiter Tochter.	*23. Februar:* Zusammenkunft eines Kirchenkonzils / Vorschläge zur Reform des Kirchenlebens *(Stoglaw)* / Umstrukturierung des Adels.

gismunds II. von Polen, der die aus Böhmen vertriebene Sekte der Hussiten aufnimmt / Aufhebung des Konzils von Trient durch Paul III. / Herrschaft der Saaditen in Marokko / Beginn der Kriege zwischen den Birmanesen und Siamesen / Tod Sigismunds I. von Polen.

Belagerung von Boulogne durch François de Guise / »Uniformitätsakte« und Herausgabe des ersten *Prayer Book* / Der Aufstand der Katholiken von Cornwall und Norfolk wird durch den Count of Warwick niedergeschlagen / Parma wird dem Kirchenstaat einverleibt / Abtrennung der Niederlande vom Hl. Röm. Reich / Tod von Papst Paul III.

Du Bellay: *Verteidigung und Rühmung der französischen Sprache* / Goujon und Lescot: Brunnen der Unschuldigen / Palladio: Basilika von Vicenza / Ankunft von Francisco de Jassu y Javier in Japan / Gründung von Handelsgerichtshöfen in Lyon und Toulouse.

Englisch-französischer Vertrag: Frankreich gewinnt Boulogne zurück / Wahl von Papst Julius III. / Tod Tabinshwetis, des Königs von Birma.

Ronsard: *Oden* / Calvin: *De scandalis* / Vasari: *Le vite de' più eccelenti pittori, scultori e architettori italiani* / Vasari: Uffizien-Palast in Florenz / Bau der Kathedrale von Mexiko und Cuzco / Goujon: die Karyatiden des Louvre / Tizian: *Bildnis Philipps II.* / Clouet: *Das Bad der Diana* / Illustration des Dastan I-Amir Hamzah (mongolische Handschrift) / Gründung des Jesuitenkollegs in Rom / Tod Kano Makonabus.

Wiederaufnahme der Italien-Kriege zwischen Heinrich II. und dem Papst / Wiedereröffnung des Konzils von Trient / Bund von Dresden zwischen den deutschen Fürsten und Moritz von Sachsen / Edikt von Chateaubriand / Wiedereroberung von Tripolis und Tlemcen durch die Osmanen.

Petrus Ramus: *Animadversiones aristotelicae* / Frycz Modrzewski: *De republica emendanda* / Vignola: Villa di Papa Giulio / Begründung der Cosinus-Rechnung durch Rheticus / Konstruktion zweier Weltgloben durch Mercator / Gründung der Universität von Lima / Gründung des »Oratoriums« in Rom durch Filippi Neri / Tod von Chiu Ying.

	Das Leben Iwans d. Schreckl.	*Die Ereignisse in Rußland*
1552	Geburt des Zarewitsch Dimitrij, Iwans und Anastasias ersten Sohnes.	*16. Juni:* Aufbruch Iwans zum Feldzug gegen die Tataren / *23. August:* Eröffnung der Belagerung von Kasan / 2. *Oktober:* Kapitulation des Statthalters von Kasan, Jediger Machmet / *29. Oktober:* Iwans triumphale Rückkehr nach Moskau / Bau einer Kirche zur Fürbitte der Heiligen Jungfrau (später St. Basilius), der dem Architekten Barma Jakowlew übertragen wird.
1553	Taufe des Zarewitschs Dimitrij durch den Erzbischof von Rostow im Dreifaltigkeitskloster / *März:* Iwans Krankheit und Aufsetzung seines Testaments / Pilgerfahrt Iwans und seiner Familie nach Kirillow / Tod des Zarewitschs Dimitrij in Kirillow / *Juni:* Beisetzung Dimitrijs in der Erzengel-Michael-Kathedrale / Der Priester Sylvester und Alexej Adaschow fallen in Ungnade.	*26. Februar:* Taufe Jediger Machmets / Schwärende Pestepidemie in Pskow / Tod des Erzbischofs Serapion / Aufstand der Mongolenstämme gegen die Steuereintreibung und Tod Boris Saltijkows / Intrigen der Bojaren während Iwans Krankheit / *24. August:* Einlaufen eines englischen Schiffes unter dem Kommando Richard Chancellors in der Dwina-Mündung / *Dezember:* Ankunft Richard Chancellors in Moskau und Überreichung eines Briefes von Edward VI. an Iwan.
1554	Geburt von Iwans und Anastasias zweitem Sohn, Iwan.	Feldzug zur Befriedung des Kasaner Gebiets / *Februar:* Aufbruch Richard Chancellors nach London mit einer Botschaft für Maria Tudor / Eroberung von Astrachan / Kurzer Krieg mit Schweden um den Besitz von Finnland.

Vertrag von Chambord und Besetzung dreier Bistümer durch Heinrich II. / Eroberung Augsburgs durch Moritz von Sachsen / Angriff Marias von Österreich auf die Picardie / Vertrag von Passau, der das »Augsburger Interim« aufhebt / Aufstand von Siena / Zweite »Uniformitätsakte« und zweites *Prayer Book* / Wiederaufleben des transsylvanischen Krieges zwischen den Osmanen und Ferdinand von Böhmen / Erneute Aufhebung des Konzils von Trient.

Ronsard: *Liebesgedichte* / Jodelle: *Die gefangene Kleopatra* / Baïf: *Les amours de Méline* / Tizian: *Danae* / Entdeckung der »Eustachschen Röhre« durch Bartolomeo Eustachi / Herausgabe der *Recopilación*, des Kolonialkodex' / Gründung des »Collegium germanicum« in Rom / Tod Franciscos de Jassu y Javier / Geburt Edmund Spensers und Agrippa d'Aubignés.

Scheitern Karls V. vor Metz und verlustreicher Rückzug / Vorübergehende Eroberung Korsikas durch die Franzosen / Sieg Moritz' von Sachsen bei Sievershausen / Thronbesteigung der katholischen Maria Tudor in England / Tod Edwards II. von England und Moritz' von Sachsen.

Calvin: *Défense de la foi orthodoxe* / Postel: *Liber de causis* / Theodor Beza: *Abraham sacrifiant* / Léonard Limousin: zwei Votivbilder der Heiligen Kapelle / Entdeckung des kleinen Blutkreislaufs durch Michael Servet / Gründung der Universität von Mexiko / Hinrichtung Michael Servets in Genf / Tod François Rabelais'.

Niederlage der Franzosen und Siener bei Marciano / Heirat Maria Tudors mit Philipp von Spanien / Angriff der Saaditen auf Tlemcen.

Ronsard: *Bocage* / Anonymus: *Das Leben des Lazarillo de Tormes* / Jörg Wickram: *Der Goldfaden* / Veronese: *Jupiter schleudert Blitze auf die Laster* / Moro: *Bildnis der Maria Tudor* / Sansovino: *Mars und Neptun, Skulpturen an der Treppe des Dogenpalastes in Venedig* / Palestrina: *Messen* / Erfindung des Amalgams zur Behandlung des Silbererzes / Geburt Sir Philipp Sidneys.

1555		Rückkehr Richard Chancellors nach Rußland / Charta zur Autorisierung der Engländer, in ganz Rußland freien Handel zu treiben.
1556		*21. Juli:* Entsendung eines Botschafters, Jurij Grigorjewitsch Nepeas, nach England / Tod Richard Chancellors bei einem Schiffbruch / Annektierung Astrachans an das russische Staatsgebiet.
1557	*31. Mai:* Geburt Fjodrs, Iwans und Anastasias dritten Sohnes.	
1558		*29. Januar:* Eindringen einer russischen Armee in Livland / *12. Mai:* Eroberung von Narwa / *18. Juli:* Kapitulation von Dorpat / Der Familie Stroganow wird ein großes Gebiet an den Ufern der Kama überlassen / Aufbruch des Engländers Jenkinson nach Chiva und Buchara über das Kaspische Meer.
1559		Intervention Sigismund Augusts von Polen zum Schutz von Liv-

Die Ereignisse in der Welt	*Das Geistesleben*
Siena kapituliert / Carafa wird als Paul IV. zum Papst gewählt / Abschaffung der Maßnahmen gegen den Katholizismus in England / Friede von Augsburg / Einzug Humajuns in Delhi / Gewaltsam unterdrückter Aufstand in Genf / Tod von Julius III., Marcellus II. und Henri d'Albert.	Ronsard: *Liebesgedichte an Maria* / Louise Labbé: *Sonette* / Michelangelo: *Pietà Rondamini* / Veronese: *Krönung der Jungfrau* / Die ersten Werke Orlando di Lassos werden gedruckt / Gründung von Henryville in Brasilien durch die Franzosen / Geburt Malherbes.
Waffenstillstand von Vaucelles / Wiederaufleben der Italien-Kriege / Regentschaft des Bairam Khan in Delhi zur Zeit von Akbars Unmündigkeit / Tod Humajuns.	Ronsard: *Hymnen* / Gründung der Pléiade / Tintoretto: *Krönung Friedrich Barbarossas* / Palladio: Thiene-Palast / Bau des Palastes von Fatehpur Sikri in der Nähe von Agra und des Humajun-Mausoleums in Delhi / Tod Aretinos und des heiligen Ignatius von Loyola.
Feldzug François' de Guise nach Italien / Belagerung von Saint-Quentin / Liga (»Covenant«) der schottischen Protestanten / Edikt von Compiègne / Finanzkrise in Anvers / Thronbesteigung Dom Sebastians in Portugal / Niederlassung der Portugiesen in Macao / Tod Jãos III. von Portugal.	Du Bellay: *Über die Ruinen des antiken Rom* / Bau der großen Moschee von Bijapur in Indien und der Suleiman-Moschee in Konstantinopel / Einführung des Gleichheitszeichens (=) durch Recorde / Gründung von Rio de Janeiro.
Rückeroberung von Calais durch François de Guise / Französische Niederlage bei Gravelines / Thronbesteigung Elisabeths I. in England / Versammlung der französischen Protestanten in Préaux-Clercs / Heirat des Dauphin François mit Maria Stuart.	Du Bellay: *Divers jeux rustiques* / Posthumes Erscheinen des *Heptameron* der Marguerite de Navarre (dt. Margarete von Navarra, A. d. Ü.) / Gründung der Genfer Akademie / Konversion Colignys zum Calvinismus / Tod Janequins / Geburt Kano Sorakons.
Friede von Chateau-Cambrésis / Thronbesteigung Franz II. und Re-	Du Bellay: *Le poète courtisan* / Amyot: Übersetzung der *Bioi paral-*

	Das Leben Iwans d. Schreckl.	Die Ereignisse in Rußland
		land / Niederlage der livländischen Ritter des Schwertbrüderordens bei Ermes / Folge von glänzenden Siegen über die Krimtataren.
1560	*7. August:* Tod Anastasias / Verbannung des Priesters Sylvester und Tod Alexej Adaschows / Neue Günstlinge: Alexej und Fjodr Basmanow, Maliuta Skuratow, Wassilij Griasnoj / Iwan macht Katharina, Sigismund Augusts Schwester, einen Heiratsantrag.	Repressalien gegen die Bojaren.
1561	*21. August:* Wiederverheiratung Iwans mit Maria, Tochter des Tscherkessenfürsten Temriuk.	*21. November:* Der Großmeister des Schwertbrüderordens, Kettler, tritt Livland an den König von Polen ab / Zweite Handelsexpedition Jenkinsons nach Persien.
1562	Iwan läßt den Fürsten Andrej Kurbskij in Ungnade fallen.	Kurbskijs Niederlage gegen die Polen bei Newel.

gentschaft der Katharina de Medici / Erste Nationalsynode der Hugenotten in Paris / Edikt von Ecouen / Annahme der »Suprematsakte« und der »Uniformitätsakte« durch das englische Unterhaus / Aufstand gegen die Regentin Marie de Guise in Schottland / Thronbesteigung Friedrichs II. von Dänemark / Wahl des Papstes Pius IV. / Tod Pauls IV., Christians III. von Dänemark, Heinrichs II. von Frankreich, Gälaudewos' und Nanda Bayins / Geburt Nurhacis.

lēloi des Plutarch / Montemayor: *Diana* / Cranach: *Moritz von Sachsen und seine Frau* / Erstmalige Einbeziehung der Niveauflächen in der Landvermessung / Tod Weng Chen-Mings.

Verschwörung von Amboise / Edikt von Romorantin / Thronbesteigung Karls IX. in Frankreich / Aufstand unter der Führung von Share O'Neill in Irland / Gründung der Presbyterianer-Kirche in Schottland durch John Knox / Thronbesteigung Erichs XIV. in Schweden / Machtergreifung Oda Nabunagas in Japan / Tod von Franz I., Marie de Guise, Gustaf I. und Mulai Hassan.

Theodor Beza: *Traité de l'autorité du magistrat* / Thomas Sackville: *Die Tragödie Gordobucs* / Tintoretto: *Die Verherrlichung des heiligen Rochus* / Michelangelo: Porta Pia / Delorme: Festsaal von Chenonceaux / Orlando di Lasso: *Septem psalmi poenitentialis* / Tod Du Bellays / Geburt Arminius'.

Generalstände von Orléans / Kolloquium von Poissy / Rückkehr Maria Stuarts nach Schottland / Versuchte Eroberung Estlands durch Erich XIV. / Tod des Bairam Khan.

John Knox: *Book of discipline* / Guichardin: *Histoire d'Italie* / Jacques Grévin: *Cäsar* / Floris de Vriendt: Rathaus von Anvers / Germain Pilon: Bronze-Urne für das Herz Heinrichs II. / Palestrina: *Improperien* / Geburt Francis Bacons und Luis de Gongoras.

Überfall auf Vassy, der den Beginn der »Glaubenskriege« bedeutet / Vertrag von Hampton Court, der Le Havre an die Engländer abtritt / Wiedereröffnung des Konzils von Trient / Waffenstillstand von Prag

Ronsard: *Discours sur les misères de ce temps* / Maurice Scève: *Microcosme* / Tasso: *Rinaldo* / Kochanowski: *Die Eintracht* / Veronese: *Die Hochzeit zu Kana* / Tintoretto: *Die Exkommunizierung des Kaisers*

1563	*März:* Geburt von Iwans viertem Sohn, Wassilij / *Mai:* Tod Wassilijs / Tod Jurijs, Iwans jüngeren Bruders / Man beginnt, Iwan den Beinamen »der Schreckliche« zu geben.	Einfall einer russischen Armee in Litauen / *15. Februar:* Eroberung von Polozk / Sechsmonatiger Waffenstillstand mit Polen / Verbannung des Fürsten Wladimir Andrejewitsch / Tod Makarijs und Wahl Afanasijs zum Metropoliten von Moskau.
1564	Flucht Andrej Kurbskijs nach Polen und Beginn eines langen und überspannten Briefwechsels zwischen Iwan und ihm / *3. Dezember:* Niederlassung in Alexandrowskaja Sloboda.	Flucht des Khan von der Krim, Dewlet Girai, der Rjasan belagert hielt / Vergeblicher Versuch der Polen, Polozk zurückzuerobern / Einrichtung der ersten russischen Druckpresse in Moskau.
1565	Verlagerung von Iwans Residenz von Moskau nach Alexandrowskaja Sloboda.	*3. Januar:* Verzicht Iwans auf den Thron von Rußland / *5. Januar:* Eine Delegation unter der Führung des Erzbischofs Pimen versucht, Iwans Rückkehr zu erreichen / *2. Februar:* Iwans Rückkehr nach Moskau / *4. Februar:* Bildung der *Opritschnina* und der *Opritschniki* / Vernichtung der Bojaren / Den Lutheranern

Die Ereignisse in der Welt	Das Geistesleben
zwischen Ferdinand I. und den Osmanen / Akbars Versuch, die Radschputen in Indien zu unterwerfen / Tod der portugiesischen Regentin Katharina und Antoines de Bourbon.	*durch Papst Alexander III.* / Brueghel: *Triumph des Todes* / Versuch einer französischen Kolonisation in Florida / John Hawkins' erste Fahrt nach Amerika / Tod Claude de Seronisys und Willaerts / Geburt Lope de Vegas.
Ermordung François de Guises / Edikt von Amboise / Veröffentlichung der »39 Articles« in England / Erich von Schweden bemächtigt sich seines Bruders Johann von Finnland / Klausur des Konzils von Trient / Angriff auf die Küste von Fukien durch japanische Piraten / Bankrott der Fugger.	Kochonowski: *Satyr* / Ambroise Paré: *Cinq livres de chirurgie* / Brueghel: *Der Kindermord zu Bethlehem* und *Der Turmbau zu Babel* / Animuccia: *Laudi spirituali* / Bau des Escorial / Beginn von Bernard Palissys Arbeiten über Fayencen / Geburt Gomars.
Hetzkampagne der Niederlande gegen die Spanier / Besteigung des Kaiserthrones durch Maximilian II. / Begegnung der Franzosen und Spanier in Bayonne / Belagerung von Malta durch die Osmanen / Eroberung von Malva durch Akbar / Eroberung Süd-Siams durch den König von Birma, Baying Naung / Tod des Kaisers Ferdinand I.	Herausgabe des fünften Buches des *Gargantua* von Rabelais / Delorme: das Tuilerien-Schloß / Bau des Rathauses von Den Haag / Veröffentlichung des ersten *Index der verbotenen Bücher* in Rom / Erlaß Karls IX. zur Festlegung des Jahresanfangs auf den 1. Januar / Hawkins' zweite Fahrt nach Amerika / Tod Michelangelos und Vesals / Geburt William Shakespeares, Christopher Marlowes und Galileo Galileis / Tod Calvins.
Neuer vergeblicher Aufstand in Irland / Hochzeit Maria Stuarts mit Henry Darnley / Abfassung der sogenannten Segovia-Briefe, die in den Niederlanden die Unterdrükkung der Protestanten verstärken / Zerstörung der französischen Kolonie in Florida durch die Spanier / Besetzung der Insel Chios durch die Osmanen / Zerstörung des Königrei-	Rémy Belleau: *La Bergerie* / Henri Estienne: *Traité de la conformité* / Brueghel: *Jäger im Schnee* und *Die Bauernhochzeit* / Tizian: *Toilette der Venus* / Bau der Futtipore-Moschee in Indien / Erste Erwähnung der Kreide durch den Schweizer Gesner / Niederlassung holländischer Siedler in Lappland.

		wird erlaubt, eine protestantische Kirche in Moskau zu eröffnen / Ausweitung des Monopols der englischen Kaufleute.
1566		Zusammenkunft des ersten *Semskij Sobor* (Generalstände), der für die Fortsetzung des Kriegs gegen Litauen votiert.
1567	Iwan bittet um die Hand Elisabeths I. von England.	
1568		Prozeß und lebenslänglicher Arrest des Metropoliten Philipp / Wahl des Metropoliten Kirill.

Die Ereignisse in der Welt	Das Geistesleben
ches Vijayanagar durch die Sultane des Dekkan / Eroberung der Philippinen durch die Spanier / Tod des Papstes Pius IV.	
Die Ordre von Moulins / Verdopplung der Steuern in Kastilien / Bittschrift der »Geusen« in den Niederlanden / Eroberung von Szeged in Ungarn durch die Türken / Wahl von Papst Pius V. / Tod Suleimans des Prächtigen.	H. Estienne: *Apologie pour Hérodote* / Bodin: *Methodus ad facilem historiarum cognitionem* / Bau der großen Moschee und des Palastes von Lahore sowie des Palastes von Agra in Indien / Sinan: Moschee Selims II. / Palladio: Palazzo Chiericatti und Palazzo Valmanara / Einführung des Lamaismus in der Mongolei.
Ermordung Darnleys und Inhaftierung Maria Stuarts / Mißlungener Anschlag der Hugenotten auf das Schloß von Montceau-en-Brie und Beginn des zweiten Glaubenskrieges / Niederwerfung des Aufstands in den Niederlanden durch den Herzog von Alba / Kündigung des Waffenstillstands von Prag / Tod des Konnetabels von Montmorency.	Geburt der Commedia dell' Arte in Italien / Brueghel: *Schlaraffenland* / Tizian: *Selbstbildnis* / Palestrina: zweites Buch der *Messen* / Gründung von Rio de Janeiro und Caracas / Hawkins' dritte Fahrt nach Amerika / Entdeckung der Inseln von Hawaii / Geburt von Honoré d'Urfé, Castro y Bellvís und Franz von Sales.
Friede von Longjumeau, doch unmittelbares Wiederaufleben der Feindseligkeiten zwischen den französischen Katholiken und Protestanten / Festnahme Don Carlos' durch seinen Vater Philipp II. / Flucht Maria Stuarts und erneute Inhaftierung in England / Ernennung Jakobs VI. zum König von Schottland / Aufstand der spanischen Morisken von La Alpajurra / Erich XIV. von Schweden wird vom Herzog von Finnland, Johann III., gestürzt / Niederlage des englischen Freibeuters Hawkins gegen die Spanier bei San Juan de Ulloa.	Jean Bodin: *Réponse aux paradoxes* / Agrippa d'Aubigné: erste Gedichte des *Printemps du sieur d'Aubigné* / Brueghel: *Gleichnis von den Blinden* / Clouet: *Bildnis des Pierre Quthe* / Palladio: Villa Rotonda / Vignola: Chiesa di Gesù in Rom / Gründung des Karmeliterordens / Geburt Monteverdis und Campanellas.

	Das Leben Iwans d. Schreckl.	Die Ereignisse in Rußland
1569	*1. September:* Tod der Zarin Maria.	Vergiftung Wladimir Andrejewitschs und seiner Familie / Deportation von fünfhundert Familien aus Pskow und hundert aus Nowgorod nach Moskau / *August:* Abreise Sawins nach England, um ein militärisches Beistandsabkommen auszuhandeln / *Dezember:* Strafexpedition gegen Nowgorod, das des Verrats beschuldigt wird / Blutbad unter den Einwohnern aller russischen Städte, die zwischen Moskau und Nowgorod liegen.
1570	Heirat der Nichte des Zaren, Euphemia, mit Magnus, dem Bruder des Königs von Dänemark / Die Basmanows und Wiasemskij, ehemalige Günstlinge, fallen in Ungnade und werden hingerichtet.	*8. Januar:* Einzug Iwans in Nowgorod und Blutbad unter den Einwohnern / Hungersnot und Pestseuche in ganz Rußland / Übertragung der Verwaltung von Livland auf Magnus / Scheitern bei der Belagerung von Rewal.
1571	Flucht Iwans nach Alexandrowskaja Sloboda / *15. Juni:* Rückkehr nach Moskau / *28. Oktober:* Heirat Iwans mit Marfa Sobakina / *3. November:* Heirat des Zarewitschs Iwan mit Ewdokia Saburowa / *12. November:* Tod der Zarin Marfa.	Einfall der Krimtataren in die südlichen Gebiete Rußlands / Die Tataren stecken Moskau in Brand / Neue Repressalien gegen die Bojaren.
1572	Vierte Heirat des Zaren mit Anna Koltowskaja / Hochzeitsreise nach Nowgorod / Aufstieg des Günstlings Boris Godunow /	Tod des Metropoliten Afanasij / Zusammenkunft eines Konzils unter dem Vorsitz des Erzbischofs von Nowgorod, Leonid,

Die Ereignisse in der Welt	*Das Geistesleben*
Niederlage der französischen Protestanten bei Jarnac und Montcontour / Aufstand der katholischen Provinzen von Nordengland / Anschluß Litauens an das Königreich Polen durch die Lubliner Union / Niederwerfung des siamesischen Aufstands durch die Birmanesen.	Kochanowski: *Die Standarte oder Der preußische Eid* / Caron: *Triumph des Winters* / Bau der *Antikensammlung* von München / Herrera: Palast von Aranjuez / Palestrina: erstes Buch der *Motetten* / Erstellung einer Navigationskarte durch Mercator / Tod Brueghels d. Ä. / Geburt Caravaggios.
Friede von Saint-Germain / Philipp gewährt den Aufständischen der Niederlande Amnestie / Bildung einer Liga mit Spanien, Venedig und dem Papst zur Rückeroberung des von den Osmanen besetzten Zypern / Friede von Stettin zwischen Dänemark und Schweden.	Ortelius: *Teatrum orbis terrarum* / Palladio: *I quattro libri dell' architettura* / Veronese: *Gastmahl im Hause des Simon* / Pilon: *Christi Auferstehung* / Vasari: Das Studierstübchen Franz' I. in Florenz / Exkommunizierung Elisabeths von England / Niederlassung der Inquisition in Lima / Francis Drakes erste Fahrt nach Amerika.
Niederlage der osmanischen Flotte bei Lepanto / Unterdrückung des Moriskenaufstands in Spanien / Stefan Báthorys Wahl zum König von Transsylvanien / Thronbesteigung Idriss' III. als Oberhaupt des Tschad-Imperiums von Kanem-Bornu / Vertrag zwischen China und der östlichen Mongolei / Gründung der Londoner Börse / Tod Johann Sigismunds von Transsylvanien.	Fernando de Herrera: *A la batalla de Lepanto* / D'Aubigné: *Der Frühling* / Sanchez Coello: *Bildnis Annas von Österreich* / Bau der Suleiman-Moschee in Adrianopel / Gründung von Manila / Tod Benvenuto Cellinis / Geburt Keplers und Tirso de Molinas.
Die Bartholomäus-Nacht in Frankreich / Konversion Heinrichs von Navarra / Aufstand der »Geusen«, die Den Briel besetzen / Belagerung	Ronsard: *Die Franciade* / Henri Estienne: *Trésor de la langue grecque* / Camões: *Die Lusiaden* / Veronese: *Gastmahl im Haus des Levi* / Bau der

	Tod des Günstlings Maliuta Skuratow.	das die vom *Stoglaw* untersagte Heirat des Zaren bestätigt / Wahl des Metropoliten Antonij / Erneute Invasion der Tataren, die von Fürst Worotijnskij aufgehalten wird / Auflösung der *Opritschnina* / Eroberung von *Estland* / Niederlage gegen die schwedischen Truppen bei Lode / Aufstand der Tscheremissenstämme in dem Gebiet von Kasan.
1573	Bewerbung Iwans um den Thron von Polen.	
1574	Verstoßung der Zarin Anna / Heirat mit Anna Wassiltschikowa, dann, nach deren Tod, mit Wassilissa Melentjowa.	Plünderung der Ukraine durch die Tataren / Russische Okkupation von Livland und von einem Teil Litauens während des polnischen Interregnums.
1575		Iwan setzt den Tatarenfürst Simeon auf den Thron.

Die Ereignisse in der Welt	*Das Geistesleben*
von Candia durch die Osmanen / Annektierung von Gurata durch das mongolische Reich von Delhi / Angriff des Freibeuters Francis Drake auf spanische Schiffe / Wahl Gregors XIII. / Tod von Coligny, Pius V. und Sigismund August von Polen.	Feste von Allahabad in Indien, des Rathauses von Arras und des Longleat-Hauses / Bullant: Hôtel de Soissons / Gründung der Universität von Bogotá / Tod Doans und Goudimels / Geburt Ben Johnsons.
Ende des vierten Glaubenskrieges durch das Edikt von Boulogne / Separatfrieden zwischen Venedig und den Osmanen / Widerstand der »Geusen« in den Niederlanden und Abberufung des Herzogs von Alba / Oda Nobunaga Alleinherrscher in Japan / Wahl Henris d'Anjou zum polnischen König / Tod des Sultans Selim II.	Tasso: *Aminta* / Hotman: *Franco-Gellia* / Du Bartas: *Die christliche Muse* / Bau der Kathedrale von Mexiko / Orlando di Lasso: *Patrocinium musices* / Beginn der Mamoyama-Periode in Japan / Ambroise Paré: Abbinden der Arterien / Tod Jodelles und Vignolas / Geburt Mathurin Régniers.
Regierungsantritt des Herzogs von Anjou unter dem Namen Heinrich III., der den polnischen Thron zugunsten des französischen aufgibt / Vertrag von Bristol zwischen England und Spanien / Scheitern der Verhandlungen in den Niederlanden / Niederlage der Spanier in Middelburg und Leiden / Die Birmanesen werden Herren von Laos / Eroberung von Biserta, Tunis und La Goulette durch die Osmanen / Tod Karls IX.	Ronsard: *Sonette für Helena* / Montaigne beginnt an seinen *Essays* zu schreiben / Tulsidas beginnt mit der Überarbeitung des Ramayana / Tizian: *Bildnis Philipps II.* / Zucchero: *Bildnis Elisabeths I.* / Orlando di Lasso: *Premières Chansons mesurées à l'antique* / Conradus Daypodius: astronomische Uhr im Straßburger Münster.
Bankrott von Spanien / Wahl Rudolfs II. zum »Römischen König« / Wahl Stefan Báthorys zum polnischen König / Unterwerfung der	Spranger: *Herkules und Omphale* / Tintoretto: *Jupiter übergibt Venedig das Weltreich* / Caron: *Augustus und die Sibylle* / Höhepunkt der Edo-

1576		Rückkehr Iwans in den Kreml und Verbannung Simeons nach Twer.
1577	Rückkehr Iwans nach Alexandrowskaja Sloboda.	Scheitern der Belagerung von Rewal / Erbitterter Widerstand Estlands, Livlands und Litauens / Belagerung und »Bestrafung« von Wenden / Neue Hinrichtungswelle / Vorschlag einer Allianz an Kaiser Rudolf / Fünfzehnjähriger Waffenstillstand mit Dänemark / Tod des Tatarenkhan Dewlet Girai.

mächtigen Buddhisten-Sekte Ikkôshû durch Oda Nobunaga.

Bronzekunst in Benin / Gründung der Glaubensgemeinschaft der Oratorianer durch Filippo Neri / Bau eines »Hauses der Verehrung« in Fatehpur Sikri durch Akbar / Ambroise Paré: Studie über die Behandlung der körperlichen Gebrechlichkeit durch Massage / Tod Hurtado de Mendozas / Geburt Montchrestiens, Jakob Böhmes und Bérulles.

Der sogenannte »Monsieur-Friede« in Frankreich und das Edikt von Beaulieu / Bildung der Heiligen Liga durch die Katholiken / Aufstand der spanischen Truppen in den Niederlanden und Verwüstung von Anvers / Genter Pazifikation / Thronbesteigung Rudolfs II. als Oberhaupt des Hl. Röm. Reiches / Beginn der Regierung Ismaels II. auf dem persischen Thron / Annektierung von Bengalen durch das Mongolenreich von Delhi.

Bodin: *Die Republik* / Belleau: *Neues über die Beziehungen zwischen Liebe und Edelsteinen* / Baïf: *Mimes, enseignements, proverbes* / D'Aubigné: *Die tragischen Reden* / Sir Humphrey Gilbert: *Discourse on discoveries* / Palladio: *Il Redentore* in Venedig / Eröffnung der ersten festen Theaterbühne in London / Gründung der »Königlichen Postwagenanstalten« in Frankreich / Bau eines Observatoriums in Uraniborg durch Tycho Brahe / Cardano: Beschreibung des Nervenfiebers / Beginn der Weltumseglung von Sir Francis Drake / Tod Tizians / Geburt des heiligen Vinzenz von Paul.

Beendigung des sechsten Glaubenskrieges durch den Frieden von Bergerac und das Edikt von Poitiers / Vereinigung der katholischen Provinzen der südlichen Niederlande im Bund von Brüssel / Unruhen in Persien.

Theresa von Avila: *Die Seelenburg* / Johannes vom Kreuz: *Die dunkle Nacht der Seele* und *Geistlicher Lobgesang* / Palladio: Erlöser-Kirche in Venedig / El Greco: Altarwand von Santo Domingo el Antiguo / Veronese: *Moses, aus den Wassern gerettet* / Orlando di Lasso: *Jesus ist ein süßer Mann* (Messe) / Palestrina und Zoilo: Erneuerung des gregorianischen Gesangs / Martin Frobisher auf der Suche nach der Nord-West-Passage / Geburt Rubens'.

1578		Rückeroberung von Wenden und Niederlage der Russen gegen die Polen.
1579		*August:* Plötzlicher Einfall in Litauen durch Stefan Báthory, der Polozk, Sokol und Krasnoj stürmt.
1580	Achte Heirat des Zaren mit Maria Fjodorowna Nagaja / Heirat des Zarensohnes Fjodr mit Irina, der Schwester Boris Godunows.	Erstürmung von Welikije Luki, des Kriegsdepots der Moskowiter, durch Stefan Báthory / Einfall der Schweden in Karelien und Estland.
1581	*19. November:* Iwans Mord an seinem älteren Sohn / *22. November:* Beisetzung des Zarewitschs Iwan.	Scheitern Stefan Báthorys vor Pskow / Besetzung von Narwa und Eroberung des finnischen Golfs durch die Schweden / Ge-

Die Ereignisse in der Welt	*Das Geistesleben*
Niederlage der Portugiesen bei Ksar-el-Kebir gegen die Marokkaner / Sieg der Spanier bei Gembloers in den Niederlanden / Erneuter Feldzug der Osmanen gegen Persien.	John Lily: *Euphues* / Philipp Sidney: *Verteidigung der Poesie* / Edmund Spenser: *Shepherd's Calendar* / Du Bartas: *Die Schöpfungswoche* / Kochanowski: *Abfertigung der griechischen Gesandten* / Tintoretto: *Venus, Ariadne und Bacchus* / Ausschmükkung des Dogen-Palastes von Venedig durch Veronese / Bau des Pont-Neuf in Paris und einiger Denkmäler württembergischer Herzöge in Stuttgart / Eröffnung einer Fayencen-Manifaktur in Nevers.
Union von Arras und Utrechter Union / Gründung der Vereinigten Niederlande / Siebter Glaubenskrieg in Frankreich / Aufstand der Iren / Tod des Großwesirs Mohammed Sokolli.	Hubert Languet: *Vindictae contra tyrannos* / El Greco: *Espolio* / Fernández de Navarrete: *Das Martyrium des heiligen Laurentius* / Sanchez Coello: *Bildnis der Infantin Isabella Clara* / Duval: *Bildnis der Brüder Coligny* / Gründung des Teatro de la Cruz in Madrid / Akbar Glaubensoberhaupt in seinen Staaten.
Ende des sogenannten »Bruderkriegs« in Frankreich durch den Vertrag von Fleix / Philipp II. von Spanien wird König von Portugal / Vertrag von Plessis-les-Tours, der den Herzog von Anjou zum Herrscher der Niederlande erklärt.	Tasso: *Das befreite Jerusalem* / Montaigne: erste Auflage der *Essays* / Bernard Palissy: *Discours admirable de l'art et de la terre* / Robert Garnier: *Antigone* / El Greco: *Der heilige Mauritius und die Thebaische Legion* / Mann Sing gründet den Amber-Palast in Indien / Palladio und Scamozzi: Teatro Olimpico in Vicenza / Bau der Ajasoluk-Moschee nahe bei Ephesus / Zweite Gründung von Buenos Aires / Geburt Quevedos und Frans Hals'.
Die Staaten des Haag erklären die Absetzung Philipps II. / Eroberung von Tournai und Douai durch Alessandro Farnese / Waffenstillstand	Vincenzo Galilei: *Dialogo della musica antica e della moderna* / Robert Newman: *The new attractive*, über die magnetische Abweichung der

		sandtschaft bei Papst Gregor XIII. zur Vorbereitung eines Kreuzzugs gegen die Mohammedaner / *1. September:* Aufbruch Jermaks und seiner Kosaken, um im Dienst der Stroganows den Ural zu überqueren / *Oktober:* Eroberung von Sibirien.
1582	Heiratsantrag Iwans an Mary Hastings.	Eroberung von ganz Sibirien durch Jermaks und Kolzos Kosaken / Verhandlungen mit Schweden und Polen über die Vermittlung des päpstlichen Gesandten Possevino / Unterzeichnung eines Waffenstillstands mit Polen über zehn Jahre: Rußland verliert Livland.
1583	*19. Oktober:* Geburt von Dimitrij, Iwans und Maria Nagajas Sohn.	Unterzeichnung eines Waffenstillstands mit Schweden, das Estland und alle von ihm am Ladoga-See besetzten Gebiete behält.
1584	*18. März:* Tod Iwans des Schrecklichen durch einen Schlaganfall.	Beginn der »Zeit der Wirren«, einer Periode dynastischer Unruhen.

Die Ereignisse in der Welt	Das Geistesleben
zwischen Philipp II. und den Türken.	Erde / Bau des Schlosses von Eu durch Claude Leroi de Beauvais / Landini: Fontana delle tartarughe in Rom / Baujoyeux: *Ballet comique de la Reine* / Entdeckung des Isochronismus des Pendels durch Galilei / Aufkommen der Sänfte in England / Drakes Rückkehr von seiner Weltumseglung.
Der Herzog von Anjou geht in Vlissingen an Land / Erneuter Krieg in Deutschland zwischen den katholischen Fürsten und dem Erzbischof von Köln / Ermordung Oda Nobunagas durch einen seiner Vasallen in Kyoto.	Giordano Bruno: *De umbris idearum* / Robert Garnier: *Bradamante* / El Greco: *Das Martyrium des heiligen Mauritius* / Terzi: Die Kirche São Vicente de Fora in Lissabon / Monteverdi: *Sacrae canticumculae* / Gründung der ersten Akademie italienischer Sprache in Florenz / Geburt David Terniers' d. Ä.
Belagerung von Anvers durch den Herzog von Anjou / Sieg der bayrischen Truppen über die Armee des Erzbischofs von Köln, der vom pfälzischen Kurfürsten unterstützt wird / Einfall der Birmanesen in Yünnan.	Robert Garniers: *Die Jüdinnen* / Du Bartas: *Triumph des Glaubens* und *Judith* / Scaliger: *De emendatione temporum* / Monteverdi: *Madrigali spirituali* / Galileos Versuche über den freien Fall / Veröffentlichung eines Toleranzerlasses durch Akbar, das in seinem Reich freie Religionsausübung erlaubt / Fehlschlag Sir Humphrey Gilberts, Neufundland zu kolonialisieren / Konzil von Lima / Geburt Grotius'.
Eroberung von Gent durch Alessandro Farnese / Vertrag von Joinville zwischen Henri de Guise und Philipp II. / Tod des Herzogs von Anjou und Wilhelms des Schweigers.	Cervantes: *Die Belagerung von Numantia* / Carracci: *Leggenda degli argonauti* / Germain Pilon: *Kniende Bronzefigur des Kanzlers Birague* / Bau des Hôtel d'Angoulême / Vollendung des Escorial / Palestrina: viertes Buch der *Motetten* / Bau des Leuchtturms von Cordouan / Tod Jan Kochanowskis.

Register

N

O

P

R

T

U

W

Z

Biographie

Knaur
Taschenbücher

Band 2312
288 Seiten
mit zahlreichen
Abbildungen
ISBN 3-426-02312-1

Napoleon war siebenunddreißig Jahre alt, als er im Januar 1807 in Warschau die schöne Gräfin Maria Walewska kennenlernte und sich in sie verliebte. Sie war kaum zwanzig, unerfahren im Leben und in der Liebe und mit einem polnischen Aristokraten verheiratet, der fünfzig Jahre älter war als sie. Napoleon, der triumphale Eroberer Europas, war der Inbegriff der Romantik, der mit einem Schlag Polens Unabhängigkeit wiederherstellen würde. Das polnische Volk und die polnische Aristokratie begrüßten ihn mit Pomp und Feierlichkeiten. Der Höhepunkt war ein Empfang im königlichen Palast. Im großen Salon stand er Maria zum erstenmal gegenüber und verfolgte sie von diesem Augenblick an mit der ganzen Begeisterung und Entschlossenheit, die sein Schicksal antrieben.

Biographie **Knaur**

Taschenbücher

Band 2314
672 Seiten
mit zahlreichen
Abbildungen
ISBN 3-426-02314-8

Elisabeth von Österreich, die Kaiserin wider Willen, hat nur wenig mit dem Publikumsliebling »Sissi« gemeinsam. Hier tritt die bisher unbekannte Elisabeth hervor, in aller Eigenständigkeit und Tragik – eine großartige Biographie, die auf früher nicht zugänglichen Dokumenten basiert.
Mit dieser grundlegenden Biographie hat Brigitte Hamann der hochbegabten und scharfsichtigen Frau zum erstenmal Gerechtigkeit widerfahren lassen.